rowohlt
BERLIN

Herfried Münkler · Marina Münkler

Die neuen Deutschen

Ein Land vor seiner Zukunft

Rowohlt · Berlin

3. Auflage September 2016

Satz aus der Documenta, InDesign,
bei Pinkuin Satz und Datentechnik, Berlin
Druck und Bindung CPI books GmbH, Leck, Germany
ISBN 978 3 87134 167 0

Inhalt

Einleitung: Pascals Wette

Der Flüchtling sei ein «Bote des Unglücks», heißt es bei Bertolt Brecht.[1] Das ist er zweifellos, und zwar nicht nur ein Bote seines eigenen Unglücks, sondern auch einer des Unglücks seines Landes, seiner Landsleute und der ganzen Region, aus der er geflohen ist. Denen, in deren Land er meist unerwartet kommt, ruft er das relative Glück ihres Lebens in Erinnerung: Was Frieden und Sicherheit, Ruhe und Wohlstand wert sind, wird uns häufig erst durch solche «Boten des Unglücks» wieder bewusst. Im Ankunftsland der Flüchtlinge löst das recht unterschiedliche Empfindungen und Reaktionen aus: Während die einen dankbar dafür sind, wie gut es ihnen geht, und diese Dankbarkeit in die Bereitschaft umwandeln, den Unglücklichen zu helfen, fühlen sich andere durch die ungebetenen Gäste gestört und hoffen, dass sie so schnell wie möglich wieder verschwinden. Für noch einmal andere sind die Flüchtlinge Eindringlinge, die man verjagen will, denen man gar Gewalt androht; als Zeichen, dass diese Drohung ernst gemeint ist, stecken sie die für sie vorgesehenen Unterkünfte in Brand.

So ist Deutschland seit dem Herbst 2015 zu einem gespaltenen Land geworden: Auf der einen Seite viele – und viel mehr, als man erwarten konnte –, die geholfen haben, wo und so gut sie konnten, und auf der anderen Seite eine mit dem anhaltenden Zustrom von Flüchtlingen wachsende Gruppe, die einfach die Grenzen schließen will und sich demonstrativ für unzuständig erklärt: Sollen, so ihre Forderung, die Flüchtlinge die Botschaft ihres Unglücks doch andernorts verkünden – hier wolle man sie nicht hören! Die gesellschaftliche Spaltung in der Flüchtlingsfrage hat inzwischen zu dramatischen Umbrüchen in der politischen Landschaft der Bundesrepublik Deutschland geführt; die Folgen werden für lange Zeit spürbar sein. Deutschland wird aus dieser Herausforderung als ein anderes Land hervorgehen. – Es steht vor seiner Zukunft und ringt mit der Frage, welche Zukunft es sein soll.

Wenn hier von den «neuen Deutschen» die Rede ist, so sind damit keineswegs nur die Neuankömmlinge gemeint, die sich irgendwie mit den Alteingesessenen arrangieren werden. Sicher, es geht zunächst um sie und um die Frage, wie sie sich erfolgreich integrieren können – wobei erfolgreich heißt, dass sowohl die Flüchtlinge als auch die bereits hier Lebenden davon profitieren. Doch es geht ebenso um die deutsche Gesellschaft, die sich angesichts des Umstands, dass sie sich seit längerem nicht mehr biologisch reproduziert, sondern auf Zuwanderung angewiesen ist, wenn sie ihre Bevölkerungszahl halten will, neu definieren und eine veränderte Identität entwickeln muss. Insofern gehören auch die alten Deutschen zu den «neuen Deutschen». In beiden Fällen ist die Frage offen, mit was für «neuen Deutschen» wir es in Zukunft zu tun haben werden: Bei den Neuankömmlingen geht es darum, ob sie sich in Deutschland einleben, hier Arbeit finden und die deutschen Grundwerte als die ihren annehmen werden – oder eben nicht, was hieße, dass sie sich in Parallelgesellschaften gegen die deutsche Mehrheitsgesellschaft abschotten würden. Das hätte dann zur Folge, dass sie mit Argwohn beobachtet würden und sie wiederum eine noch größere Distanz zur Bevölkerungsmehrheit suchten. Und bei den Alteingesessenen wird es darum gehen, ob sie die Flüchtlinge eher als Chance oder als eine Last und Bedrohung sehen und welche Schlussfolgerungen sie aus ihrer jeweiligen Sichtweise ziehen. Auf jeden Fall aber ist klar, dass sich die Integration, wenn sie erfolgreich verlaufen soll, über Jahre hinziehen wird und die mit ihr verbundenen Herausforderungen nicht mit ein paar Verwaltungsmaßnahmen zu bewältigen sind.

Die nachfolgenden Erkundungen sind von der Überzeugung getragen, dass die Neuankömmlinge eine Chance für unsere Gesellschaft darstellen; allerdings steht immer wieder die Beobachtung dagegen, dass die Migration kurzfristig eine enorme Belastung ist: für die Verwaltungen der Länder und Kommunen, die seit Monaten an der Grenze ihrer Belastbarkeit arbeiten; für den Staatshaushalt, aus dem die zusätzlichen Aufwendungen – inzwischen ist von bis zu 200 Milliarden Euro die Rede – finanziert werden müssen, die nötig sind, um die Menschen unterzubringen und zu versorgen, aber auch, um sie aus- und weiterzubilden. Diejenigen, die im Herbst und Winter 2015 nach Deutschland gekommen sind, waren nämlich nur in wenigen Fällen auf den deutschen Arbeitsmarkt vorbereitet. Also muss zunächst in ihre Befähigung investiert werden, und diese Investitionen, die sich im Übrigen nicht auf die Arbeitsqualifikation beschränken können, wenn eine nachhaltige Integration in die deutsche Gesellschaft stattfinden soll, werden sich über einen gewissen Zeitraum hinziehen. Es wird in einigen Fällen länger dauern, in anderen kürzer, und man muss davon ausgehen, dass sie mitunter auch erfolglos bleiben, weil die Voraussetzungen für eine Integration in den deutschen Arbeitsmarkt nachträglich nicht mehr herzustellen sind. Man sollte in dieser Frage nicht übertrieben optimistisch sein, sondern sich auch auf Enttäuschungen einstellen. Dennoch gibt es keinen Grund zu vorauseilendem Pessimismus. Ein solcher wäre nur gegeben, wenn man in den Neuankömmlingen ausschließlich eine Last und nicht die Spur einer Chance sehen würde.

Dafür, dass es in jedem Fall vernünftiger ist, die Flüchtlinge als Chance und nicht als Last zu betrachten und dementsprechend zu handeln, spricht ein einfaches Gedankenexperiment, das in der Philosophiegeschichte als «Pascalsche Wette» bekannt geworden ist. Der französische Philosoph und Mathematiker Blaise Pascal hat diese Wette anhand des Problems entwickelt, dass die Existenz Gottes nicht zu beweisen ist: Wenn wir weder von der Existenz noch von der Nichtexistenz Gottes mit Sicherheit ausgehen können und die Wahrscheinlichkeit des einen wie des anderen als gleich groß zu veranschlagen ist – dann sind auch die Chancen, die Wette zu gewinnen, wenn man auf das eine oder andere setzt, exakt gleich. Was jedoch nicht gleich ist, so die Pointe von Pascals Überlegung, ist der jeweilige Einsatz: Wer gegen die Existenz Gottes wettet, gewinnt nichts, wenn er recht behält – verliert aber das ewige Leben, wenn er falschliegt. Während der, der auf die Existenz Gottes setzt, für den Fall, dass er die Wette verliert, nur nichts gewinnt – und alles gewinnt, wenn er richtigliegt.

Wenn wir das dieser Wette zugrundeliegende Kalkül auf die Frage nach dem Erfolg oder Scheitern der Flüchtlingsintegration übertragen, so ist es vernünftig, auf den Erfolg zu setzen, weil nur dieser einen gesellschaftlichen Ertrag hat – während der, der auf das Scheitern setzt, nichts gewinnt, sollte er recht behalten. In diesem Fall kommt noch hinzu, dass die Wettenden auf den Ausgang der Wette selbst Einfluss nehmen, denn selbstverständlich werden die, die auf Erfolg gesetzt haben, alles tun, um recht zu behalten, während die, die auf Misserfolg gesetzt haben, vernünftigerweise nichts für das Eintreten desselben tun werden, da die Kosten sie genauso treffen würden wie die, die auf das Gegenteil gewettet haben. Kurz: Wer auf das Scheitern der Integration setzt, verliert in jedem Fall, und nur wer auf den Erfolg setzt, hat eine Gewinnchance. In diesem Sinne hat die nachfolgende Argumentation ein durchgängiges Interesse am Erfolg, kann aber nicht grundsätzlich ausschließen, dass das Projekt scheitert.

Durch die Neuankömmlinge ist eine Situation entstanden, die, unabhängig von allem Abwägen, einen Gewinn für unsere Gesellschaft darstellt. Das ist schon aufgrund des Erfordernisses der Fall, über die eigene Kollektividentität neu nachzudenken und dabei zu klären, was für sie elementar und unverzichtbar ist und was eher einer vergangenen geschichtlichen Etappe angehört. Eine derartige kollektive Selbstreflexion hat, wenn sie nicht auf eine dauerhafte Spaltung der Gesellschaft hinausläuft, die Wirkung eines Jungbrunnens, in dem sich eine politische Ordnung ihrer selbst vergewissert und sich so erneuert. Solche Selbsterneuerungen sind sonst zumeist mit Krisen und Katastrophen verbunden, im deutschen Fall etwa mit verlorenen Kriegen. Es ist die Herausforderung durch das Fremde, die gegenwärtig an deren Stelle tritt, die Beschäftigung mit dem Anderen, aus der die Vergewisserung des Eigenen erwächst. Die Katastrophe der Anderen, von der die Flüchtlinge, die «Boten des Unglücks», künden, ersetzt die Erfahrung der eigenen Katastrophe – jedenfalls dann, wenn man der Botschaft der Flüchtlinge nicht mit mürrischer Gleichgültigkeit begegnet. Es wird deswegen nachfolgend immer auch das Fremde eine Rolle spielen: die Frage, wie mit ihm umzugehen ist, wie viel Fremdheit wir aushalten wollen und wo die Annährung der Fremden an unser Eigenes unverzichtbar ist. So hat die Debatte der zurückliegenden Monate etwa Klarheit über die individualistischen Grundlagen unseres Rechtsverständnisses geschaffen und gezeigt, dass dieses mit aller Entschiedenheit gegen gruppenbezogene Sonderrechte ethnischer oder religiöser Art verteidigt werden muss.

Es ist nicht so, dass die Flüchtlingskrise ein Land ereilt hat, das sich seiner selbst nicht sicher und von der Herausforderung restlos überfordert war. Die deutsche Gesellschaft hat den Stresstest vom Herbst 2015 durchaus bestanden. In jedem Fall hat sie das in einer für die anderen Mitgliedstaaten der Europäischen Union vorbildlichen Form getan. Die Arbeit einiger Landesverwaltungen, die mit der Aufnahme und Unterbringung von Flüchtlingen deutlich überfordert waren, und einiger Landespolizeien, die nicht in der Lage waren, Brandanschläge auf Flüchtlingsunterkünfte zu verhindern oder zumindest zügig aufzuklären, überzeugt dagegen weniger. Immerhin wurde dadurch für die Politik erkennbar, wo Reformen vonnöten sind oder es gar dringenden Handlungsbedarf gibt. Die verschiedenen mit dem Zustrom der Flüchtlinge befassten Ämter und Behörden haben Erfahrungen gesammelt, die sich, wenn daraus die richtigen Schlüsse gezogen werden, bei nächster Gelegenheit als wertvoll erweisen könnten. Zunächst aber kommt es darauf an, bei der Integration der Neuankömmlinge einen langen Atem zu haben. Das wird, was die Mobilisierung von Hilfsbereitschaft und Engagement in der Bevölkerung anlangt, sehr viel schwieriger sein, als dies in der eigentlichen Situation der Ankunft war, wo es darum ging, die Menschen erst einmal unterzubringen und zu versorgen. Das härtere Stück Arbeit steht noch bevor.

Und immer, wenn auf die bevorstehenden Mühen und Lasten geblickt wird, taucht offen oder insgeheim die Frage auf, ob es nicht sinnvoller gewesen wäre, sich all das zu ersparen, indem man Anfang September die Grenzen geschlossen und dafür gesorgt hätte, dass die Flüchtlinge irgendwo auf der Balkanroute gestoppt oder am Übersetzen auf die griechischen Inseln gehindert worden wären. Abgesehen davon, dass dies zu einer humanitären Katastrophe geführt hätte, wären so mit Sicherheit alle Erfolge zunichtegemacht worden, die die Europäer im zurückliegenden Jahrzehnt bei der Befriedung des mittleren Balkans erzielt haben. Man hätte dann fragile Staaten mit mühsam stabilisierten Verhältnissen zwischen den ethnisch-religiösen Gruppen einer Belastungsprobe ausgesetzt, die sie mit großer Wahrscheinlichkeit nicht bestanden hätten. Was aber, wenn die Unruhen und Bürgerkriege, die man dort notdürftig beendet hat, wieder aufgeflammt wären? – Insofern hat die Flüchtlingskrise auch die Frage aufgeworfen, wie eine gemeinsame Sicherheitsstrategie der EU für ihre «weiche Flanke» im Südosten aussehen kann.

Doch kommen wir auf Deutschland zurück, auf die neuen und die alten Deutschen und die Aufgabe, dass sie jetzt zusammenfinden müssen: Die alten Deutschen sind dabei jene, die an der ethnischen Geschlossenheit des Volkes hängen und sich nichts anderes für die Zukunft vorstellen können. Die neuen Deutschen sind in diesem Fall nicht die Neuankömmlinge, die sich ja überhaupt noch entscheiden müssen, ob sie überhaupt Deutsche werden wollen, sondern jene, die auf ein weltoffenes und nicht mehr ausschließlich ethnisch definiertes Deutschland setzen. Zwischen beiden Seiten hat sich in der Debatte der letzten Monate eine beachtliche Kluft aufgetan, die wieder geschlossen werden muss, wenn man die bevorstehenden Aufgaben bewältigen will. Eine Grundlage dafür könnte die Einsicht sein, dass Deutschland dauerhaft auf Zuwanderung angewiesen ist, wenn es das bleiben möchte, was es zurzeit noch ist – sowohl im Hinblick auf den materiellen Wohlstand des Landes als auch auf die Leistungsfähigkeit des Sozialstaats. Solch eine Zuwanderung muss freilich nicht in Form kaskadenförmiger Flüchtlingsströme auftreten – im Gegenteil: Eine geregelte Zuwanderung in einer der hiesigen Aufnahmefähigkeit angemessenen Dosierung, bei der deutsche Behörden Einfluss auf die Auswahl der Zuwandernden haben, würde sicherlich den deutschen Bedürfnissen sehr viel mehr entsprechen. Doch diese Politik ist in den zurückliegenden zwei Jahrzehnten, seitdem sie angezeigt war, nicht betrieben worden.

Der Flüchtlingsstrom vom Herbst 2015 hat ein lange verdrängtes Problem auf die politische Tagesordnung gesetzt. Dieses Problem besteht darin, dass ein demographisches Schrumpfen ökologisch sinnvoll sein mag, aber auf soziale und wirtschaftliche Verwerfungen hinausläuft, die eine durchgeplante und durchorganisierte Gesellschaft wie die unsere mit ihren vergleichsweise hohen Wohlstandserwartungen nicht verkraften kann. Deswegen braucht eine solche Gesellschaft kontinuierlichen Zuzug. Kontinuierliche Zuwanderung als Ausgleich für eine defizitäre biologische Reproduktion ist nicht neu, sondern eine historische Regel: So haben sich die großen Städte seit ihrer Entstehung in Mesopotamien oder im Niltal mehr als ein Jahrtausend vor Christus bis weit ins 19. Jahrhundert hinein nie selbst, also durch ihre Geburtenrate, reproduzieren können; sie waren stets auf Zuzug aus dem sie umgebenden Land angewiesen. Blieb dieser Zuzug aus, schrumpften die Städte oder verfielen, wie das in Nordwesteuropa im Frühmittelalter der Fall war. Aber es war eher eine Ausnahme, dass der Zuzug ausblieb; das Leben in den Städten war attraktiv und bot deutlich größere Annehmlichkeiten und Aufstiegschancen als das Leben auf dem Lande.

Das ist heute ganz ähnlich, nur dass an die Stelle von Stadt und Land der reiche Norden und der arme Süden getreten sind, in globaler Hinsicht, aber auch in Großräumen wie der Europäischen Union. Der globale Norden ist nicht nur reicher als der globale Süden. Er verfügt auch, wenn man einmal vom Sonderfall Russland absieht, über politische Ordnungen mit einem hohen Grad an Freiheit und einer großen Rechtssicherheit, was in den meisten Ländern des Südens nicht der Fall ist. Sicherlich sollte man die Gegenüberstellung von reichem Norden und armem Süden nicht überzeichnen und immer im Auge behalten, dass eine historische Analogie eben nur eine Analogie ist und keine Blaupause. Aber die Ähnlichkeiten zwischen der Stadt-Land-Beziehung in West- und Mitteleuropa vom 11. bis zum 19. Jahrhundert und den heutigen Nord-Süd-Konstellationen sind augenfällig, und man kann, wenn man will, aus dem Vergleich einiges ziehen, um unsere Gegenwart und ihre Herausforderungen zu analysieren.

Freilich muss dafür zwischen einem Normalzustand und immer wieder auftretenden Not- und Ausnahmesituationen unterschieden werden. Hungersnöte infolge von Missernten sowie Kriege und Bürgerkriege haben auch in der Vergangenheit zum Anschwellen von Flüchtlingsbewegungen geführt, und daran hat sich bis heute nichts geändert. In solchen Konstellationen werden die normalen Migrationsbewegungen vom Land in die Stadt überlagert; in manchen Fällen haben sie sich intensiviert, während sie sich in anderen umgekehrt haben und von der Stadt aufs Land erfolgt sind. Bei Seuchen kam es vor, dass die Menschen aus der Stadt flüchteten, was auch bei einer absehbaren Belagerung so sein konnte; während es hinter den Mauern einer Stadt durchweg sicherer war, wenn marodierende Soldateska und Räuberbanden durchs Land streiften. Aber das waren, modelltheoretisch betrachtet, Sondersituationen. Die Grundkonstellation war eine kontinuierliche Bewegung vom Land in die Stadt, da diese sich mit ihrer Geburtenrate nicht zu reproduzieren vermochte. Auf dem Land herrschte dagegen, von Ausnahmesituationen abgesehen, ein Geburtenüberschuss, der, wenn er sich aufstaute, die sozialen Verhältnisse durcheinanderbrachte. Insofern war auch das Land auf einen kontinuierlichen Abfluss von Menschen angewiesen. Was wir in der Normalkonstellation beobachten, ist *Arbeitsmigration*, die durch *Flüchtlingsbewegungen* in Ausnahmesituationen überformt wird.

Das entspricht auch der heutigen Lage, und deswegen ist es sinnvoll, zwischen Arbeitsmigranten und Bürgerkriegs- beziehungsweise Katastrophenflüchtlingen zu unterscheiden. Auf Erstere ist der reiche Norden angewiesen, wobei sich der Arbeitskräftebedarf im letzten Jahrzehnt zunehmend von der Industrie in den Dienstleistungsbereich verschoben hat; Letztere hingegen sind ein periodisch auftretendes Problem, und weder die Zahl noch die Fähigkeiten der Flüchtlinge lassen sich ohne weiteres mit den Arbeitsmarktanforderungen in den aufnehmenden Ländern in Einklang bringen. Wenn es sich nicht um ein kurzzeitiges Exil handelt, sondern absehbar ist, dass die Flüchtlinge für längere Zeit, womöglich dauerhaft bleiben werden, kommt es also darauf an, beides miteinander kompatibel zu machen: die Neuankömmlinge mit dem Arbeitsmarkt und den Arbeitsmarkt mit den Neuankömmlingen. Modelltheoretisch betrachtet, stellen solche Sondersituationen eine Irritation der normalen Arbeitsmigration dar. Diese findet in der Regel eher stillschweigend statt, wird in Talkshows nicht diskutiert und schafft es allenfalls als statistische Größe einmal in die Nachrichten. Regelmäßige Arbeitsmigration und kaskadenförmige Fluchtbewegungen sind in der deutschen Debatte zuletzt durcheinandergeraten, und dazu hat nicht zuletzt die Diskussion über religiös-konfessionelle Prägungen, insbesondere den Islam, beigetragen, die zu einer Vermischung beider Bewegungen und der mit ihnen verbundenen Folgen für die deutsche Gesellschaft geführt hat. Um es kurz zu sagen: Die «Islamisierung» der Flüchtlings- und Zuwanderungsdebatte hat mehr Unklarheit als Klarheit geschaffen.

Damit soll nicht in Abrede gestellt werden, dass es Fälle gibt, in denen sich der Islam bei der Integration in die europäischen Gesellschaften als Blockade erweist, und dass obendrein der islamistische Dschihadismus eine Bedrohung für das Sicherheitsempfinden der Menschen in West- und Mitteleuropa darstellt. Das zu bestreiten, wäre töricht, und tatsächlich hat sich beides nach den Anschlägen von Paris und Brüssel und den Übergriffen vornehmlich nordafrikanischer Flüchtlinge am Kölner Hauptbahnhof in der Silvesternacht 2015/16 mit der Debatte verbunden, wie die Aufnahme von Flüchtlingen und ihre Integration in die deutsche Gesellschaft vonstattengehen können. Aber damit ist mehr aufgeregte Emotionalität als analytische Rationalität in diese Debatte gekommen, und in der Folge dessen ist politisches Handeln schwieriger und nicht einfacher geworden. Das heißt, dass auch die Versuche erschwert wurden, Lösungen für das Problem zu finden. Die Aufgeregtheit mag verständlich sein, aber zielführend ist sie nicht. Politische Debatten sollten politisches Handeln vorbereiten und nur ausnahmsweise als eine Variante sozialpsychologischer Problembearbeitung dienen. In diesem Sinn wird nachfolgend versucht, die Herausforderungen überschaubar zu machen und mögliche Perspektiven aufzuzeigen, wie sie zu bewältigen sind.

Schon jetzt ist ein bestimmter Vorwurf absehbar, der unseren Überlegungen gemacht werden dürfte: dass sie das Problem nicht in seiner ganzen Komplexität und Vielschichtigkeit erfasst hätten, weil zu wenig von globaler Ausbeutung, insbesondere der des Südens durch den Norden, von den Folgen der kapitalistischen Produktionsweise, speziell des Finanzkapitalismus, und schließlich auch vom Klimawandel die Rede sei. Es ist richtig, dass diese Fragen eher gestreift oder beiläufig angesprochen werden und nicht im Zentrum des Buches stehen. Das hat wohlbedachte Gründe: Es gibt eine fatale Neigung, bei der Beschreibung von Problemen immer wieder auf Vorstellungen zurückzukommen, in denen alles mit allem in einer so komplexen Weise zusammenhängt, dass es kein politisches Handeln mehr geben kann und man eigentlich in melancholische Untätigkeit versinken müsste, wie Wagners Wotan am Ende des *Rings*, der nur noch auf das Ende der Welt wartet und darauf hofft, dass es möglichst bald eintritt. Die Beschreibung der bevorstehenden Katastrophe wird unter diesen Umständen zum ästhetischen Ereignis, aus dessen Antizipation so mancher noch einen moralischen Gewinn ziehen zu können meint. Ein solcher Leser wird in den nachfolgenden Kapiteln nicht auf seine Kosten kommen.

Unsere Überlegungen sind von dem theoretischen Impetus getragen, Komplexität zu reduzieren, um konkretes Handeln zu ermöglichen; und sie sind von dem praktischen Impetus angestoßen, Lösungen für Probleme zu finden. Wir haben deswegen ein politisches Buch geschrieben, kein erbauliches. Dabei sind wir von der Leitidee ausgegangen, dass die Integration der Neuankömmlinge in die deutsche Gesellschaft nicht durch einfache Inklusion erfolgen kann; dass es aber genauso wenig möglich ist, die hierher Geflüchteten wieder aus dieser Gesellschaft auszuschließen. Wer meint, das Problem der Integration allein durch rechtliche Inklusion lösen zu können, der irrt; wer meint, sich die Mühen der Integration durch rechtlich abgesichertes Ausschließen vom Hals schaffen zu können, der irrt nicht minder.

Viele glauben, dass sich nichts ändern muss, damit alles so bleibt, wie es ist. Das ist ein Irrtum: Wir müssen einiges ändern, um auch in Zukunft so leben zu können, wie wir uns dies in den letzten Jahrzehnten angewöhnt haben. Also müssen wir uns jetzt überlegen, wie das Land beschaffen sein muss, beschaffen sein soll, in dem wir auch weiterhin dieses gute Leben führen können. Es ist ein beschwerlicher Weg, der nun angetreten werden muss – aber wenn wir ihn gehen, dürfte es am Ende lohnend sein.

1. Grenzen, Ströme, Kreisläufe – wie ordnet sich eine Gesellschaft?

Eine Welt in Bewegung: die jüngsten Flüchtlingsströme

Unser Bild von einer guten Zukunft ist von zwei recht unterschiedlichen Vorstellungen geprägt: zunächst, dass wir einen Ort haben, an dem wir zu Hause sind, einen Raum, der Sicherheit bietet; dass wir uns also in einer sozialen Umgebung bewegen, die uns vertraut ist und auf die wir uns, falls erforderlich, verlassen können. Nennen wir das Heimat, und zwar in dem von dem Philosophen Ernst Bloch vorgeschlagenen Sinn: ein Raum, den wir als Ort einer geborgenen Kindheit erinnern und von dem wir gleichzeitig wissen, dass unsere Erinnerung mit Wünschen und Hoffnungen durchsetzt ist, die weit über das hinausgehen, was wir tatsächlich erfahren haben. Heimat ist erinnerte Zukunft, eine Vorstellung, in der Erfahrung und Phantasma ineinander übergehen. Das verleiht ihr einen ebenso appellativen wie melancholischen Charakter.

Zugleich stellen wir uns die gute Zukunft als ein Leben vor, bei dem wir an keinen Ort dauerhaft gebunden sind, also nach Belieben reisen und die Welt erkunden können, bei dem wir die Orte, an denen wir uns aufhalten, gemäß den jeweiligen Vorlieben wechseln können – sei es, weil wir uns der vermeintlichen Langeweile und Tristesse des Bleibens entziehen wollen, sei es, weil wir andernorts bessere Möglichkeiten beruflichen Fortkommens oder persönlichen Glücks zu finden glauben. Was früher das für Not- und Ausnahmefälle gedachte *ius emigrandi*, das Recht der Auswanderung, war, ist heute zu einer verbreiteten Praxis der Lebensgestaltung geworden. In der Vorstellung eines guten Lebens sind die Imaginationen von Sicherheit und Freiheit miteinander verbunden, und diese Verbindung ist für uns essenziell, denn ohne das Eine ist das Andere nichts oder doch sehr viel weniger wert.[1]

Für die meisten Menschen der nördlichen Hemisphäre ist ein Leben, das diese beiden scheinbar konträren Vorstellungen vereint, tendenziell möglich: Sie haben ein Haus oder eine Wohnung, machen regelmäßig Urlaub und nutzen dies, um «die Welt» zu sehen; sie können sich frei entscheiden, ob sie an einem vertrauten Ort auf Dauer bleiben oder räumlich mobil sein wollen. Sie leben in einer Welt, in der das Stationäre und das Mobile, das Feste und das Fluide so miteinander verbunden sind, dass sie Wahlmöglichkeit und Entscheidungsfreiheit haben. Zu dieser Freiheit gehört, dass man selbst festlegt, ob, wann und in welchem Umfang man von den Alternativen des Stationären und Mobilen Gebrauch macht und die erforderlichen Anstrengungen unternimmt. Auch wenn das nicht für alle Menschen des reichen Nordens in gleichem Maße gilt und das Ausmaß, in dem diese Freiheit in Anspruch genommen werden kann, zumeist von Einkommen und Vermögen abhängt, ist die Freiheit des individuell verfügbaren Arrangements von Ortsfestigkeit und Ortswechsel doch ein wesentliches Merkmal der offenen Gesellschaft. Eine offene Gesellschaft ist der Ermöglichungsrahmen eines guten Lebens.

Gleiches gilt für die meisten Menschen des globalen Südens nicht. Sie haben keine Perspektive einer beruflichen Karriere durch Ortswechsel, leben nicht selten unter Regimen, die sie mit Zwang in einem bestimmten Raum festhalten oder aber alles daransetzen, sie aus dem Raum, in dem sie bislang gelebt haben, zu vertreiben, wobei sie oft nicht mehr zu retten vermögen als das nackte Leben.[2] Lebenslange Ortsgebundenheit und massenhafte Flucht stehen in vielen Gesellschaften des globalen Südens unmittelbar nebeneinander. Freiheit ist hier – nicht überall, aber doch vielerorts – auf den individuellen Entschluss beschränkt zu migrieren.[3] Aber das ist kein Entschluss, der nach Belieben umkehrbar ist; diejenigen, die sich auf den Weg machen, tun dies in dem Bewusstsein, dass es für sie keine Rückkehr gibt beziehungsweise dass jede Form von Rückkehr auf das Eingeständnis eines Scheiterns hinausläuft, nachdem die Familie zuvor alle verfügbaren Ressourcen aufgebracht hat, um dem Betreffenden den Aufbruch in eine bessere Welt zu ermöglichen.

Das erklärt die große Risikobereitschaft der Migranten bei dem Versuch, nach Europa zu kommen. Oft erwächst Migration tatsächlich aus einer freien Entscheidung, als Einzelner oder in einer kleinen Gruppe ein besseres Leben zu suchen. In einer wachsenden Zahl von Fällen bleibt großen Bevölkerungsgruppen infolge von Hungerkatastrophen und Bürgerkriegen freilich gar nichts anderes übrig, als sich auf die Flucht zu begeben, wenn sie nicht sterben wollen – wohin auch immer, nur weg aus den Räumen, die im buchstäblichen Sinn zu Todeszonen geworden sind. Das ist zwar auch eine Entscheidung, sie lässt sich aber kaum als Entscheidung aus freien Stücken bezeichnen. Im ersten Fall dominieren die Pull-Faktoren, die Aussicht auf ein besseres Leben in Ländern, die man sich als Zielgebiet der Wanderung ausgesucht hat; in letzterem hingegen die Push-Faktoren, die Ursachen, die dazu nötigen, die angestammte Heimat zu verlassen. Sicher verbinden sich in jedem Entschluss zur Migration Push- und Pull-Faktoren miteinander, aber ihre Anteile sind so unterschiedlich gewichtet, dass man es mit zwei Gruppen von Migranten zu tun hat. Bevor man den Unterschied zwischen beiden Gruppen aber zu groß macht und essenzialisiert – etwa in der Gegenüberstellung von «Wirtschaftsmigranten» und «Bürgerkriegsflüchtlingen» –, sollte man im Auge behalten, dass es auch für die meist kein Zurück mehr gibt, die ihr Land aus freien Stücken verlassen haben. Je länger der Weg ist, den man hinter sich gebracht hat, desto schwerer fällt der Entschluss zurückzukehren. Das muss eine Politik bedenken, die Flüchtlingsrouten sperrt und mit Appellen versucht, die Flüchtlinge zur Umkehr zu bewegen.

Wer sich aus mehr oder weniger freien Stücken entschieden hat zu migrieren, sucht ein besseres Leben, und meistens ist das Ziel ein Land des reichen Nordens; im Fall der Afrikaner sind das West- und Nordeuropa, bei den Mittelamerikanern die USA oder Kanada.[4] Die Länder des Nordens jedoch sind angesichts ihrer Aufnahmekapazitäten und ihres tatsächlichen Arbeitsbedarfs bestrebt, die Armutsmigranten «draußen» zu halten, zumal diese in der Regel nicht die erforderliche Qualifikation mitbringen, um auf dem Arbeitsmarkt ihres Ziellandes reüssieren zu können; die Länder errichten zu diesem Zweck Grenzzäune und Sicherungssysteme, die dafür sorgen sollen, dass Migranten keinen Zugang zu den Räumen einer relativ freien Lebensgestaltung finden. Die Logik dahinter lautet: Um unsere Freiheit und den für deren Genuss erforderlichen Wohlstand zu bewahren, ist es erforderlich, dass der Zustrom von Menschen aus dem globalen Süden begrenzt bleibt, dass die Aufnahmeländer sich zumindest aussuchen können, wem sie Zutritt gewähren und wem nicht, und dabei die aus ihrer Sicht Bestgeeigneten auswählen. Auf diese Weise wollen die Länder des Nordens verhindern, dass ein Sogeffekt entsteht, der das für sie verkraftbare Hereintröpfeln von Migranten in einen breiten Zustrom verwandelt. Mehr noch: sie wollen das Hereintröpfeln durch ein Herauspicken ersetzen. Diese Politik folgt einer Logik der Individualisierung, die durchaus zu den Grundsätzen einer offenen Gesellschaft gehört; sie weist in normativer Hinsicht jedoch den Makel auf, dass sie Freiheit und Sicherheit in Gestalt eines individuellen Arrangements den Bewohnern des reichen Nordens vorbehält und die Menschen des globalen Südens von einer solchen Möglichkeit ausschließt. Für die Menschen des Nordens ist das, wenn überhaupt, ein moralisches Problem, das ihnen gelegentlich ein schlechtes Gewissen verursacht; für die Menschen des Südens ist es dagegen ein existenzielles Problem, bei dem es nicht selten um Leben und Tod geht.

Solche Systeme von Inklusion und Exklusion sind nicht neu, sondern folgen dem seit jeher genutzten Modell von «Drinnen» und «Draußen». Die Ordnung von Zugehörigkeit und Ausschluss ist indes zum Problem geworden, seit die Universalität von Normen zum Selbstverständnis der offenen Gesellschaften gehört, also, um einen Zeitraum zu nennen, seit der Mitte des 20. Jahrhunderts, seit Verkündung der UN-Charta im Jahre 1945 und der Inkraftsetzung der Genfer Flüchtlingskonvention von 1951, und überhaupt seit der allmählichen Auflösung der Vorstellung, wonach die Verschiedenheit der «Rassen» oder Ethnien eine legitime Begründung für ein prinzipiell unterschiedliches Leben sei. Seitdem ist begründungsbedürftig, weshalb Freiheit und Wohlstand de facto Privilegien des weißen Mannes (und der weißen Frau) sein und die Menschen des globalen Südens in ihrer überwiegenden Mehrheit davon ausgeschlossen werden sollen. Über ein halbes Jahrhundert hat das entwicklungspolitische Versprechen des Nordens dazu gedient, dieses Problem zu entschärfen; es stellte Armut und Unterdrückung in der südlichen Hemisphäre als ein zeitlich begrenztes Problem dar, das durch die materielle Hilfe des Nordens Jahr für Jahr kleiner werde, um schließlich gänzlich zu verschwinden. Die Zeit sollte, so das sozioökonomische Entwicklungsparadigma, die Unterschiedlichkeit der Räume allmählich in eine Welt der gleichen Chancen überführen.

Wie begründet auch immer die damit verbundenen Hoffnungen und Erwartungen gewesen sein mögen – sie haben zunächst einmal das Normproblem relativiert, indem sie es als einen befristeten Entwicklungsabstand dargestellt haben. Gleichzeitig hat dieses Versprechen in der südlichen Hemisphäre die Vorstellung gestützt, es werde möglich sein, durch eine forcierte Entwicklung, bei der man sich bis 1989/90 entweder am kapitalistischen Westen oder am sozialistischen Osten orientierte, den Rückstand Schritt für Schritt zu verkleinern. Die Option, als Einzelner oder in kleinen Gruppen in den Norden zu wandern, wurde überwölbt von der Erwartung, der Süden könne es als Ganzes schaffen, auf das Niveau des Nordens zu kommen oder sich dem zumindest anzunähern. Diese Vorstellung hat, seitdem die ökologischen Grenzen des Wachstums Thema wurden, an Überzeugungskraft verloren. In den zur Jahrtausendwende formulierten Millenniumszielen der Vereinten Nationen ist sie noch einmal öffentlichkeitswirksam bekräftigt worden, hat aber seither immer mehr an Bindekraft eingebüßt; die wachsende Zahl derer, die sich in den letzten Jahren aus Afrika auf den Weg gemacht haben, um irgendwie nach Europa zu kommen, ist ein Indikator dafür, dass viele nicht mehr an das Entwicklungsversprechen glauben.

Die angestrebte Reduzierung der zuletzt immer stärker angewachsenen Flüchtlingsströme nach Europa setzt somit voraus, dass die Entwicklungsperspektiven der nordafrikanischen Länder – von Marokko über Algerien bis Tunesien –

sowie der subsaharischen Länder – von den Krisenstaaten Westafrikas über Mali, Nigeria, Kamerun und Burkina Faso bis Somalia und Eritrea – deutlich verbessert werden, und zwar so weit, dass sich für die potenziellen Migranten beim Abwägen zwischen Gehen oder Bleiben die Gewichte wieder zugunsten des Bleibens verschieben. Auf diese Herausforderung müssen die Europäer eine überzeugende Antwort finden, wenn die Ströme der Armutsmigranten in den nächsten Jahren nicht auf dem aktuellen Niveau bleiben oder noch weiter anschwellen sollen. Doch selbst wenn das gelingt, wäre dies eher mittel- als kurzfristig wirksam.

Zur schwindenden Bindekraft des Entwicklungsversprechens kamen seit den 1990er Jahren noch die neuen Kommunikations- und Informationstechnologien hinzu, die das gute Leben im Norden – häufig in erheblich überzeichneter Form – sichtbar gemacht und das Problem der unterschiedlichen Lebensstandards in der nördlichen und der südlichen Hemisphäre erheblich zugespitzt haben. Das lässt sich nicht mehr rückgängig machen. Und ebenso wenig lässt sich rückgängig machen, dass die Flüchtlingsbewegungen durch den Gebrauch von Handys effektiv koordiniert und schnell dirigiert werden können.

Von den Migranten, die aufbrechen, um ein besseres Leben zu suchen, und im weiteren Sinn eine freie Entscheidung getroffen haben, sind die zu unterscheiden, die ihren Herkunftsort verlassen, weil Hungerkatastrophen ihnen kaum eine andere Wahl lassen oder Bürgerkriege und Gewaltstrukturen sie zur Flucht nötigen.[5] Auch sie haben eine Entscheidung getroffen, die in Anbetracht der Umstände aber nicht als frei bezeichnet werden kann, insofern es ihnen nicht um ein besseres Leben, sondern ums bloße Überleben geht. In der Regel versuchen die Flüchtenden zunächst nur, dem unmittelbaren

Kriegsgebiet, der Kampfzone, zu entkommen, und dabei suchen sie Zuflucht in den Teilen ihres Landes, wo (noch) nicht gekämpft wird. Erst wenn das nicht mehr möglich ist, weil das gesamte Land zum Kriegsgebiet geworden oder die Versorgung der Flüchtlinge zusammengebrochen ist, verlassen sie ihr Land. Doch auch dann bleiben die meisten von ihnen in dessen unmittelbarer Umgebung und suchen Zuflucht in den von den Vereinten Nationen oder humanitären Hilfsorganisationen «heimatnah» betriebenen Flüchtlingslagern. Das «größte Flüchtlingslager der Welt», das zu einer Großstadt mit bald einer halben Million Bewohner angewachsene Lager Dadaab an der kenianischen Grenze zu Somalia, ist dafür ein Beispiel.[6] Dasselbe zeigt sich auch im syrischen Bürgerkrieg, wo die überwiegende Mehrheit der Menschen, die auf der Flucht sind, sich entweder noch im eigenen Land aufhält oder in einem der großen Flüchtlingslager in Jordanien, dem Libanon oder der Türkei untergekommen ist. Die Fliehenden tun das in der Erwartung, dass der Bürgerkrieg in absehbarer Zeit endet und sie dann wieder in ihre angestammten Wohnorte zurückkehren können. Erst wenn die Lage in den Flüchtlingslagern infolge einer sich verschlechternden Versorgung durch das Hilfswerk der Vereinten Nationen unerträglich wird oder die Aussicht auf Rückkehr von Monat zu Monat und schließlich Jahr zu Jahr immer weiter schwindet, entschließen sich die Menschen, den Weg nach West- und Nordeuropa zu wagen, um dort – womöglich – eine neue Heimat zu finden.

Die Stärke des Flüchtlingsstroms wächst in diesem Fall also mit der Perspektivlosigkeit in den Lagern und der Dauer des Bürgerkriegs. Wollen die Zielländer die auf diese Weise entstehenden Flüchtlingsströme begrenzen oder verkleinern, so müssen sie das Versorgungsniveau in den heimatnahen Flüchtlingslagern verbessern und sich um eine Beendigung des Bürgerkriegs bemühen. Im Unterschied zur Armutsmigration können politische Maßnahmen und wirtschaftliche Hilfsleistungen hier durchaus kurzfristige Wirkung zeitigen, und sie tun das umso mehr, je früher sie erfolgen und je konsequenter sie beibehalten werden. Hat hingegen eine kontinuierliche Verschlechterung der Lebensbedingungen in den Lagern erst einmal eingesetzt und sind die Flüchtlinge hinsichtlich der baldigen Rückkehr in ihre Heimat desillusioniert, ist es nur noch schwer möglich, diesen Prozess zu stoppen. Versäumnisse lassen sich dann nicht mehr nachholen und Fehler kaum noch ausbügeln.

Bei einer ersten, noch ganz vorläufigen Inaugenscheinnahme des Problems zeigt sich, dass die Länder des reichen Nordens erhebliche finanzielle Mittel aufwenden und große politische Anstrengungen unternehmen müssen, wenn sie die Flüchtlingsströme von Süden nach Norden begrenzen und wieder unter Kontrolle bringen wollen. Dafür werden verschärfte Grenzsicherungsanlagen nicht genügen, nicht in humanitärer, aber auch nicht in politisch-operativer Hinsicht: Grenzsicherung, in welcher Form auch immer, ist nämlich defensiv, und bloße Defensive wird nicht ausreichen, um die Herausforderung zu bewältigen. Das schließt deren Erfordernis nicht von vornherein aus. «Wenn Menschen mit einer liberalen Haltung», schreibt der niederländische Soziologe Paul Scheffer, «nicht über Grenzen nachdenken wollen, dann ziehen am Ende Menschen mit autoritären Einstellungen die Grenzen.»[7] Das ist sicherlich richtig. Aber letzten Endes wird alles davon abhängen, dass die Länder der südlichen Hemisphäre sozial und wirtschaftlich stabilisiert werden. Das wiederum wird auf einen kontinuierlichen Transfer von Finanzmitteln hinauslaufen. Das Problem dabei ist freilich, dass viele Transfers der Vergangenheit keineswegs die allgemeinen Lebensbedingungen in den Ländern des Südens verbessert haben, sondern in den Taschen der dortigen Eliten oder einzelner Bürgerkriegsparteien gelandet sind. Die Finanztransfers müssen also mit einer nachhaltigen Veränderung der politischen Konstellationen in den Empfängerländern verbunden sein, wenn sie die angestrebte Wirkung entfalten sollen. Das ist leicht gesagt, aber dafür, wie es erreicht werden kann, fehlt nach dem Scheitern des amerikanischen Transformationsprojekts im Irak und auch nach dem Fehlschlag des «arabischen Frühlings»[8] eigentlich jedes Konzept.

Wohlstandszentren, Arbeitskräftewanderung und Bevölkerungsentwicklung

Der Norden kann ohne eine kontinuierliche Zuwanderung von Arbeitskräften nicht auskommen. Die Untersuchungen der jüngeren Migrationsforschung zeigen, dass seit jeher Wanderungen stattgefunden haben: Größere und kleinere Menschenmengen zogen dahin, wo sie Arbeit und Unterhalt zu finden hofften. Das gilt für die Söldner des späten Mittelalters und der frühen Neuzeit, die sich regelmäßig dort versammelten, wo ein Krieg auszubrechen drohte oder ein Herrscher Truppen aufstellte;[9] das gilt ebenso für die Bauern, die die Donau entlang nach Siebenbürgen zogen, die dem Ruf einer russischen Zarin an die Wolga folgten oder, nachdem sie von «Pioniermigranten»[10] von den fruchtbaren Gebieten westlich des Mississippi erfahren hatten, über den Ozean in die Neue Welt auswanderten. Und es gilt für die Arbeiter, die innerhalb des preußischen Staates aus Schlesien ins Ruhrgebiet abwanderten, wo im Verlauf des 19. Jahrhunderts eine Montanindustrie entstand, die immer mehr Arbeitskräfte brauchte.[11] «Migration ist eine zivilisatorische Unentbehrlichkeit» – so der französische Annales-Historiker Fernand Braudel.

Migration geht fast immer dorthin, wo die drei Produktionsfaktoren Boden, Kapital und Arbeit zusammengebracht werden. Boden ist immobil, und die meisten Rohstoffe, die aus ihm gefördert werden, Erze und Kohle im Fall der Montanindustrie, konnten im 19. Jahrhundert aus Gründen der Wirtschaftlichkeit nur über begrenzte Entfernungen transportiert werden. Kapital hingegen ist hochgradig mobil; seit der Entstehung des Bankensystems im spätmittelalterlichen Europa lässt es sich zu relativ niedrigen Kosten von einem Ort zum andern transferieren. Der Produktionsfaktor Arbeit rangiert, was Mobilität anlangt, zwischen Boden und Kapital. Da ihr Transfer erheblich kostengünstiger ist als der von Bodenschätzen, kommt die Arbeit eher zu den Bodenschätzen als umgekehrt. Im Fall der bäuerlichen Bewirtschaftung des Bodens ist das ohnehin der Fall. Die Regel, dass Migration dorthin geht, wo Arbeitskraft gebraucht wird, ist erst mit der digitalen Revolution bis zu einem gewissen Grad außer Kraft gesetzt worden – das Internet hat das Erfordernis der Migration von Arbeitskräften in die Prosperitätszonen der Weltwirtschaft spürbar relativiert. Ohne das Internet würde noch viel mehr Arbeitsmigration stattfinden, und der Norden wäre noch stärker auf Zuwanderung angewiesen, um seinen Wohlstand zu wahren.

Die räumlich nicht kongruenten Dynamiken von Bevölkerungsentwicklung und Arbeitskräftenachfrage in den Zentren wirtschaftlichen Wohlstands haben seit jeher zu Migrationsbewegungen geführt; wenn man diese im Zeitraffer erfasst und in Form von Pfeilen und Linien in Karten einträgt, entsteht ein Bild von Strömen, die sich immer wieder verändern, neue Schwerpunkte bilden und alte Wirtschaftsräume entvölkern. Was wir dabei sehen, ist eine Wirtschaftsentwicklung, die häufig auf die politische und soziale Ordnung zerstörerisch einwirkt, indem sie überkommene Sozialordnungen austrocknet und ältere Machtstrukturen untergräbt. Gleichzeitig aber lässt sie neue Prosperitätsräume und Machtzentren entstehen. Diese Prozesse lassen sich mit dem von dem Wirtschaftswissenschaftler Joseph Schumpeter geprägten Begriff der «kreativen Zerstörung» kennzeichnen:[12] Die Entstehung des Neuen ist aufs engste mit dem Ruin der alten Ordnung verbunden, und fast jeder Zugewinn in dem einen Raum ist mit Verlusten in einem anderen verbunden. Die Träger der alten Ordnung wiederum wollen die von ihnen als bloß destruktiv wahrgenommene Entwicklung nicht hinnehmen und erwehren sich der durch Migration erfolgenden Macht- und Prosperitätsverlagerung, indem sie Wanderungsprozesse zu unterbinden suchen. Es sind nicht nur die Einwanderungsländer, wie man zurzeit meinen könnte, sondern auch die «abgebenden» Länder, die sich um eine Begrenzung, zumindest eine Kontrolle der Migration bemühen. Gegen die Veränderungsdynamik des Fluiden setzen sie die Ordnungsstrukturen des Stationären, und diese beginnen bei der Fesselung menschlicher Arbeitskraft an den Boden, etwa in Form der Leibeigenschaft als der nach der Sklavenwirtschaft radikalsten Blockierung der Exit-Option,[13] und reichen bis zu den Regimen politischer Grenzziehung, die bloß imaginierte Grenzen, aber auch Grenzen mit Mauern und Stacheldraht oder sogar den Schießbefehl umfassen. Je stärker durch diese Grenzregime Linien in physische Sperren verwandelt werden, desto intensiver ist damit die Erfahrung von «Drinnen» und «Draußen» verbunden, die in der Wahrnehmung der meisten Menschen immer noch die Schlüsselerfahrung der politischen Ordnung darstellt. Politische Ordnung beginnt mit der Unterteilung des Raums in Räume, und das erfolgt durch Grenzziehung. Ein Raum ohne Grenzen ist ein Raum ohne politische Ordnung.[14]

Was wir in der Geschichte beobachten, ist der Widerstreit zwischen einer vor allem ökonomischen Imperativen folgenden Dynamik mit immer neuen Formen der Schwerpunktbildung und einem gesellschaftspolitischen Ordnungsmodell, das auf Stabilität und Dauer abzielt. Der Gegensatz dieser beiden Ordnungsvorstellungen ist in der politischen Ideengeschichte vielfach ausformuliert worden, etwa in der Gegenüberstellung von Individuum und Gemeinschaft: Eine Gemeinschaft, die von einer starken Abwanderung betroffen ist, weil sich zahlreiche Mitglieder auf den Weg machen, um andernorts nach wirtschaftlich besseren oder politisch freieren Lebensbedingungen zu suchen, errichtet Barrieren, um die Abwanderung physisch zu blockieren, oder sie entwickelt Ideologien, in denen die Bindungen an Boden, Familie und Vaterland herausgestellt und auf diese Weise Verpflichtungen konstruiert werden, denen man sich nicht entziehen kann, ohne als Verräter diffamiert zu werden. Die Abwanderungswilligen stellen dem die verschiedenen Narrative der Freiheit und das Recht auf individuelle Glückssuche entgegen. Der Konflikt zwischen einer Ordnung der dynamischen Veränderung und einem stationären Regime der Grenzen ist also auch ein Gegeneinander normativer Vorstellungen.

In der politischen Realität bleibt es aber nicht beim unvermittelten Gegeneinander der zwei Idealtypen von Ordnung, sondern es kommt zu Arrangements, in denen beide Ordnungsvorstellungen miteinander verbunden sind. Solche Arrangements entstehen, weil Gesellschaften an Überbevölkerung leiden und ihre Ressourcen nicht mehr ausreichen, um die auf ihrem Territorium lebenden Menschen zu ernähren. Auswanderung dient dann dazu, Hungerkatastrophen, den Anstieg des Gewaltniveaus innerhalb einer Gesellschaft oder den Ausbruch eines Bürgerkriegs zu vermeiden. Die Auswanderung aus Irland im 19. Jahrhundert, in deren Folge die Bevölkerung der Insel von 8,2 Millionen Einwohnern im Jahre 1841 auf 6,5 Millionen im Jahre 1851 sank, die Auswanderung aus Deutschland, insbesondere aus den Mittelgebirgen von Eifel und Hunsrück bis zum Erzgebirge, schließlich die kontinuierliche Auswanderung aus Nord- und Süditalien sind Beispiele für Migrationsströme, die auf die Überbevölkerung von Räumen und dadurch verursachte Krisen zurückgehen.[15] Die Forschung hat sich insgesamt mehr für die Zielländer der Migration als für deren Herkunftsländer interessiert, weshalb es keine systematischen Studien darüber gibt, welche sozialen und wirtschaftlichen Folgen die Ab- und Auswanderung dort hatte. Dass es nicht nur positive waren, etwa der Abbau des Bevölkerungsüberschusses, sondern auch Sozialbeziehungen und Vertrauensstrukturen zerfielen, blieb lange Zeit unbeachtet.[16] Nicht alle Einwände, die gegen ein an den Erfordernissen der Wirtschaft orientiertes liberales Migrationsregime geltend gemacht werden, sind grundsätzlich reaktionär oder nationalkonservativ. Es kann darin auch um die Überlebensfähigkeit der Auswanderungsländer gehen.

Schärfer wird die Debatte über die Vor- und Nachteile von Migration freilich in den Zielländern geführt; hier prallen die gegensätzlichen Positionen mit größerer Unversöhnlichkeit aufeinander. Auf der einen Seite stehen heute jene, die das Erfordernis einer Zuwanderung von Arbeitskräften herausstellen, wenn man auf längere Sicht das erreichte Wohlstandsniveau halten und in der internationalen Konkurrenz um globale Märkte bestehen möchte. Diese Position ist nicht mit einer humanitären Argumentation zu verwechseln, die sich um die Not der Flüchtlinge aus Elends- und Bürgerkriegsgebieten dreht, aber sie kann mit ihr ohne weiteres ein Bündnis im Kampf um die politische Mehrheit in einer Gesellschaft eingehen. Entscheidend sind dabei die Präferenzen in der gesellschaftlichen Mitte. Dem steht eine Sichtweise gegenüber, der zufolge Zuwanderung, wenn sie ein gewisses Niveau überschreitet, den Zusammenhalt der Gesellschaft und deren zentrale Werte bedroht. In der gemäßigten Variante dieser Sicht wird auf die soziopolitische Kultur des Landes verwiesen; in der extremen geht es um die ethnische Identität des Volkes, die durch die nicht dazu passenden Zuwanderer gefährdet sei. Eine mittlere beziehungsweise vermittelnde Position stellt die Erfordernisse der Wirtschaft in Rechnung, macht aber geltend, dass Migranten eine erkennbare Bereitschaft zur Akkulturation an die Lebensweise und Werteordnung der Aufnahmegesellschaft mitbringen müssten: Es wird keine völlige Assimilation der Neuankömmlinge erwartet, aber in ihren soziokulturellen Gepflogenheiten sollen sie sich an das Aufnahmeland, in dem sie womöglich dauerhaft bleiben werden, schon anpassen. So jedenfalls stellt sich die vielschichtige Diskussionslage in Deutschland dar.

Im Fall der Arbeitsmigration geht es freilich nicht nur um Diskurse, sondern auch um tatsächlich realisierte Gesellschaftsmodelle. Zwei gegensätzliche Typen lassen sich dabei unterscheiden: Auf der einen Seite stehen die tief in ihren Traditionen verwurzelten Gesellschaften, die, weil sie sich wesentlich oder ausschließlich über die eigene Geburtenrate reproduzieren, eine Politik der maximalen Aufwertung ihrer knappen Humanressourcen betreiben. Das wichtigste Beispiel für diesen Typ, den der italienische Demograph und Migrationsforscher Massimo Livi Bacci als «geschlossene Gesellschaft» bezeichnet, ist Japan.[17] Dem stellt er die «offene Gesellschaft» gegenüber, die das Angebot von Einwanderungskandidaten gezielt ausnutzt, Zuwanderung systematisch steuert und in die Fähigkeiten der Zugewanderten investiert. Australien und Kanada (bis vor kurzem auch die Schweiz) repräsentieren diesen Typ, der nicht nur auf biologische, sondern auch auf soziale Reproduktion des Arbeitskräfteangebots setzt. Bacci weist darauf hin, dass sich im öffentlichen Diskurs der meisten europäischen Länder unter dem Druck der jüngsten Wirtschaftskrise die Vorgaben einer geschlossenen Gesellschaft durchgesetzt haben, was aber nicht heißt, dass die europäischen Länder auch tatsächlich geschlossene Gesellschaften sind; die demographische Lage zwingt sie nämlich dazu, eine begrenzte Zuwanderung zuzulassen. Aber weil sie sich dazu nicht offen bekennen, können sie diese Zuwanderung nicht nach ihren Erfordernissen steuern.

Die europäischen Staaten schwanken zwischen beiden Formen des Umgangs mit Migration und sind nicht in der Lage, eine definitive Entscheidung für den einen oder anderen Typ zu treffen. Bacci bemerkt dazu: «Die Gesellschaft soll ‹geschlossen› sein, ‹aber nicht zu sehr›, und die Gesellschaft soll ‹offen› sein, ‹aber nicht zu sehr›. Oder anders gesagt, die Europäer möchten eine geschlossene Gesellschaft, aber sie sind gezwungen, sie zu öffnen, und laufen damit Gefahr, die schlimmste und schizophrenste aller Entscheidungen zu treffen, das heißt, eine *de facto* offene Gesellschaft mit einer Politik zu verwalten, die für eine geschlossene Gesellschaft entworfen wurde.»[18] Eine Folge dieser schwankenden Politik ist ein zahlenmäßig deutliches Anwachsen der illegal in der EU befindlichen Migranten, die auf sieben bis zehn Millionen geschätzt werden. Eine andere Folge ist: Während sich die USA, Kanada und Australien durch eine entsprechende Einwanderungspolitik die Zuwanderer aussuchen, die sie brauchen und die zu ihnen passen, tun die Europäer das genaue Gegenteil; in der Konkurrenz zwischen Nordamerika und Europa wird das über kurz oder lang Auswirkungen haben. Kanada hat sich darum bemüht, Syrer aus der gebildeten Mittelschicht ins Land zu holen; Deutschland hingegen hat die aufgenommen, die es bis hierher geschafft haben. Das war zunächst eine Folge unterschiedlicher Konstellationen: einer langfristig angelegten Einwanderungspolitik Kanadas und einer humanitär motivierten Reaktion auf die katastrophale Versorgungslage der Flüchtlinge auf der Balkanroute. Vergleicht man beides aber unter dem Gesichtspunkt der wirtschaftlich notwendigen Zuwanderung, ist das kanadische Modell das überlegene.

Die Bundesrepublik Deutschland ist dabei freilich in einer ganz besonderen Situation, denn im Unterschied zu fast allen anderen Ländern der EU leidet sie nicht an einer Unterbeschäftigungskrise, sondern befindet sich in einer ökonomischen Wachstumsphase, und dementsprechend ist die Arbeitslosigkeit in Deutschland auf einem relativ niedrigen Stand. Gleichzeitig hat Deutschland eine der niedrigsten Geburtenraten in der EU und ist darum auf die Zuwanderung von Arbeitskräften angewiesen, wenn es seine ökonomische Position in Europa und der Welt nicht verlieren und das Wohlstandsniveau der Bevölkerung halten will. Der Zukunftsforscher Christian Böllhoff sieht Deutschland «in der Altersfalle» und prognostiziert, «das letzte Jahrzehnt der Prosperität» habe begonnen: Im Jahr 2040 werde es eine Fachkräftelücke von knapp vier Millionen Menschen geben; während zurzeit auf 100 Personen im erwerbsfähigen Alter 35 Rentenbezieher kämen, würden es 2040 schon 56 sein, weil die Zahl der Erwerbsfähigen bis dahin um 15 Prozent zurückgehen werde.[19]

Das sind indes Berechnungen, die ausschließlich auf der biologischen Reproduktionsrate beruhen und in die deren soziales Pendant, also die Zu- und Einwanderung, nicht einbezogen ist. Außerdem gibt es die Möglichkeit, die Zeit der Erwerbsfähigkeit auszudehnen. Aber selbst eine deutliche Verlängerung der Lebensarbeitszeit dürfte nicht ausreichen, um die Folgen der gestiegenen Lebenserwartung der Menschen in der Rentenkasse auszugleichen. Letzten Endes wird also alles von der sozialen Reproduktion, der Zuwanderung von Arbeitskräften, abhängen. Das dürfte mit einer der Gründe gewesen sein, warum die Bundesregierung im Sommer / Herbst 2015 einen von den anderen EU-Ländern abweichenden Kurs gesteuert und mehr als eine Million Flüchtlinge aus Syrien, dem Irak und Afghanistan ins Land gelassen hat. Nicht alle von ihnen werden bleiben, einige, weil sie es nicht wollen, andere, weil sie es aus rechtlichen Gründen nicht dürfen; aber in die Befähigung derjenigen, die bleiben, wird die Bundesrepublik erheblich investieren, damit sie einen relevanten Beitrag zur Schließung der beschriebenen Lücke leisten können.

Die Bundesrepublik Deutschland hat, wiewohl das aufgrund der demographischen Prognosen angezeigt gewesen wäre, in den zurückliegenden zwei Jahrzehnten keine systematische Einwanderungspolitik betrieben. Die Vernachlässigung dieses Politikfeldes hatte vorwiegend ideologische Gründe, die in der Formel «Deutschland ist kein Einwanderungsland» ihren Niederschlag gefunden haben. Eine Formel, die nicht nur politisch kurzsichtig, sondern auch empirisch falsch war. Tatsächlich ist die Bundesrepublik Deutschland schon seit langem ein Zu- und Einwanderungsland, beginnend bei den Vertriebenen und Aussiedlern der unmittelbaren Nachkriegszeit über die bis 1961 in die Bundesrepublik kommenden DDR-Flüchtlinge bis zu den Russlanddeutschen, die nach 1990 nach Deutschland kamen, von den «Gastarbeitern» aus Italien, Jugoslawien und der Türkei, die zu Einwanderern wurden, ganz zu schweigen.[20] Man hat sich dieser Realität nicht gestellt, sondern an der politischen Lebenslüge, kein Einwanderungsland zu sein, festgehalten und deswegen keine strategisch ausgerichtete Einwanderungspolitik betrieben. Hätte man das getan, so hätte man aus den an der Einwanderung nach Deutschland Interessierten nach dem Vorbild des kanadischen oder australischen Punktesystems die dafür am besten Geeigneten auswählen können. Mit Blick auf die unausgewählt ins Land gekommenen Syrer, Iraker und Afghanen wurde schon bald die Klage laut, das seien nicht «die Richtigen», da sie nicht die Ausbildungsvoraussetzungen mitbrächten, die in Deutschland gebraucht würden. Das aber heißt zunächst nur, dass man mehr in die Neuankömmlinge investieren muss, um sie zu denen zu machen, die man braucht. Die Versäumnisse der beiden zurückliegenden Jahrzehnte können ausgeglichen werden, auch wenn das mehr Kraft, Geduld und Geld kostet, als bei einer vorausschauenden Einwanderungspolitik erforderlich gewesen wäre. Die Gesetze der Demographie und die Erfordernisse der Ökonomie lassen sich nicht durch ideologisch angeleitetes Nichtstun außer Kraft setzen, und wenn man es dennoch versucht, muss man es später teuer bezahlen. Immerhin: es gibt die Chance, die Versäumnisse und Fehler der Vergangenheit zu revidieren. Und die Deutschen sind gut beraten, diese Chance zu nutzen. Das ist gemeint, wenn nachfolgend davon die Rede ist, man müsse die Neuankömmlinge zu Deutschen machen. Was dabei unter «Deutschen» zu verstehen ist, soll in einem späteren Kapitel geklärt werden.[21]

Zunächst aber noch ein Blick zurück auf die zuletzt angestellten Überlegungen: Sie sind ganz bewusst nicht humanitär angelegt, sondern zielen wesentlich auf den Nutzen, den die Neuankömmlinge für die deutsche Gesellschaft haben können. Das heißt, sie folgen der Vorgabe, aus der einseitigen Hilfe eine Win-win-Konstellation zu machen, eine Lage, in der beide Seiten voneinander profitieren. Win-win-Konstellationen haben im Vergleich mit einseitiger Hilfe eine deutlich höhere Chance auf nachhaltige Akzeptanz aufseiten der zeitweilig helfenden Gesellschaft.

Grenzregime und Strömelenkung in der Geschichte

Betrachtet man Migrationswellen im Kontext einer wirtschaftlichen Ordnung, der es um die bestmögliche Zuteilung von Arbeitskraft geht, sowie im Hinblick auf eine politische Ordnung, bei der die Eliten die Kontrolle über die breite Masse behalten wollen beziehungsweise diese große Masse gegen Konkurrenz geschützt werden will, so lässt sich zweierlei erkennen: ein Regime der Grenzen als Ordnung des Stationären und ein sich weitgehend selbststeuerndes System von Strömen – Strömen von Gütern und Dienstleistungen, Kapital und Informationen, aber eben auch Arbeitskraft. Beides, Grenzen wie Ströme, sind Begriffe, die sich nicht präzise definieren lassen, sondern von einem weiten Assoziationsfeld umgeben sind.

Grenzen stehen für eine im Wesentlichen stationäre Ordnung, die durch Trennung und Unterscheidung gekennzeichnet ist. Begrenzen lässt sich als kluge Selbstbescheidung begreifen, rigorose Ausgrenzung jedoch nicht; sobald «begrenzt» nicht als ein Gewinn an Klarheit und Eindeutigkeit verstanden, sondern im Sinne von «beschränkt» verwendet wird, gerät es in die Nähe des Bornierten.[22] Der Begriff der

Grenze unterliegt also unterschiedlichen Bewertungen. Bei dem Begriff «Strom» beziehungsweise «Fluss» ist das Problem etwas anders gelagert, insofern zunächst offenbleibt, was da strömt und wer oder was in einem Strom mitgeführt wird. Im fraglichen Zusammenhang kann es sich um Ströme von Menschen handeln, aber ebenso auch um Ströme von Gütern, Rohstoffen, Fertigprodukten, Dienstleistungen, Kapital oder Informationen. Die Metapher des Stromes kann für den Zufluss, aber auch den Abfluss von etwas Besonderem, womöglich Lebensnotwendigem stehen, sie kann aber auch das Unkontrollierbare, den Kontrollverlust oder den Dammbruch meinen. Beide Begriffe sind zweideutig; sie transportieren neben den Vorteilen und positiven Effekten auch die Nachteile und «Kosten» der mit ihnen verbundenen Ordnung, und damit sind sie vielsagender als die meisten sonst in der politischen Sprache zirkulierenden Begriffe. Genau deswegen sind es auch diese Begriffe, die im Zentrum des Kampfes um die Deutungshoheit über die europäische Flüchtlingskrise stehen.

Die Ordnung des Fluiden und des Stationären haben bevorzugte Räume, in denen sie ihre Wirkung entfalten: Das Regime der Grenzen ist vorzugsweise eines des Landes, des festen Bodens, wo Grenzen markiert und Grenzzäune errichtet werden können. Das Staatensystem, wie es seit dem 16. Jahrhundert in Europa entstanden ist, ist eine durch Grenzziehung geschaffene Ordnung; die Grenzen, deren Respektierung und die diesbezüglich zwischen den Staaten geschlossenen Verträge sind Generatoren dieser Ordnung der Staaten. Der Aufbau des europäischen Staatensystems und das Verbindlichmachen von Grenzziehungen sind parallel erfolgte politische Entwicklungen.[23] Zur Ordnung der Grenzen gehören aber immer auch Entscheidungen darüber, wie die Grenzen aussehen sollen: ob sie durchlässig sind, ob es Übergänge gibt, wo diese sind und wie diejenigen kontrolliert werden, die die Grenze passieren, ob ein reger Durchgangsverkehr herrscht oder ob die Grenze nur von wenigen ausgewählten Personen passiert werden darf.

Seeimperien haben stets wenig Wert auf solche Grenzen gelegt; für sie entsteht Ordnung nicht aus einer mehr oder weniger imaginären Linie, die in die Weite der Ozeane hineingedacht wird, sondern aus der Kontrolle des Schiffsverkehrs, wobei diese Kontrolle Sicherheit vor Piraten und Freibeutern bedeutet, ebenso aber mit der Unterscheidung von legalen und illegalen Gütern zu tun haben kann: So hat das britische Empire zu Beginn des 19. Jahrhunderts den Sklavenhandel verboten und dieses Verbot mit Hilfe seiner Seemacht im Atlantischen Ozean durchgesetzt.[24] Die Kontrolle solcher Ströme erfolgt in der Regel punktuell, sie konzentriert sich auf Häfen und Stapelplätze und ist am Prinzip der Durchlässigkeit orientiert, von dem nur als illegal zertifizierte Waren ausgenommen sind; außer dem Handel mit Menschen betrifft das heute vor allem Drogen. Dagegen folgt die Grenze dem Grundsatz der Barriere, die eine Bewegung unterbricht; erst nach sorgfältiger Überprüfung dürfen Personen weiterreisen und Waren weitertransportiert werden. Wäre es anders, bedürfte es der Grenze nicht. Bei der Lenkung von Strömen ist Blockierung die Ausnahme; im Regime der Grenzen ist sie die Regel – wenn auch nicht prinzipiell, sondern zumeist nur zwecks Kontrolle. Der Soziologe Zygmunt Bauman hat darauf hingewiesen, dass sich die Dynamik der Gegenwart sehr viel besser in den Metaphern des Liquiden als denen des Stationären beschreiben lässt, die Sprachbilder des Strömens und Fließens also angemessener sind als die der Grenze und des begrenzten Raumes.[25]

In der Geschichte menschlicher Ordnungsbildung ist das Paradigma der Ströme gegenüber dem der Grenzen das zeitlich frühere. Die ersten Hochkulturen entstanden entlang großer Flüsse, die zur Bewässerung des Landes und zum Transport von Material und Gütern genutzt wurden. Beides, regelmäßige Bewässerung und die Möglichkeit eines im Vergleich zur Bewegung über Land kostengünstigen Materialtransports, führte dazu, dass sich hier Räume des Wohlstands entwickelten. Der Geograph Ernst Kapp hat die Flusskulturen – neben dem Nil und Mesopotamien sind der Indus und der Ganges sowie der Jang-tse und der Gelbe Fluss zu nennen – als «potamische Reichsbildung» bezeichnet.[26] Diese frühen Formen der Reichsbildung hatten an ihren Außenseiten keine Grenzlinien, sondern Grenzräume, in denen sich ihre Ordnung, so die Wahrnehmung der Reichsbewohner, in die den Wohlstandsraum umgebende Unordnung hinein verlor. Aus diesen Räumen drohte Gefahr in Gestalt räuberischer Angreifer, die es immer wieder abzuwehren galt. Man konnte sie bekämpfen oder mit ihnen Bündnisse schließen, aber eine beiderseits akzeptierte territoriale Grenzziehung war mit den Steppen- oder Wüstennomaden nicht möglich. Der Strom im Zentrum der Reichsbildung steht für das geordnete Fluide, und die Ordnung des Fluiden ermöglichte die Entstehung einer ortsfesten Zivilisation mit städtischem Zentrum und hierarchischen Herrschaftsstrukturen. Sie war jedoch von einem ungeordneten und unregulierbaren Fluiden in Gestalt der nomadischen Lebensweise umgeben.[27] Die stationäre Ordnung mit dem geordneten Fluiden in der Mitte ist ein Raum der Arbeit, aus dem heraus das ungeordnete Fluide der Umgebung als ein Raum des Räuberischen angesehen wird. Die potamische Reichsbildung besteht also aus einem spezifischen Arrangement von Strömen und Grenzen.

Im Prinzip sind die potamischen Reichsbildungen politisch und wirtschaftlich autark, pflegen aber außer dem notorischen Krieg gegen die Nomaden auch wirtschaftlichen Austausch mit ihrer Umgebung und steigern so den Wohlstand im Reichsinnern. Eine zentrale Voraussetzung der Wohlstandssteigerung ist die Verfügung über zusätzliche Arbeitskräfte, die vor allem beim Bau der kulturellen Wahrzeichen dieser Reiche eingesetzt wurden. Die biblischen Erzählungen vom Frondienst der Juden in Ägypten oder auch von der Zeit ihrer babylonischen Gefangenschaft an den Ufern von Euphrat und Tigris sind Erinnerungen daran, dass die Fluss- und Stromkulturen Arbeitskräfte brauchten und aufgrund ihrer Regulationssysteme zur Bewässerung des Landes sowie der Entwicklung einer bürokratisch organisierten Vorratswirtschaft gegen Dürre- und Hungerkatastrophen sehr viel resistenter waren als andere Wirtschaftsformen. Dementsprechend waren sie Anziehungspunkte für Migrationsbewegungen, von denen etwa die Josefserzählung des Alten Testaments berichtet: Isaak und seine Söhne verlassen Palästina, wo infolge einer Dürre Hunger und Teuerung herrschen, und ziehen nach Ägypten, wo man die Überschüsse der zurückliegenden «fetten Jahre» für Notzeiten gespeichert hat. Für die hier zur Debatte stehende Frage heißt das: Schon die frühen Hochkulturen haben sich nicht allein biologisch reproduziert, sondern immer auch sozial, also durch Zuwanderung. Diese Zuwanderung konnte freiwillig erfolgen, um einer Dürrekatastrophe in Gegenden ohne Bewässerungssysteme zu entgehen, sie konnte aber auch durch die Deportation von Menschen im Gefolge von Kriegszügen erzwungen werden. Das lässt sich in die im Weiteren zu prüfende Arbeitshypothese umformulieren, wonach Reichsbildungen mit erhöhter Prosperität nahezu immer durch eine Zuwanderung von Menschen gekennzeichnet sind, die zum überwiegenden Teil – aber nicht ausschließlich – als einfache Arbeitskräfte eingesetzt werden.

Von den «potamischen» unterscheidet Ernst Kapp die «thalassischen» Reichsgründungen.[28] Sie sind dadurch gekennzeichnet, dass sich in ihrem Zentrum anstelle eines Flusses oder Systems von Flüssen ein Binnenmeer befindet, das einen gesteigerten wirtschaftlichen Austausch zwischen den das Meer umgebenden Regionen ermöglicht und dadurch den Aufstieg einer politischen Ordnung begründet, die diesen Austausch sichert und fördert. Der binnenmeergestützte Austausch umfasst neben Rohstoffen besonders landwirtschaftliche Produkte und kunsthandwerkliche Gegenstände, aber auch Menschen, die innerhalb des imperialen Raumes zirkulieren und sich, ohne trennende Grenzen überschreiten zu müssen, dorthin begeben, wo ihre Arbeitskraft und ihre Fähigkeiten gebraucht werden und sie ein relativ sicheres Leben führen können. Die Versorgung mit Arbeitskräften erfolgt auch hier nicht nur durch freiwilligen Zuzug, sondern kann, wenn dieser ausbleibt oder nicht genügt, gewaltsam und durch Versklavung stattfinden. Solche thalassischen Großreiche sind etwa um das Mittelmeer, das Schwarze Meer und die Ostsee entstanden. Was das Mittelmeer anlangt, so sind als Beispiele politisch organisierter Großräume im ägäischen Raum der attisch-delische Seebund mit Athen als Zentrum, die karthagische Seeherrschaft im westlichen Mittelmeer einschließlich der nordafrikanischen Küste, Siziliens und Teilen der hispanischen Halbinsel sowie vor allem das den gesamten Mittelmeerraum umfassende Römische Reich zu nennen. Die großen Erzählungen, die diesen Raum als ein in sich geschlossenes Ganzes konstituieren, handeln von Reisen über das Mittelmeer, durchweg von Osten nach Westen:

den Irrfahrten des Odysseus, der Flucht des Aeneas aus dem brennenden Troja nach Latium in der Mitte Italiens und der Reise des Apostels Paulus aus Kleinasien nach Rom. Auch nach dem Zerfall des Römischen Reiches haben sich in Teilen des Mittelmeeres immer wieder thalassische Ordnungen entwickelt, vom byzantinischen Reich im östlichen Mittelmeer über die Seerepubliken Venedig und Genua bis zu dem durch Philipp II. von Spanien begründeten mediterranen System, dem Fernand Braudel die exemplarische Studie einer auf ein Binnenmeer bezogenen Ordnung gewidmet hat.[29]

Am Schwarzen Meer und an der Ostsee ist es im Unterschied zum Mittelmeer nie zu einer den gesamten Raum umfassenden Reichsbildung gekommen; im Schwarzen Meer haben die italienischen Seerepubliken Genua und Venedig ohne Errichtung einer politischen Vorherrschaft die Ströme der Waren und Dienstleistungen gelenkt beziehungsweise überhaupt erst in Gang gebracht, und in der Ostsee haben die Hansestädte Vergleichbares getan, bis schließlich am Schwarzen Meer die Osmanen und an der Ostsee die Schweden die wirtschaftliche Integration des Raumes mit einer auf Teile des Binnenmeeres begrenzten politischen Ordnung überwölbt haben.[30] Alle drei thalassischen Prosperitätsräume zeigen im geschichtlichen Längsschnitt, dass es für ihr Funktionieren nicht zwangsläufig einer politischen Oberherrschaft bedarf, sondern dass die Lenkung von Strömen auch ohne diese erfolgen kann; sie zeigen aber auch, dass das Fehlen einer solchen Oberherrschaft die Wahrscheinlichkeit von Kriegen erhöht, durch die der Wohlstand des Raumes erheblich beeinträchtigt oder gänzlich zerstört werden kann. Um Binnenmeere herum entstehen also Ordnungen mit und Ordnungen ohne politischen Hüter, und es bedarf einer vergleichenden Analyse, um Aussagen darüber machen zu können, welche von ihnen die robusteren und effektiveren sind. Auch das ist ein spezifisches Arrangement von Strömen und Grenzen.

Mit der zunehmenden wirtschaftlichen Verflechtung entsteht in den um ein Binnenmeer zentrierten Prosperitätsräumen eine Form von Transkulturalität, die von Inter- und Multikulturalität zu unterscheiden ist:[31] Bei Transkulturalität gibt es eine übergeordnete Form von Identifikation und Verständigung, die nicht an eine bestimmte Volksgruppe des Raumes gebunden ist, wie das bei multikulturellen Ordnungen der Fall ist, sondern die offen ist für alle, die sich auf sie einzulassen bereit sind. Diese Transkulturalität, zwangsläufige Begleiterin einer Ordnung der Ströme in thalassischen Prosperitätsräumen, ist jedoch hochgradig verwundbar. Sobald Kriege in diesen Räumen über eine längere Zeit andauern, brechen die sprachlich-kulturellen Spaltungslinien, die zuvor durch die Großreichsbildung verdeckt waren, wieder hervor (womöglich werden sie auch erst geschaffen); es entstehen daraus politische Feindschaften, die infolge ihrer kulturalistischen Unterfütterung nur sehr schwer durch einen Friedensschluss zu beenden sind. Die Ordnung des Transkulturellen neutralisiert sprachliche, ethnische und religiöse Unterschiede, und sie zerfällt, wenn diese Unterschiede zu politischen Spaltungslinien werden. Gerade die Geschichte des Ostsee- und die des Schwarzmeerraums bieten dafür eine Reihe von Beispielen.

Als dritten Typus der Reichsbildung hat Ernst Kapp die ozeanischen Großreiche identifiziert, für die in seiner Darstellung die Reichsbildungen der Niederländer und Engländer repräsentativ sind. Hier geht es um kein territorial geschlossenes Reich, sondern um ein System von Verbindungslinien mit einer Fülle von Knotenpunkten, also um eine Struktur, für die wir heute den Begriff des Netzwerks verwenden würden. An den Endpunkten einer solchen netzwerkförmigen

Ordnung können sich größere Landgebiete befinden, wie im Fall des Britischen Empire (Kanada, Indien, Australien), aber das ist nicht zwingend, wie das Beispiel des *seaborne empire* der Niederländer zeigt.[32] Typisch für diese ozeanischen Großreiche ist, dass sie auf die Lenkung und Kontrolle der Waren- und Kapitalströme ausgerichtet sind, dass der Transport von Menschen (mit Ausnahme des Sklavenhandels von Westafrika in den karibischen Raum zwischen dem 16. und dem frühen 19. Jahrhundert) keine wesentliche Rolle spielt und im Unterschied zu den thalassischen Reichsbildungen auch keine transkulturellen Räume entstehen, sondern Transkulturalität auf die wichtigsten Knotenpunkte im System der Verkehrsflüsse und Warenströme beschränkt bleibt. Es sind fast ausschließlich am Meer liegende Handelsstädte, in denen sich bei diesem Typ von Reichsbildung so etwas wie Transkulturalität ausgebildet hat, und diese war wiederum in den Vierteln der Handelskontore mit ihrer Kaufmannskultur anders als die Kultur der Seeleute und Arbeiter in den Hafenvierteln. Größere Migrationsbewegungen haben hier erst mit dem Zerfall der Kolonialreiche eingesetzt, als sich die Unterstützer und Träger des Reiches an seinen Außenposten ins Zentrum des ehemaligen Imperiums zurückzogen.[33] Entscheidend war, dass die imperialen Zentren Zugriff auf billige Arbeitskräfte hatten und diese nutzen konnten. Das war etwa im Ersten Weltkrieg der Fall, als die Briten und Franzosen Arbeitskräfte aus den Kolonien als Ersatz für ihre in Soldaten verwandelten eigenen Arbeiter einsetzten, während die deutsche Seite auf Zwangsarbeiter und Kriegsgefangene zurückgriff.[34]

Der Soziologe Zygmunt Bauman hat im Ausschluss billiger Arbeitskraft den in ökonomischer Hinsicht größten Schwachpunkt exklusiver Grenzregime gesehen. Die EU, so seine These, habe im Rahmen ihrer Süd- und Osterweiterung eine Reihe wirtschaftlich rückständiger Länder aufgenommen, um Zugriff auf eine Reservearmee von Industriearbeitern und Dienstleistern zu haben.[35] Auch wenn man Baumans zugespitzter Sichtweise nicht folgt, ist doch unbestreitbar, dass Großreiche, die ökonomisch heterogene Räume umfassen, sehr viel größere Möglichkeiten haben, billige Arbeitskräfte zu mobilisieren, als Staaten, die in ein engmaschiges System der Grenzen eingebunden sind. So international, wie sich die Arbeiterbewegung gern gegeben hat, ist sie im Europa der Vielstaatlichkeit nie gewesen.

Dem Typus der Reichsbildung, der keine Grenzziehungen, sondern nur Grenzräume kennt und sich auf diese Weise für die Vorteile des Fluiden offenhält, steht die Ordnung des Stationären gegenüber, die auf scharfen Grenzziehungen beruht und ihren exemplarischen Niederschlag im europäischen Staatensystem gefunden hat. Die Geschichte dieses Staatensystems ist lange Zeit mit einem ständigen Bedeutungszuwachs der Grenze verbunden gewesen. Zunächst waren Grenzen weitgehend imaginäre Linien, die mehr in das Territorium hineingedacht und nur an besonderen Stellen durch Grenzsteine markiert waren;[36] aber nach und nach wurden aus ihnen Barrieren, die in einem System der Zölle den Zu- und Abfluss von Waren (und bis zum Ende des 19. Jahrhunderts allenfalls rudimentär von Arbeitskraft) regulierten und dadurch für zusätzliche Staatseinnahmen sorgten. Die merkantilistische Devise dieses Systems lautete, dass ein Staat umso reicher sei, je mehr Güter er aus- und je weniger er einführe. Die Grenze des Staates wurde mit dem Merkantilismus auch zur Begrenzung eines Wirtschaftsraums, der seine Austauschprozesse im Innern des Raumes zu organisieren suchte; die Waren- und Geldströme wurden unter staatliche Kontrolle gebracht, und es entstand die Ordnung der Staatswirtschaft.[37] An die Stelle der naturräumlichen Bedingungen, die in den potamischen, thalassischen und ozeanischen Reichen die wirtschaftlichen Austauschprozesse bestimmen, treten hier die willkürlichen Grenzziehungen des Staates. In dieser Ordnung dominiert der politische Wille die ökonomischen Imperative. Mit den politischen Grenzziehungen entwickelte sich freilich auch eine Ordnung, die sehr viel klarer als die der Imperien war, denn die Grenze lieferte das Kriterium zur eindeutigen Unterscheidung von Krieg und Frieden: Wer die Grenze mit bewaffneter Hand überschritt, eröffnete damit einen Krieg, der als Staatenkrieg geführt wurde; während die beiderseitige Respektierung der Grenze damit gleichbedeutend war, dass zwischen den Staaten Frieden herrschte.

Unter dem Eindruck der Französischen Revolution war die Politik – jedenfalls in West- und Mitteleuropa – im 19. Jahrhundert damit beschäftigt, die Grenzen des Staates mit denen der Nation zur Deckung zu bringen, was in Gestalt kriegerischer Grenzverschiebung, aber auch durch eine Politik der inneren Nationalisierung von Bevölkerungsgruppen geschehen konnte. In der Folge kam es dort, wo sich Bevölkerungsgruppen einer anderen Nation zugehörig fühlten, zu den ersten größeren Migrationsbewegungen, die genuin politisch motiviert waren. Die Grenze wurde zu einer dreifachen Codierung des Raumes: Sie markierte den Geltungsbereich einer Rechtsordnung mit politischen Loyalitätserwartungen, den einer Wirtschaftsordnung und den der nationalen Zugehörigkeit. Sie war das bedeutsamste Element im europäischen Staatensystem.

Als dies nach dem Zweiten Weltkrieg durch die Blockkonfrontation überlagert wurde, erlangte die Grenze durch ihre Unpassierbarkeit einen weiteren Schub an ordnungskonstitutiver Relevanz. Zuvor war sie, in einigen Fällen schon am Ende des 19. Jahrhunderts, in ganz Europa mit dem Ersten Weltkrieg, zu einer Barriere gegen den ungehinderten Zustrom von Arbeitskräften geworden; diese mit der Durchsetzung des staatlichen Passwesens verbundene Entwicklung erfolgte nicht zuletzt unter dem Druck der Gewerkschaften und der Parteien der Arbeiterbewegung, die an einem geschlossenen Markt für das Angebot von Arbeitskraft interessiert waren. Nur unter diesen Umständen konnten sie eine kontinuierliche Politik der Lohnsteigerung durchsetzen und verhindern, dass der Zuzug von Arbeitskräften aus den Armutsregionen der Nachbarstaaten einen Lohndrücker-Effekt hatte. Das ständig wachsende Kontrollbedürfnis der staatlichen Administration und die Sicherheitserwartungen aus der Mitte der Gesellschaft gingen mit den Interessen der Arbeiterschaft schließlich ein Bündnis ein, und so kam die lange Periode grenzüberschreitender Arbeitsmigration, die für die europäische Wirtschaft vom 16. bis zum späten 19. Jahrhundert typisch gewesen war, an ihr Ende.[38]

Nach den beiden Weltkriegen tauchte die Frage auf, ob das System der Staaten mit seinen scharfen Grenzziehungen womöglich für die Häufigkeit und Intensität der in Europa ausgetragenen Kriege verantwortlich sei und ob mit der allmählich wieder einsetzenden internationalen Verflechtung der Wirtschaftsbeziehungen, also der Transformation von Nationalökonomien in Elemente einer Weltwirtschaft, die Nationalstaaten überhaupt noch konkurrenzfähig seien. In Reaktion darauf kam es in Europa zu einem Rückbau und schließlich Abbau der Grenzen: Das begann mit der Montanunion, in der die deutsche und französische Eisen- und Stahlindustrie sowie der für sie unverzichtbare Bergbau derart miteinander verflochten wurden, dass beide Staaten von den rüstungswirtschaftlichen Voraussetzungen her nicht mehr gegeneinander kriegführungsfähig waren, und setzte sich fort in der Gründung der Europäischen Wirtschaftsgemeinschaft (EWG), die einen gemeinsamen Markt schuf und so erheblich zur Konkurrenzfähigkeit der westeuropäischen Industrie im internationalen Maßstab beitrug. Was sich dabei entwickelte, war ein Neuarrangement von Grenzen und Strömen, das zum einen die Bereitschaft zu kriegerischen Auseinandersetzungen eindämmen und zum anderen die wirtschaftliche Dynamik stimulieren sollte. Vorläufiger Endpunkt dieser Entwicklung war im Jahr 1985 die Einrichtung des Schengenraums, der den freien Warenverkehr durch die Personenfreizügigkeit ergänzte.[39]

Das Europaprojekt, dessen schrittweises Vorankommen die zweite Hälfte des 20. Jahrhunderts in Anspruch genommen hat, kann als Rücknahme beziehungsweise Überwindung des Staatensystems angesehen werden; es war eine Annäherung an die raumbezogenen Prosperitätsordnungen mit halbdurchlässigen Außengrenzen und niedrigschwelligen Binnengrenzen. Dieses Modell hat zu einer erheblichen Wohlstandssteigerung in den Mitgliedsländern der EU geführt, doch am stärksten hat die Bundesrepublik Deutschland davon profitiert. Die Flüchtlingsströme nach Europa, vor allem aber die stark durch nationalstaatliche Vorstellungen geprägten Reaktionen darauf, haben jedoch das Niveau der europäischen Integration inzwischen wieder in Frage gestellt, und es ist nicht auszuschließen, dass auf das halbe Jahrhundert zunehmender Verflechtung des europäischen Raumes nun eine Periode nationalstaatlicher Abschottung folgt. Es spricht vieles dafür, dass dies zu einem Wohlstandsverlust führen würde – nicht nur, weil die Kosten für ein entsprechendes Grenzregime im EU-Raum pro Jahr auf etwa zehn

Milliarden Euro geschätzt werden,[40] sondern auch wegen des längerfristigen Wiederauflebens einer wirtschaftsprotektionistischen Politik, die zu einem Verlust an internationaler Konkurrenzfähigkeit der Europäer führen dürfte.

Das Migrationssystem von Stadt und Land: eine Ordnung ausgleichender Stabilisierung

Arbeitsmigration geht freilich nicht nur dorthin, wo eine kontinuierliche, von äußeren Einflüssen unabhängige Nachfrage nach Arbeitskräften besteht; es gibt auch eine saisonale Nachfrage, die zu bestimmten Jahreszeiten hochschnellt und dann wieder absinkt. Das ist vor allem in der Landwirtschaft der Fall, früher beim Abernten der Getreidefelder und bei dem anschließenden Dreschen der Ähren, bei der Obsternte noch heute, auch beim Veredeln von Rosen sowie bei allen Arbeiten, die nicht oder nur bei unverhältnismäßig hohen Kosten von Maschinen übernommen werden können. Die kleinen Bauernhöfe in Deutschland waren traditionell so beschaffen, dass saisonale Spitzen durch eine restlose Mobilisierung der familialen Arbeitskraft bewältigt werden konnten. Dabei stellten Kinder die klassische Arbeitsreserve dar. Nur bei körperlich schwerer Arbeit, wie dem Getreidedrusch, gab es Grenzen; wo die gegenseitige Hilfe der Kleinbauern untereinander nicht ausreichte, musste auf Saisonarbeiter zurückgegriffen werden. Sie kamen zunächst aus den armen Gegenden der deutschen Mittelgebirge, wo Getreideanbau nicht möglich war oder sich nicht lohnte, und später holte man sie aus Osteuropa, wo billige Arbeitskräfte in großem Umfang zur Verfügung standen. Als die kleinen Bauernhöfe allmählich verschwanden und nur noch solche von mittlerer

Größe rentabel waren, ließ sich der periodisch anschwellende Arbeitskräftebedarf nur noch mit saisonaler Arbeitsmigration decken:[41] Die Männer – und in wachsendem Maße auch Frauen – kamen dorthin, wo ihre Arbeitskraft für einige Wochen oder Monate gefragt war, und anschließend gingen sie wieder in ihre Heimatgebiete zurück; mitunter taten sie das im Verlauf eines Jahres mehrere Male. Diese zirkuläre Arbeitsmigration wurde seit Mitte des 19. Jahrhunderts durch den Eisenbahnbau begünstigt, und die immer schnelleren Eisenbahnverbindungen führten dazu, dass die Herkunftsgebiete der Arbeitsmigranten zunehmend weiter entfernt waren von den Regionen ihres Arbeitseinsatzes.

Der Zugriff auf die «agrarischen Reservearmeen» Osteuropas und der immer stärkere Einsatz von Maschinen hatten eine kontinuierliche Vergrößerung der Bauernhöfe zur Folge und damit wachsende Produktionsüberschüsse – sie bildeten die ernährungswirtschaftliche Grundlage für die Industrialisierung und Verstädterung Westeuropas. Der Migrationsforscher Klaus Bade hat diese Entwicklung zusammengefasst: «1800 gab es europaweit 23 Großstädte mit mehr als 100 000 Einwohnern, in denen insgesamt 5,5 Millionen Menschen lebten. 100 Jahre später gab es 135 Großstädte mit 46 Millionen Menschen.»[42] Umgekehrt führte das durch die saisonale Arbeitswanderung erwirtschaftete Geld bei den temporär beziehungsweise zirkulär migrierenden Arbeitern aus Osteuropa dazu, dass ihre Familien die überkommene Lebensweise in der Herkunftsregion weiterführen konnten. Diese war noch in hohem Maße naturalwirtschaftlich bestimmt, wies aber mehr und mehr geldwirtschaftliche Einsprengsel auf; die dafür erforderlichen Mittel wurden durch die Arbeitsmigration erworben.[43] So hatte die zirkuläre Arbeitsmigration unterschiedliche, ja geradezu entgegengesetzte Effekte: In den einen Gebieten beschleunigte sie die wirtschaftliche Dynamik, während sie in anderen sozialkonservativ wirkte. Sie hat die Ungleichzeitigkeit der europäischen Wirtschaftsentwicklung, deren Ergebnis sie war, weiter vertieft.

Die zirkuläre Arbeitsmigration innerhalb Europas stellte für viele Osteuropäer eine Alternative zur Auswanderung nach Nordamerika dar, für die sich seit Ende des 19. Jahrhunderts immer mehr von ihnen entschieden. Deutschland, im 19. Jahrhundert eines der Hauptherkunftsländer für die US-amerikanische Einwanderung, wurde nun zum Durchgangsland für osteuropäische Migranten, die sich in Bremerhaven einschifften und die Reise in die Neue Welt antraten.[44] Aber auch die Auswanderung in die Neue Welt konnte in manchen Fällen eine temporäre beziehungsweise zirkuläre Arbeitsmigration sein; dies nahm in dem Maße zu, wie die Schiffspassage über den Atlantik seit Ablösung der Segelschiffe durch Dampfschiffe schneller und billiger wurde. Das fand seinen Niederschlag in einer wachsenden Zahl von Remigranten, die aus der Neuen Welt in die alte Heimat zurückkehrten. Dabei handelte es sich keineswegs, wie man auf den ersten Blick meinen könnte, nur um Menschen, denen es nicht gelungen war, in Amerika Fuß zu fassen; sondern auch um solche, die von vornherein mit der Absicht in die Neue Welt gegangen waren, dort möglichst viel Geld zu verdienen und nach einigen Jahren nach Europa zurückzukehren, um sich in ihrer alten Heimat eine neue Existenz aufzubauen. Die Arbeitsmigration zwischen Italien und Argentinien glich seit 1880 sogar dem Modell der saisonal-zirkulären Wanderbewegung innerhalb Europas: Die als *Golondrinas*, als Schwalben bezeichneten Arbeitsmigranten nutzten dabei die entgegengesetzten Jahreszeiten auf der Süd- und Nordhalbkugel der Erde: Vom Frühjahr bis zum Herbst waren sie als Feldarbeiter in Italien tätig, fuhren danach mit dem Schiff nach Buenos Aires, wo der Frühling gerade erst begann, und übernahmen dort die anfallenden landwirtschaftlichen Arbeiten; bis zum Herbst arbeiteten sie in Südamerika und kehrten dann rechtzeitig zur Feldbestellung im März nach Italien zurück. Der Migrationshistoriker Jochen Oltmer nimmt an, dass sich vor dem Ersten Weltkrieg bis zu hunderttausend Menschen auf die zirkuläre Arbeitsmigration eingelassen haben.[45]

Der Erste Weltkrieg hat dies stark eingeschränkt; später kam die große Wirtschaftskrise hinzu, in deren Folge die Arbeitskräftenachfrage in Nord- und Südamerika stark zurückging. Obendrein unterwarfen die Staaten den ungeordneten Zuzug von Arbeitskräften, wie er für das 19. Jahrhundert typisch gewesen war, einer wachsenden Kontrolle; dabei wurden sie, wie erwähnt, nicht selten von den Parteien der Arbeiterbewegung unterstützt.[46] Vor allem der «Eiserne Vorhang» zwischen den beiden nach dem Zweiten Weltkrieg entstandenen Blöcken unterband für vier Jahrzehnte die klassische Arbeitsmigration zwischen Ost- und Westeuropa. Dass die Bedingungen für die Arbeitskräftewanderung innerhalb Europas fortbestanden und nicht etwa durch die sozioökonomische Entwicklung des osteuropäischen Raums in der Ära des Kalten Krieges überwunden worden waren, zeigte sich nach dem Ende des östlichen Grenzregimes, als Millionen von Arbeitsmigranten in den Westen strömten, um dort nach dem Zusammenbruch der sozialistischen Wirtschaftsstrukturen neue Beschäftigungen zu finden. So sind seit Öffnung der Grenzen bis 2004 etwa drei Millionen Menschen nach Deutschland gekommen,[47] wo sie einen nachhaltigen Beitrag zur Bevölkerungsentwicklung leisteten und gleichzeitig durch Geldüberweisungen an zurückgebliebene Familienangehörige die soziale Auflösung ihrer Herkunftsräume verhinderten. Ähnliches lässt sich, wenngleich in weniger dramatischer Zuspitzung, von den Arbeitsmigranten aus Süditalien, Jugoslawien und der Türkei sagen, die nach Unterbrechung der herkömmlichen Arbeitskräftewanderung von Ost nach West in die Bundesrepublik kamen, um zu bleiben oder nach einiger Zeit wieder in die alte Heimat zurückzukehren.[48]

Deutlich stärker noch als in Europa und Amerika ist das System der Arbeitskräftemigration in den Golfstaaten ausgeprägt, wo die Zahl der für eine begrenzte Zeit angeworbenen Arbeitskräfte die der alteingesessenen Bevölkerung in einigen Fällen, etwa in den Vereinigten Arabischen Emiraten und in Katar, deutlich übertrifft.[49] Inzwischen sind Indien, Pakistan und die Philippinen zu den weltweit größten und wichtigsten Exporteuren von Arbeitskraft geworden,[50] und die von den Arbeitsmigranten getätigten finanziellen Transfers leisten einen unverzichtbaren Beitrag zur Wirtschaftskraft und sozialen Stabilität ihrer Herkunftsländer.

Nach Angaben der Weltbank haben Migranten aus den «Entwicklungsländern» im Jahr 2014 etwa 414 Milliarden US-Dollar in ihre Herkunftsländer überwiesen, das Dreifache der öffentlichen Entwicklungshilfe.[51] Ein Ausbleiben dieser Transfers würde zu schweren gesellschaftspolitischen Verwerfungen führen. Freilich unterliegt die Migration unterschiedlichen Bedingungen: Innerhalb Asiens funktioniert sie als Arbeitsmigration, nach Europa hingegen ist es eine Asylmigration. Das zeigt sich unter anderem an der Weigerung Pakistans, die seit dem Spätherbst 2015 vermehrt nach Europa beziehungsweise Deutschland gekommenen Pakistani, die hier keinerlei Chance auf Anerkennung als Asylanten (und damit auch keinen Zugang zum Arbeitsmarkt) haben, entsprechend den zwischenstaatlichen Gepflogenheiten wieder zurückzunehmen. «Pakistan», so der stellvertretende griechische Außenminister Dimitris Kourkoulas, «betreibt eine systematische Politik der Förderung von Auswanderung. Das ist Teil der Wirtschaftsplanung solcher Staaten.»[52]

Die historischen wie gegenwärtigen Beobachtungen zu Migrationssystemen, in denen ein kontinuierlicher Zustrom von Arbeitskraft in die regionalen wie globalen Zentren wirtschaftlicher Prosperität stattfindet, lassen sich zu einem transhistorischen Modell der Stadt-Land-Beziehung verallgemeinern. Es reicht bis zu den Anfängen von Städtebildung im 3. vorchristlichen Jahrtausend zurück und weist auf die Entstehung von immer mehr «Megacities» hin; man nimmt an, dass im Jahr 2050 zwei Drittel der dann vermutlich neun Milliarden Menschen zählenden Erdbevölkerung in Städten leben werden.[53] Zu erwarten ist, dass das demographische Übergewicht der Städte gegenüber dem Land zu einer deutlichen Verlangsamung des Bevölkerungszuwachses führt, denn der Blick in die Geschichte zeigt, dass sich die in Städten lebende Bevölkerung biologisch eigentlich nie zu reproduzieren vermochte, sondern auf soziale Reproduktion, also Zuzug vom Lande, angewiesen war.[54] Dagegen waren die Dörfer und Ackerbürgerstädtchen fast immer ein Raum des demographischen Überschusses, der entweder in dünn oder noch gar nicht besiedelte Gebiete abwanderte oder seit der Entstehung von großen Städten das für deren Entwicklung und Fortbestand erforderliche Menschenreservoir bildete. «Großstädte entstehen und wachsen durch Zuwanderung», haben die Stadtsoziologen Hartmut Häußermann und Ingrid Oswald die einschlägigen Forschungsergebnisse zusammengefasst. «Zuwanderung ist konstitutiver Bestandteil von Stadtentwicklung. Ohne Zuwanderung gibt es nicht nur kein Bevölkerungswachstum, selbst Stabilität der Bevölkerung würde es in den Großstädten ohne Zuwanderung nicht geben.»[55]

Das Ausmaß des Bevölkerungsaustauschs zwischen Land und Stadt hat sich nach geographischem Raum und historischen Gegebenheiten verändert, aber die Grundkonstellationen sind im Lauf der Geschichte gleich geblieben: Auf dem Land gab es starke Anreize für eine hohe Kinderzahl; Kinder waren unverzichtbare Arbeitskräfte, und im Prinzip schlug ihre Aufzucht hier, was die Kosten anlangte, nicht so stark zu Buche wie in der Stadt. Sie waren ein integraler Bestandteil des Reproduktionssystems Bauernhof, und das wurde nur dort außer Kraft gesetzt, wo es zu einer Latifundienwirtschaft kam. Diese wurde, wie im Fall der späten römischen Republik oder in den amerikanischen Südstaaten, mit Sklaven betrieben, oder sie beruhte auf einem System der Leibeigenschaft, bei dem Abwanderung unter Strafe stand. Aber auch in der Zeit der Leibeigenschaft war das Land der Raum, aus dem sich die Reproduktion der Städte speiste. Dabei ist in Rechnung zu stellen, dass das Wachstum der Städte über die längste Zeit der Geschichte aufgrund des geringen agrarischen Mehrprodukts begrenzt blieb.

Dass sich die Städte nicht selbst zu reproduzieren vermochten, lag bis weit ins 19. Jahrhundert hinein an dem wiederholten Ausbruch von Seuchen, die einen Teil der städtischen Bevölkerung hinwegrafften.[56] Nun ist es nicht so, dass Krankheitsepidemien, wie etwa die große Pest in der Mitte des 14. Jahrhunderts, nicht auch die Dörfer und die dortige Bevölkerung erfasst hätten, aber die Sterblichkeitsrate in den Städten war infolge des engeren Zusammenlebens und der schlechten hygienischen Verhältnisse sehr viel höher als auf dem Land.[57] Eine weitere Ursache für die niedrigere biologische Reproduktionsrate der Stadt ist, dass Kinder hier nicht so ohne weiteres als Arbeitskräfte verwendbar waren wie auf dem Land. Ihr Aufwachsen war deutlich teurer als in den

Dörfern: von der räumlichen Unterbringung bis zur Ernährung. Selbstverständlich wurden Kinder auch im städtischen Rahmen für einfache Tätigkeiten herangezogen. Diese Tätigkeiten konnten in Naturalien oder Geld entlohnt werden, aber das wog die mit dem Lebensunterhalt verbundenen Kosten nicht auf. Außerdem musste in der Stadt für die Berufsqualifikation bezahlt werden, während die Heranwachsenden auf dem Land die erforderlichen Kenntnisse und Fähigkeiten meist von den Eltern erlernten. Stadt und Land bildeten ein sich gegenseitig stabilisierendes System des Bevölkerungsausgleichs, in dem beide voneinander profitierten: Für viele Landbewohner war die Stadt der Ort eines imaginierten oder auch realen sozialen Aufstiegs; für die Stadt war das Land die Versorgungsgrundlage und das Reservoir, aus dem der wachsende Arbeitskräftebedarf gedeckt wurde.

Das Stadt-Land-Modell, das sich bis zu Beginn des 20. Jahrhunderts als System der ausgleichenden Stabilisierung im regionalen Rahmen bewährt hat, ist heute auf großräumliche, wenn nicht globale Zusammenhänge zu übertragen. In globaler Hinsicht hat der reiche Norden – die USA und Kanada sowie einige Länder der EU – die Rolle der Stadt übernommen, während der Süden die frühere Rolle des Landes innehat: auf der einen Seite die Organisation der wirtschaftlichen Prozesse und die Industrieproduktion, auf der anderen Seite die demographische Reserve, die der Norden braucht, um die sich kontinuierlich lichtenden Reihen aufzufüllen. Die Übertragung des Stadt-Land-Modells auf die Konstellationen der Gegenwart zeigt freilich auch eine Reihe gravierender Differenzen zur herkömmlichen Struktur: Der Norden ist im Unterschied zur klassischen Stadt nicht von der Versorgung mit Lebensmitteln abhängig. Der Süden ist seinerseits nicht mehr ländlich strukturiert, sondern weist eine Reihe von «Megacities» auf, die eine weitaus größere Bevölkerungszahl haben als die Städte des reichen Nordens. Die klassische Stadt-Land-Beziehung ist dadurch aus dem Gleichgewicht geraten: Der Süden bringt einen größeren Bevölkerungsüberschuss hervor, als der Norden aufnehmen kann und für seine soziale Reproduktion braucht, was die Konflikte um knappe Ressourcen im Süden schürt; und der Norden exportiert seine Überschüsse, auch solche an Lebensmitteln, zu Billigpreisen in den Süden und zerstört damit die dortigen Produktionsstrukturen, was die Überlebenskriege des Südens weiter verschärft.

Philosophien des Nomadismus und der Sesshaftigkeit

Die Imaginationen von Heimat, seien sie nun Erinnerung oder Projektion, naiv oder philosophisch elaboriert, auf den Raum der Herkunft bezogen oder als ein Unternehmen der Ankunft entworfen, kreisen um den bestimmten Ort, die stete Bleibe, und stellen damit die Sesshaftigkeit als Realisierung des menschlichen Lebenstraums heraus. Dem stehen Konzeptionen eines neuen Nomadismus gegenüber, in denen der stete Wechsel und die permanente Ortsveränderung als Königsweg menschlicher Selbstverwirklichung beschrieben werden. In der Auszeichnung des Nomadischen kommen unterschiedliche Denkbewegungen zusammen: zunächst die Umwertung des antijüdischen Motivs des Unsteten, Heimatlosen und Ahasverischen ins Positive, in eine Art der Lebensführung, in der sich das Selbst nicht ans Gegenständliche des angestammten Territoriums verliert, etwa bei Emmanuel Levinas und Vilém Flusser;[58] dazu das schon für Aurelius Augustinus zentrale Motiv, wonach der Aufenthalt der Christen in dieser Welt nur ein Durchgangsstadium sei, eine Pilgerschaft, aber keine dauernde Bleibe, wie in der Vorstellungswelt der Heiden;[59] und schließlich die normative Überhöhung soziologischer Beobachtungen zum Leben ökonomischer und kultureller Eliten, die zwischen den großen Metropolen der Weltwirtschaft zirkulieren und darüber eine antitellurische, eine nicht mehr an den Boden gebundene Identität entwickelt haben. Das an einem bestimmten Ort Zuhausesein, womöglich gar die Vorstellung von Heimat, ist dieser Sicht zufolge bloß Ausdruck von Provinzialität und Rückständigkeit.[60]

Die Philosophie des Nomadismus, die das Zeitalter der «wohnenden Tiere» zu Ende gehen sieht und darauf verweist, dass die Menschen ja für das Nomadentum durchaus geeignet gewesen seien und jetzt zu ihrer ursprünglichen Lebensweise zurückkehren würden,[61] fasst die unterschiedlichen Typen fehlender Sesshaftigkeit zu einem einheitlichen Modell künftigen Lebens zusammen: Manager und Banker, die regelmäßig ihren Standort wechseln, zwischen New York, London und Tokio pendeln und es sich leisten können, in den jeweils feinsten Gegenden dieser Städte Penthousewohnungen zu mieten, werden mit Obdachlosen und Stadtstreichern, die unter Brücken oder auf Parkbänken nächtigen, zu einem Lebensweise-Typus amalgamiert; dazu werden Wissenschaftler und Studenten, die von Projekt zu Projekt wandern oder aus Gründen der Profilbildung mehrfach die Universität wechseln, mit den Strömen von Migranten verrechnet, die auf der Suche nach einem besseren Leben oder auf der Flucht vor Dürrekatastrophen ihre Herkunftsgebiete verlassen haben. Bereits 1992 erklärte der aus Palästina stammende amerikanische Literaturwissenschaftler Edward Said, die Fackel der Befreiung sei von den Kulturen der Sesshaftigkeit an «unbehauste, dezentrierte, exilierte Energien» weitergereicht worden und deren

«Inkarnation [sei] der Migrant».[62] Migration und Nomadismus wurden zur Lebensform der Zukunft erklärt.

Die nüchterne soziologische Diagnose, die den interkontinentalen Ortswechsel als Lebensform der Wirtschaftselite beschreibt, und die Befunde der Migrationsforschung, denen zufolge noch nie zuvor so viele Menschen auf der Flucht waren wie zurzeit, wurden zusammengeworfen, um die erforderlichen Fallgrößen für die Identifikation einer neuen Lebensweise zu bekommen. Anschließend ist diese Lebensweise nicht nur als das Modell der Zukunft bezeichnet, sondern auch als eine neue Form der Freiheit ausgegeben worden: In ihr treten die Menschen aus den Zwängen des Angestammten heraus und lassen die Nostalgie der Ortsbindung hinter sich. Unter der programmatischen Überschrift «Wohnung beziehen in der Heimatlosigkeit» schrieb der Kommunikationstheoretiker Flusser: «Während der weitaus größten Zeitspanne seines Daseins ist der Mensch zwar ein wohnendes, aber nicht ein beheimatetes Tier gewesen. Jetzt, da sich die Anzeichen häufen, daß wir dabei sind, die zehntausend Jahre des seßhaften Neolithikums hinter uns zu lassen, ist die Überlegung, wie relativ kurz die seßhafte Zeitspanne war, belehrend. Die sogenannten Werte, die wir dabei sind, mit der Seßhaftigkeit aufzugeben, also etwa den Besitz, die Zweitrangigkeit der Frau, die Arbeitsteilung und die Heimat, erweisen sich dann nämlich nicht als ewige Werte, sondern als Funktionen des Ackerbaus und der Viehzucht. Das mühselige Auftauchen aus der Agrikultur und ihren industriellen Atavaren [gemeint sind wohl Avatare] in die noch unkartographierten Gegenden der Nachindustrie und Nachgeschichte [...] wird durch derartige Überlegungen leichter. Wir, die ungezählten Millionen von Migranten (seien wir Fremdarbeiter, Vertriebene, Flüchtlinge oder von [...] Seminar zu Seminar pendelnde Intellektuelle), erkennen uns dann nicht als Außenseiter, sondern als Vorposten der Zukunft. Die Vietnamesen in Kalifornien, die Türken in Deutschland, die Palästinenser in den Golfstaaten und die russischen Wissenschaftler in Harvard erscheinen dann nicht als bemitleidenswerte Opfer, denen man helfen sollte, die verlorene Heimat zurückzugewinnen, sondern als Modelle, denen man, bei ausreichendem Wagemut, folgen sollte.»[63]

Sieht man genauer hin, so handelt es sich bei Flussers Text mehr um einen Kampf gegen die Suggestionen und Versprechen der Sesshaftigkeit, wie sie im Wortfeld von «Heimat» gebündelt sind, als um den Entwurf einer neuen Lebensform, die mehr ist als ein notgedrungenes Hinnehmen des Unvermeidlichen. Unüberhörbar ist bei Flusser, vor allem aber bei Levinas, die Kontraposition zu einer Philosophie der Verwurzelung, die bei Heidegger im heimatlichen Wald, in den ausgetretenen Schuhen einer Bäuerin, im Krug oder in der Weinkaraffe eine zur Wesenhaftigkeit verdichtete Beschreibung erfahren hat. Der Heidegger'schen Ontologie des heimatlichen Ortes ist Bachelards Beschreibung des Hauses verwandt, in dem man groß geworden ist, des Elternhauses also, das als ein Ort der Geborgenheit imaginiert wird, der uns mit Erinnerungen und Orientierungen versorgt.[64] Gegen ein auf den Ort, die Tradition sowie den Grund und Boden fixiertes Leben der Eigentlichkeit oder Geborgenheit wird die migrantische Existenz nicht als Verlust oder Verzicht, sondern als zu bevorzugende Alternative gestellt: Der Eintritt in die Moderne, in der lebenslange Sesshaftigkeit nicht unmöglich, aber unüblich geworden ist, wird nicht als Weltverlust beklagt, sondern als Freiheitsgewinn gefeiert.[65] In der Ontologie der Verwurzelung, die immer die «Entwurzelten» als negativ besetzte Existenzform mit sich führt, sieht Levinas die philosophische Rechtfertigung eines exklusiv angeeigneten Lebensraums, der die Voraussetzung dafür war, dass die Menschheit in Einheimische und Fremde aufgespalten werden konnte. Levinas will diese asymmetrische Dichotomie durchbrechen, indem er den starken Bezug auf Herkunft und Tradition als Fortleben eines heidnischen Aberglaubens bezeichnet, der überwunden werden muss, um den «Fremden» durch den «Anderen» zu ersetzen.[66] Die Anerkennung des Anderen, der mir in meiner Eigenheit nicht als ein Fremder entgegentritt, sondern ein unverzichtbarer Begleiter meines Selbstverständnisses ist, öffnet damit die Tür zu einem neuen Verständnis von Freiheit, das nicht wesentlich exklusiv, sondern inklusiv ist. Die Humanität des Nomaden besteht in seiner wesenhaften Distanz gegenüber dem Besitzenwollen.

Die über Identität und Alterität, Heimat und Nomadismus, Geborgenheit und Freiheit ausgetragene Kontroverse ist von großer Bedeutung für die normative Beurteilung von Migration und die Art, in der Arbeitsmigranten und Bürgerkriegsflüchtlinge aufgenommen und behandelt werden: Sollen sie in ihrem Zielland «eine neue Heimat finden», wie eine der politisch-humanitären Formeln lautet, oder ist diese Art der Inklusion eine Vereinnahmung, die dem Migranten die gerade erworbene neue Freiheit wieder nimmt? Das würde heißen, dass die Selbstausschließung der Neuankömmlinge von den Gepflogenheiten des Ankunftslandes keineswegs eine trotzige Reaktion auf die hier seit der Ankunft gemachten Ausgrenzungs- und Diskriminierungserfahrungen darstellt, sondern auf die Herstellung eines Schutzraums gegen die Zudringlichkeiten der neuen sozialen Umgebung hinausläuft. Ist also Integrationspolitik nichts anderes als eine Form anmaßender Vereinnahmung durch diejenigen, die aus Zufall früher in einem bestimmten Raum angekommen sind als die jetzt erst eintreffenden Migranten?

Auch wenn die Vorstellung eines neuen Nomadismus mitsamt dessen normativer Überhöhung eine Fülle von theoretischen Schwächen und Fehlstellen aufweist und alles andere als ein kohärenter Gesellschaftsentwurf ist, so sollten die darin gemachten Einwände gegen die Heimatvorstellung, die selbstverständliche Annahme der Sesshaftigkeit und die Entgegensetzung von Eigen und Fremd doch bei der Konzeption einer wie auch immer angelegten Integrationspolitik im Auge behalten werden – keineswegs nur aus Menschenfreundlichkeit gegenüber den Migranten, sondern auch im Bewusstsein der migrantisch-fluiden Anteile unserer eigenen Gesellschaft, von den Zirkulationserwartungen im Wirtschafts- und Wissenschaftssystem bis hin zu den Touristenströmen, die sich von hier aus Jahr für Jahr in die Welt ergießen. Zygmunt Bauman hat den modernen Touristen als «einen bewußten und systematischen Sammler von Erfahrungen» bezeichnet, einen, der «die Beschaulichkeit des eigenen Zuhauses» verlässt, um auf Abenteuersuche zu gehen, «aber es ist ebendieselbe Beschaulichkeit, die jene Abenteuersuche zu einem ungetrübt angenehmen Zeitvertreib macht».[67] Der Tourist unterscheidet sich vom Migranten freilich dadurch, dass er ein Zuhause hat, in das er nach Belieben zurückkehren kann – aber er hat eine Neigung, diese Rückkehr hinauszuzögern, weil er die Heimatgebundenheit des Zuhauses scheut und fürchtet. «Das ‹Heim› hält sich am Horizont des Touristenlebens als eine unheimliche Mischung aus Schutzraum und Gefängnis.»[68] Das stellt sich für den Nomaden ähnlich dar: Er hat kein Heim und will, so sagt es die Philosophie des Nomadismus, auch keines finden, weil er ahnt, dass ein solcher Schutzraum sich schnell in ein Gefängnis verwandeln kann. Der zur Flucht Getriebene hingegen hat seine Heimat verlassen, um sich auf die Suche nach einem neuen Schutzraum zu machen, den er zu Hause verloren hat. Nichts liegt ihm ferner als die Vorstellung, dass der neue Schutzraum zum Gefängnis werden könnte.

Eines darf dabei nicht übersehen werden: das Modell einer nomadischen Welt ist eines, in dem entgegen den von seinen Verfechtern gepflegten antikapitalistischen Untertönen die Vorstellungen einer neoliberalen Wirtschafts- und Sozialordnung auf die Spitze getrieben sind. Versorgungsansprüche gegenüber irgendwelchen Solidargemeinschaften sind darin nicht vorgesehen und können auch nicht eingelöst werden, weil es keine stabilen Gemeinschaften mehr gibt; an deren Stelle sind Versicherungspolicen getreten, freilich von Versicherungen ohne staatliche Ausfallbürgschaften, und solche Policen können sich nur die Gutgestellten unter den Migranten leisten. Auch einen sozial vorsorgenden Wohnungsbau wird es in der Welt des verallgemeinerten Nomadentums nicht mehr geben, denn es gibt dann auch keine fest Ortsansässigen mehr, die ihn für ihresgleichen betreiben. Vielmehr werden in den «Megacities», die sich an den Knotenpunkten der globalen Netzwerke befinden, *gated cities* entstehen, eingefriedete, umzäunte Stadtteile mit entsprechendem Sicherheitspersonal, und daneben Slums, in denen die Armen leben, die kaum für das Überlebensnotwendige aufkommen können und zusehen müssen, wo sie bleiben. Überhaupt wird der gesamte Bereich der Daseinsvorsorge privatisiert sein, und wer nicht zahlen kann, wird leer ausgehen; auch muss die Vorstellung von Solidarität gesellschaftlicher Gruppen oder nationaler Verbände durch den Appell an die persönliche Barmherzigkeit und das individuelle Mitleid gegenüber den ins Elend Geratenen ersetzt werden. Die moderne Gesellschaft der Nomaden wird eine radikal individualisierte Gesellschaft sein – und das wird sie von den früheren Nomadengesellschaften grundlegend unterscheiden.

Die vor allem von Levinas gepflegte Rückbindung einer nomadisch entorteten Lebensform an das Judentum ist darin problematisch, dass er sie nicht auf die prekäre Existenzform der Diaspora, des «Zerstreutseins unter die Völker», bezieht, sondern als alternativen Ordnungsentwurf zu den poliszentrierten Ordnungsvorstellungen der Griechen verstanden wissen will. Außer Frage steht, dass die klassische Polisvorstellung ortsbezogen ist und die Griechen dabei gerade nicht an die vielsprachigen und multiethnischen Großstädte Kleinasiens und Mesopotamiens dachten, sondern an Stadtgemeinden, die eine dem Inklusions-Exklusions-Schema folgende Identität gepflegt haben.[69] Dieses Polismodell der Griechen ist für unser Verständnis vom Politischen zentral geworden. Die Exoduserzählung als identitätskonstitutives Narrativ der Juden handelt freilich nicht nur vom Auszug aus Ägypten als dem Land des Frondienstes und der Knechtschaft; sie enthält auch die Vorstellung des «Gelobten Landes» als eines von Gott verheißenen Ankunftsraums nach einer vierzig Jahre dauernden Wanderschaft in der Wüste, und es ist nicht zuletzt diese Aussicht, die das immer wieder gegen seinen Anführer Moses aufbegehrende und gegen seinen Gott murrende Volk daran hindert, das Exodusprojekt abzubrechen und reumütig nach Ägypten und zu dessen Fleischtöpfen zurückzukehren. Das Nomadische ist somit nur eine Zwischenetappe, eine Zeit der Reinigung, die Voraussetzung für das Betreten des Gelobten Landes, und keineswegs eine Zeit der Freiheit.[70] Die Wanderung in der Wüste lässt sich sehr viel plausibler als Phase der Liminalität verstehen, als Aufenthalt im Zwischenraum oder ein Stehen auf der Grenze, denn als ein Zustand der Dauer, in dem man leben will und leben kann.

Es stellt sich also die Frage, wie beide Modelle der Ordnung, das des Stationären mit einem potenziell hohen Maß der Daseinsvorsorge und das des Fluiden mit seiner Akzentsetzung auf individueller Lebensgestaltung und einer prinzipiellen Offenheit des Lebensentwurfs, miteinander verbunden werden können. Für ein Übergewicht des Fluiden argumentieren die Vertreter eines «Rechts auf freie Wohnortwahl», die nicht nur zwecks kontinuierlicher Migrationsbewegungen die Außengrenzen der EU durchlässiger machen wollen, sondern sich auch gegen eine nach Kontingenten gestaltete Flüchtlingsverteilung innerhalb der EU wenden und kritisieren, dass es eine Residenzpflicht für Flüchtlinge in den ihnen zugewiesenen Ländern der Europäischen Union oder in bestimmten Städten ihres Ziellandes geben soll.[71] Miltiadis Oulios, einer der Vertreter dieser Position, entwickelt das Recht auf freie Bewegung und Wohnortwahl der Migranten freilich nicht aus grundlegenden Normen heraus, sondern vielmehr aus der normativen Kraft des Faktischen, nämlich dem Umstand, dass sich die Flüchtlinge inzwischen «eine neue Form von grenzüberschreitender Bewegungsfreiheit» erobert hätten und der Staat nur noch in der Lage sei, jede dritte Ausweisungsverfügung durchzusetzen.[72] Vollzugsdefizite des Staates werden damit zu einem Argument migrantischer Freiheit. Das Scheitern des Staates, so Oulios, sei das Ergebnis passiven Widerstands der Migranten, die ihre Identitätspapiere vor der Einreise vernichten und dadurch den staatlichen Behörden die Möglichkeit nehmen, abgelehnte Asylbewerber in ihr Herkunftsland abzuschieben. Oulios nennt das die Eroberung des Rechts auf Bewegungsfreiheit durch die Migranten.[73] In anderer Form findet sich dieses Argument auch bei Umberto Eco, der die jüngsten Migrationswellen nach Europa als «nichtkontrollierbares Naturphänomen» bezeichnet hat, da alle Versuche einer Abwehr oder Ausdünnung der Flüchtlingsströme an den Außengrenzen der EU gescheitert seien. Daran anschließend differenziert Eco zwischen Migration und Immigration; Letztere beschreibt er als politisch kontrollierbar; Erstere entziehe sich dagegen jedweder Kontrolle und Lenkung. Immigration, so Eco, passe sich der Lebensweise des Aufnahmelandes an, während Migration dessen Kultur radikal verändere.[74] Seine Gegenwartsdiagnose lautet: «Die Phänomene, die Europa heute noch als Fälle von Immigration behandelt, sind indessen schon Fälle von Migration.»[75]

Das alles ist freilich Wasser auf die Mühlen derer, die den Flüchtlingsstrom mit einem harten Grenzregime stoppen wollen: Wer an der Grenze keine Papiere vorweisen könne, müsse zurückgewiesen werden, und um die Regeln der Immigration gegen die der Migration durchzusetzen, dürfe man nur so viele Flüchtlinge ins Land lassen, wie dieses verkraften könne, ohne dass sich seine Lebensweise, seine Werte und Regeln veränderten. Letzteres muss nicht eo ipso eine rechtspopulistische oder nationalkonservative Position sein, sondern kann, das hat die nach den Ereignissen der Kölner Silvesternacht in Deutschland geführte Debatte gezeigt, auch auf die Verteidigung einer liberalen und offenen Gesellschaft hinauslaufen: durch die Verteidigung der Sicherheit öffentlicher Plätze für jedermann und jedefrau zu jeder Zeit wie durch die Abwehr eines importierten Antisemitismus oder homophober und frauenfeindlicher Grundeinstellungen. Die Anhänger einer radikal liberalen Bewegungsfreiheit und eines Rechts auf freie Wohnortwahl haben schlichtweg die Dialektik zwischen Offenheit und Geschlossenheit einer Gesellschaft übersehen:[76] Nicht immer nämlich führt eine weitere Öffnung der Räume zu mehr Offenheit, und mitunter muss Offenheit durch eine Politik der Schließung verteidigt werden. Grenzenloser Nomadismus ist jedenfalls nicht gleichbedeutend mit einem Zugewinn an Freiheit, und die Verteidigung von Grundsätzen und Werten muss nicht gleichbedeutend sein mit engstirniger Identitätspolitik. Das gilt freilich auch umgekehrt: Nicht jedem, der sich auf politische Identität beruft, geht es um demokratische Grundsätze und freiheitliche Werte; in vielen Fällen verbirgt sich hinter der Forderung nach einem rigiden Grenzregime, das die Migranten «draußen» halten soll, nichts anderes als ein kruder Rassismus, der sich gern auch einmal als Verteidigung der eigenen Kultur ausgibt. Worum es tatsächlich geht, ist immer nur im Einzelfall zu entscheiden.

Eine normativ anspruchsvolle Position – also eine, die sich nicht darauf beschränkt, auf den rasanten Anstieg der Mieten und Immobilienpreise bei freier Wohnortwahl zu verweisen, der die Wahrnehmung dieses Rechts vom Einkommen und vom Vermögen abhängig machen würde – setzt bei den Folgen an, die eine konsequent nomadische Lebensweise für die Entwicklung des Selbst und für den Zusammenhalt von Sozialverbänden haben dürfte. Beginnen wir mit der Frage nach den Gelingensbedingungen bei der Formung eines starken Selbst: In dem Buch *Quellen des Selbst*, seiner großen Abhandlung über die Ursprünge der neuzeitlichen Identität, hat der kanadische Sozialphilosoph Charles Taylor auf das Zusammenspiel von Identität und Orientierung, von Identitätskrise und Orientierungsverlust hingewiesen, und dabei hat er die Metaphorik von Raum und Rahmen (*framework*) verwendet.[77] Wir finden uns im Hin und Her der Anforderungen und Erwartungen umso besser zurecht, je genauer wir uns in dem Raum, in dem wir uns bewegen, auskennen und je stärker wir uns auf einen Rahmen von identitätsstiftenden Vorstellungen beziehen können. Die Kohärenz von Raum und Rahmen, so lässt sich daraus schlussfolgern, ist eine günstige Voraussetzung für die Entstehung moralisch gefestigter

Identitäten. Längere Sesshaftigkeit ermöglicht in der Gewissheit von Raum und Rahmen die Ausbildung von Weltvertrauen. Im Falle migrantischer Existenzformen müssen diese der Identitätsbildung entgegenkommenden Voraussetzungen unter erheblichem Aufwand kompensiert werden, um vergleichsweise stabile Orientierungen zu ermöglichen. Ob sich unter diesen Umständen von der migrantischen Lebensweise als der wirklichen Freiheit sprechen lässt, wie bei Flusser und Levinas, ist überaus fraglich.

Der andere Einwand gegen den Nomadismus als neue Lebensform setzt bei den sozialmoralischen Voraussetzungen der Zivilgesellschaft an; dabei stützt sich dieser Einwand auf die empirischen Studien des Politikwissenschaftlers Robert Putnam, in denen er ein gewisses Maß an Vertrauen – gemeint ist vor allem Sozialvertrauen und weniger Systemvertrauen – als unabdingbare Voraussetzung einer lebendigen Zivilgesellschaft und einer funktionierenden Demokratie ausgemacht hat.[78] Wo dieses Vertrauen fehlt oder sich gar Misstrauen ausgebreitet hat, funktionieren Demokratien nach Putnams Beobachtungen eher schlecht als recht. Autoritäre Herrscher und Diktatoren scheinen das schon immer gewusst zu haben; seit jeher streuen sie Misstrauen, weil dies ihrer Machtausübung entgegenkommt und für den Fortbestand ihrer Herrschaft günstig ist. Umgekehrt heißt das aber auch, dass sich selbst verwaltende politische Verbände nur eine begrenzte Anzahl von Fremden aufnehmen und integrieren können, ohne das für sie unverzichtbare soziale Vertrauen zu verlieren. Nicht die physischen Kapazitäten einer Gesellschaft entscheiden danach über ihre Fähigkeit, Fremde aufzunehmen, sondern die Belastbarkeit des Vertrauens im Sinne einer Voraussetzung gesellschaftspolitischer Identität. Der britische Soziologe Paul Collier hat unter Berufung auf Putnam so argumentiert und eine Begrenzung von Zuwanderung gefordert: «Je mehr Einwanderer in einer Gemeinschaft leben, desto geringer wird das Vertrauen nicht nur zwischen den verschiedenen Gruppen, sondern auch *innerhalb der Gruppen.* Ein hoher Einwandereranteil führt zu einem geringeren gegenseitigen Vertrauen unter den einheimischen Mitgliedern der Gemeinde, und aufgrund der Bedeutung des Vertrauens für die Kooperation ist es kaum anders zu erwarten, dass das geringere Vertrauen in vielerlei Formen reduzierter Kooperation zutage tritt.»[79] Diese Beobachtung muss integrationspolitisch nicht das letzte Wort sein; sie kann auch als ein energischer Hinweis verstanden werden, wonach dort, wo viele Neuankömmlinge zu den Alteingesessenen hinzukommen, erhöhte Investitionen in die Herstellung von Vertrauen vonnöten sind. Hier wird nicht von Obergrenzen her gedacht, sondern von Anstrengungen, durch die eine sozialmoralische Elastizität bei der Aufnahme von Neuankömmlingen geschaffen wird.

Die Begegnung mit dem Fremden: zwei Typen der Stadt

Die Metropole, so die einschlägigen Arbeiten, sei durch einen Zustrom von Menschen aus allen Himmelsrichtungen gekennzeichnet; als Gründe für diesen Zustrom werden die alltagsweltliche Befreiung von festgelegten Lebensformen und der vergrößerte Möglichkeitshorizont der Lebensgestaltung genannt.[80] Eine Voraussetzung dafür ist die Offenheit der Metropole nicht nur für *die* Fremden, sondern auch für *das* Fremde, also die sozialen Außenseiter und die kulturell Fremden, die in die große Stadt aufgenommen werden, ohne dass damit von vornherein soziale Anpassung und kulturelle Assimilation verbunden ist.[81] Das unterscheidet die Stadt vom Land, wo die Fremden «einverleibt» werden, sodass sie nach einiger Zeit nicht mehr als Fremde erkennbar sind. Bleiben sie fremd, so werden sie den ländlichen Raum wieder verlassen; bleiben sie dort, gleichen sie sich den Alteingesessenen an. Die Stadt, die Großstadt jedenfalls, ist der Raum, wo der Fremde und das Fremde dauerhaft fremd bleiben können, wenn sie dies wollen; der Ort der Multiethnizität, der Vielsprachigkeit und der unterschiedlichen religiösen Bekenntnisse. Die deutsche Bevölkerungsstatistik zeigt am Ende des 20. Jahrhunderts, dass 80 Prozent der Ausländer, aber nur 58 Prozent der Deutschen in Städten mit über 100 000 Einwohnern leben; «die Ballungsräume im Westen Deutschlands haben einen doppelt so hohen Migrantenanteil wie die ländlichen Räume, die Kernstädte sogar einen dreifach so hohen Anteil».[82] Es ist darum auch nicht verwunderlich, dass die meisten Flüchtlinge, die jetzt nach Deutschland kommen, in größeren Städten und nicht auf dem Land, in Kleinstädten oder Dörfern, leben wollen. Im kleinstädtisch-dörflichen Bereich ist aber die Integrationschance vergleichsweise größer als in der Großstadt, weil die Fremden hier zu sozialen Kontakten mit den Eingesessenen gezwungen sind.

Die Offenheit, die der urbane Raum für die Fremden darstellt, ist freilich nur möglich, weil die Stadtbewohner dem Fremden mit einer gewissen Gleichgültigkeit begegnen.[83] Die Fremden erregen wohl unsere Aufmerksamkeit, aber nur für kurze Zeit und eigentlich nur von ihrem Erscheinungsbild her, also qua Oberfläche. Diese Oberflächlichkeit ist die Kehrseite der urbanen Offenheit, gewissermaßen der Preis, der für sie zu zahlen ist. Der Soziologe Georg Simmel hat das am Berlin des späten 19. und frühen 20. Jahrhunderts untersucht, und ein Großteil der späteren stadtsoziologischen Studien beruht auf seinen Beobachtungen und Erklärungen.[84] Auch Zygmunt Bauman folgt dieser Spur, will aber einen postmodernen Umgang mit dem Fremden gegenüber dem von Simmel beschriebenen, für die Moderne typischen unterschieden wissen. Die moderne Stadt ist danach ein Ort des Fremden, das einander fremd bleibt und dabei unterschiedliche Modi gegenseitiger Akzeptanz entwickelt. Die postmoderne Stadt hingegen, so Bauman, belässt es dabei nicht, sondern spaltet den Fremden in ein Objekt der Begierde und eine Quelle der Furcht auf.[85] Bauman erläutert nicht weiter den Gegensatz von Begierde und Furcht, die sich beide mit dem Fremden verbinden, aber es ist ziemlich eindeutig, dass er dabei erotische Attraktion und gewaltbereite Präsenz, also sexuelle Kontakte und kriminelle Akte, im Auge hat.

Für die postmoderne Stadt ist demnach charakteristisch, dass das Fremde aus dem Modus der Vergleichgültigung ausbricht und dem Stadtbewohner wieder als wirklich Fremdes gegenübertritt. Der schweifende Blick gleitet nicht länger über das Fremde hinweg (was im Begriff des Blasierten festgehalten wird), sondern bleibt daran haften. Der Städter, eigentlich ein Routinier im Umgang mit dem Fremden, ist irritiert, und in seiner Wahrnehmung mischen sich Faszination und Furcht. Bauman führt diese Veränderung von der Moderne zur Postmoderne nicht weiter aus, aber es liegt nahe, dass die veränderten Grade oder Dimensionen von Fremdheit dabei eine zentrale Rolle spielen:[86] Die moderne Stadt, das Berlin der Jahrhundertwende etwa oder das New York des 20. Jahrhunderts, war in der Lage, auf die Herausforderung durch das Fremde mit Gleichgültigkeit zu reagieren, weil die Fremden aus unterschiedlichen, aber einander verwandten Kulturen kamen, die Grade der Fremdheit somit begrenzt waren und die Stadt als Domestikationsraum des Fremden dienen konnte. In der postmodernen Stadt sind aufgrund der Globalisierung die Grade der Fremdheit höher, die Anzahl der Fremden ist größer, und das hat zur Folge, dass die Gemeinsamkeit des Städtischen die Unterschiedlichkeit des Fremden nicht mehr so ohne weiteres zu überwölben vermag. Das Fremde macht sich wieder als Fremdes bemerkbar, und es tut dies nicht zuletzt dort, wo es sich gegen seine Vergleichgültigung durch Urbanität zur Wehr setzt. Das kann die vollverschleierte Frau aus dem Vorderen Orient sein, das können aber auch Jugendliche sein, die durch aggressives Auftreten und Handeln ihr Fremd-bleiben-Wollen zelebrieren. Beide wehren sich gegen die Vergleichgültigungsmechanismen des Urbanen; sie orientieren sich nicht nur nicht an ihnen, sondern stellen sie demonstrativ in Frage. Die Urbanität als Ensemble von Indifferenzierungsmechanismen ist damit gefährdet. Was im Hintergrund aufscheint, ist der Zerfall der Stadt in Stadtteile, in Parallelgesellschaften, die sich gegeneinander abschotten und Grenzen im Innern der Stadt einziehen, die der Lebensform des Urbanen entgegengesetzt sind und sie im Verlauf der Zeit zu ruinieren drohen.

Lässt sich aus der Geschichte der Stadt etwas für den Umgang mit solchen Gefährdungen des Urbanen lernen? Für den Umgang mit Konstellationen, bei denen das Offene ins Geschlossene, ins Abgeschottete umzuschlagen droht? Um es zu dramatisieren: Gefährdet der Zustrom von Flüchtlingen und Migranten aus Kulturen, die der westlichen Lebensweise gegenüber große Grade der Fremdheit aufweisen und in keiner Form auf eine urbane Lebensweise eingestellt sind, den Typus der europäischen Stadt? Ist die Stadt als Ort der Fremdheit womöglich doch nur begrenzt fähig, das Fremde zu absorbieren? Und gibt es eine Schwelle, deren Überschreiten das Selbstverständnis der westeuropäischen Stadt gefährdet? Die Vorgänge am Kölner Hauptbahnhof in der Silvesternacht 2015/16 sind von vielen jedenfalls so verstanden worden. Urbanität ist nur möglich, wo die Zusammenballung von Menschenmassen nicht zur Zudringlichkeit und Nötigung wird.

Wer diese Fragen stellt, stößt auf zwei Typen des Städtischen, die weitgehend unabhängig voneinander entstanden sind: die Polis der Griechen und die Megalopolis des Vorderen Orients, die im antiken Rom eine für das europäische Stadtmodell folgenreiche Verbindung eingegangen sind. Unter der altgriechischen Polis – exemplarisch für sie ist das klassische Athen – verstehen wir den handlungsfähigen Bürgerverband, eine politische Einheit, die sich nicht auf den geographischen Raum beschränkt; durch ihre Fähigkeit, zusammen zu handeln, ist sie zu einer Einheit geworden, die ihre Geschicke selbst bestimmt. In den Schriften Hannah Arendts ist dieser Typ der Polis zum Inbegriff des Politischen erhoben worden, an dem das westliche Ideal von Freiheit, Selbstverfügung und Handlungsmacht beschrieben und als Zielvorgabe entwickelt wird.[87] Die Polis der Griechen war freilich keine Großstadt nach heutigen Vorstellungen, sondern in ihren Ausmaßen durch die Reichweite der «Bürgerfreundschaft» begrenzt, also jene von Aristoteles beschriebene Mischung aus Bekanntheit und Vertrauen, dazu einen gemeinsamen Wertehorizont und die auf diesen gegründete Bereitschaft, gemäß den eigenen Fähigkeiten und Möglichkeiten Aufgaben zu übernehmen, die das Zusammenleben aller betreffen.

Ein solcher Bürgerverband ist für Fremde nur sehr begrenzt offen; er ist vielmehr bestrebt, gewisse Abstufungen des Fremden vorzunehmen, um ein Mittelstück zwischen den inklusiven Bürgerverband (*polites*) und den Fremden (*xenos*) zu schieben. In Athen nannte man die entsprechenden

Personen Metöken, was mit Beisasse eher schlecht als recht übersetzt ist. Es handelte sich dabei um Hellenen, die nicht in doppelter Linie athenische Großeltern aufwiesen und deswegen dem Verband der mit gleichen Partizipationsrechten ausgestatteten Bürger nicht angehörten. Aristoteles war ein solcher Metöke. An dieser Konstruktion von Zugehörigkeit und Nichtzugehörigkeit ist wichtig, dass durch eine Kombination von Inklusions- und Exklusionsmechanismen die Entscheidungs- und Handlungsfähigkeit des Bürgerverbands hergestellt wurde, ohne den die Selbstregierung der Stadt nicht möglich war. Dabei galt das Prinzip einer Gleichheit der Bürger, während die Fremden in Stufen der Ungleichheit sortiert wurden.[88] So wurde eine schroffe Gegenüberstellung von eigen und fremd, zugehörig und nicht zugehörig vermieden. Dieser Praxis des Einstufens begegnen wir heute in dem unterschiedlichen Rechtsstatus wieder, den Asylbewerber je nach Fortschritt beziehungsweise Ergebnis ihres Antragsverfahrens haben.

Von dem Polistypus der Stadt, der in den oberitalienischen und oberdeutschen Handelsstädten des Mittelalters wieder auflebte, sind die Großstädte des östlichen Mittelmeers und Vorderen Orients zu unterscheiden, für die Babylon der exemplarische Fall ist: Räume der Multikulturalität und der Vielsprachigkeit,[89] des kommerziellen wie kulturellen Austauschs, des Reichtums und seiner selbstbewussten Darstellung in ehrgeizigen Bauprojekten («Turmbau zu Babel») – aber diese Riesenstädte haben den Schritt zur Selbstregierung nicht geschafft, sondern verblieben unter der Herrschaft eines Fürsten. Die Megalopolis des Vorderen Orients war wohl zu begrenzter Selbstverwaltung, nicht jedoch zur Selbstregierung fähig, und das hatte auch mit der Vielfalt des Fremden in ihrem Raum zu tun. Die alttestamentarische Erzählung von der babylonischen Sprachverwirrung, mit der Gott die Weiterführung des Turmprojekts beendet habe, steht exemplarisch für das Ende einer gemeinsamen Handlungsfähigkeit infolge sprachlicher Fremdheit. Im Unterschied zur Polis muss die kommerzielle, aber nicht politische Stadt auch nicht auf die Sittlichkeit ihrer Bürger achten, die Ermöglichung gegenseitigen Vertrauens und Zutrauens, sondern kann Ausschweifungen aller Art ignorieren.[90] Nicht zuletzt die Ansammlung der Fremdheiten in den Großstädten des Vorderen Orients sorgte dafür, dass diese als Orte der Sittenlosigkeit, der Gottlosigkeit und des permanenten Frevels angesehen wurden. Ninive und Babylon sind dafür sprichwörtlich geworden.

Im antiurbanen Affekt, der sich in den Büchern des Alten wie des Neuen Testaments findet, kommt zum Typus der politischen Stadt und der kommerziellen Metropole noch ein Drittes hinzu: das radikale Misstrauen gegenüber jeder Form des Städtischen, das als ein Raum der Sündhaftigkeit und des Sittenverfalls gedacht wird. Der Stadt, zumal der Großstadt, wird die Wüste als ein Raum der Gottesnähe und der Sittenstrenge gegenübergestellt: Nur wenn einem die Stadt und ihre Versuchungen fremd bleiben, kann man ein gottgefälliges Leben führen. Es ist darum kein Zufall, dass sich der islamische Dschihadismus, wenn er zum Mittel der Terrorattacke greift, vorzugsweise die Zentren von Großstädten aussucht. Das hat taktische Gründe, weil mit Terrorattacken im städtischen Raum die größten Effekte zu erzielen sind; aber es hat auch mit der Verachtung des Urbanen zu tun, die überall dort anzutreffen ist, wo religiöse Inbrunst im Spiel ist. Das hat sich auch in den Anschlägen von Paris, zunächst gegen ein Satiremagazin, später gegen eine Musikhalle, allzu deutlich gezeigt.

Der Zustrom der Migranten und Flüchtlinge in die europäischen Städte ist also, was das Verhältnis von Stadt und Fremden anlangt, unter (mindestens) drei Gesichtspunkten zu betrachten: dem der Stadt als Ort der Ansiedlung von Fremden, in dem ihnen Raum gelassen wird, Elemente ihrer Herkunft zu bewahren; sodann dem der Stadt als Zentrum des Politischen, das diese Fremdheit begrenzt, um die Fähigkeit zur Selbstverfügung zu entwickeln und den urbanen Raum nicht zu einem bloßen Raum des Kommerziellen werden zu lassen; und schließlich dem jenes Teils der Flüchtlinge und Migranten, in deren Augen die Stadt – und für sie vor allem die europäische Stadt unserer Tage als Raum der Offenheit und Freiheit – ein Ort sündhafter Gottlosigkeit ist, der bestraft werden soll.[91] Jede Form von Integration muss sich diesen drei Wahrnehmungen der Stadt stellen, und die Europäer werden nicht vermeiden können, Präferenzentscheidungen hinsichtlich der relativen Wertigkeit der unterschiedlichen Typen von Stadt zu treffen.

2. Der moderne Wohlfahrtsstaat, die offene Gesellschaft und der Umgang mit Migranten

Staatliche Kontrolle und rechtliche Selbstbindung

Moderne Gesellschaften sind dadurch gekennzeichnet, dass sie – im Unterschied zu traditionalen Gesellschaften – die Lebensführung der Menschen weitgehend unbestimmt lassen: Wie ein Lebensweg verläuft, ist durch Geschlecht und Herkunft nicht mehr definitiv festgelegt. Die Lebensführung ist gesellschaftlich nicht völlig unbestimmt, aber sie ist unterbestimmt in dem Sinne, dass es eine Vielzahl von wählbaren Optionen gibt. Auf diese Weise ermöglichen moderne Gesellschaften ökonomische Dynamik und politische Flexibilität, die beide vonnöten sind, damit sie sich in einer globalen ökonomischen Konkurrenz behaupten und auf die ständig neuen und sich verändernden Anforderungen reagieren können. So lässt sich denn auch beobachten, wie traditionale Gesellschaften bei der internationalen Wohlstandsverteilung immer weiter zurückfallen. Eine Ausnahme sind allenfalls die Staaten, die sich Traditionalität leisten können, weil sie über große Vorkommen an Bodenschätzen verfügen und diese kapitalisieren – Saudi-Arabien ist das Paradebeispiel dafür.

Gesellschaftliche Modernität kann aber nicht nur ökonomisch, sondern auch emphatisch im Hinblick auf die durch sie eröffneten Chancen menschlicher Selbstbestimmung beschrieben werden, und indem man die Unterbestimmtheit der menschlichen Lebensführung nicht als einen sozioökonomischen Modernisierungseffekt, sondern als ein weiteres

Kapitel in die seit der Aufklärung ausformulierte Fortschrittserzählung einfügt.[1] Demnach ist nicht ökonomische Modernisierung, sondern «das Heraustreten der Menschen aus seiner selbstverschuldeten Unmündigkeit» (Kant), das heißt die Fähigkeit, sich als freies, selbstverantwortliches Subjekt zu denken, die zentrale Voraussetzung für eine die Schranken der Tradition überwindende freie Gestaltung der Lebensführung. Die Frage, ob gesellschaftliche Veränderungen und der Wandel in der Lebensführung der Menschen stärker durch strukturelle Modernisierung oder durch den Einfluss neuer Ideen bestimmt werden, kann hier zunächst offenbleiben; sie wird im weiteren Fortgang der Überlegungen aber immer wiederauftauchen, weil sie von entscheidender Bedeutung für die Erfahrung des Fremden ist.

Man kann in der Unterbestimmtheit menschlicher Lebensführung in modernen Gesellschaften umgekehrt einen folgenreichen Orientierungsverlust sehen, von dem behauptet wird, dass er die meisten Menschen auf Dauer überfordere. Ihnen fehle der Halt, auf den sie angewiesen seien. Es könne zwar sein, so diese Sichtweise, dass man durch Modernisierungsverzicht auf manche Wohlstandsgewinne verzichte, aber man bewahre dadurch eine Gewissheit und Sicherheit der Lebensführung, ohne die Gesellschaften sich auflösen und zerfallen würden. Modernisierung wird in dieser Perspektive zum zentralen Bestandteil einer Niedergangsgeschichte.[2]

Jenseits dieser beiden entgegengesetzten Narrative kann man aber auch – und das ist die genuin sozialwissenschaftliche beziehungsweise politiktheoretische Herangehensweise – danach fragen, ob es Kompensationsmechanismen einer unterbestimmten, also für persönliche Wahlentscheidungen offenen Lebensführung gibt und, wenn ja, worin sie bestehen. So sind etwa Kindertagesstätten eine kompensatorische Voraussetzung dafür, dass Frauen ihre Berufstätigkeit mit der Geburt von Kindern nicht mehr aufgeben. Und der Aufbau einer gesetzlichen Pflegeversicherung kompensiert, dass die Pflege der Alten nicht mehr selbstverständlich von den Töchtern oder Schwiegertöchtern erwartet werden kann. An vielen Stellen hat also das staatliche Sozialsystem die Funktion, die Veränderung sozialer Strukturen aufzufangen, die mit der volkswirtschaftlich unverzichtbaren Freiheit moderner Lebensführung einhergehen.

Freilich begrenzen solche Kompensationsstrukturen in mehrfacher Hinsicht zugleich, was sie befördern sollen: die Elastizität und Problemlösungskompetenz moderner Gesellschaften in Reaktion auf unvorhergesehene Herausforderungen. Und obendrein ist die Unterbestimmtheit moderner Lebensführung die Ursache permanenter gesellschaftlicher Irritationen, weil sie dem Einzelnen aufbürdet, was ihm in traditionalen Gesellschaften vorgegeben ist: den Entwurf eines selbstbestimmten Lebens und dessen Anpassung an wechselnde Gegebenheiten.[3] Solange es um persönliche Entscheidungen geht, deren Folgen von dem, der sie getroffen hat, auch individuell getragen werden, entsteht kein politisches Problem. Das ist aber der Fall, sobald es zu gesellschaftlichen Entwicklungen oder politischen Festlegungen kommt, die für persönliche Entscheidungen folgenreich sind. Die westlichen Demokratien haben den Konflikt zwischen dem Festhalten am Alten und der Akzeptanz des Neuen gemäß den Regeln demokratischer Mehrheitsentscheidungen institutionalisiert; dabei stehen konservative und fortschrittliche Parteien miteinander in Konkurrenz. Den nach West- und Nordeuropa gekommenen Flüchtlingen ist dieser Modus der Entscheidungsfindung oft fremd, weil sie an eine traditionell hochgradig festgelegte Lebensführung gewöhnt sind. Daraus erwachsen eine Reihe von Missverständnissen und Konflikten – sowohl zwischen Aufnahmegesellschaft und Migranten als auch in den Reihen der Neuankömmlinge selbst. Nicht wenige sind damit überfordert und ziehen sich darum umso stärker auf die mitgebrachten Traditionen zurück, die sie dann auch gegenüber den Familienangehörigen durchzusetzen versuchen.

Wie man die Offenheit der modernen Gesellschaften beurteilt, ist aber nicht nur ein Problem der Fremden, die in diese Gesellschaften kommen, sondern auch ein Problem der Gesellschaften, die mit den Fremden umgehen. Die in der EU seit dem Sommer 2015 ausgetragenen Kontroversen über den Umgang mit den Flüchtlingen lassen sich nach einem Dreiermodell sortieren: Da sind die mittel- und osteuropäischen Länder, die dem Flüchtlingsstrom skeptisch bis ablehnend gegenüberstehen, weil sie in der Aufnahme von Flüchtlingen eine Gefährdung ihrer traditionalen politischen und religiösen Kultur sehen. Gleichzeitig reden sie sich aus einer gesamteuropäischen Verantwortung heraus, indem sie die Flüchtlinge als ein spezifisch deutsches Problem bezeichnen. In der Entstehung einer postmigrantischen Gesellschaft sehen sie jedenfalls ein Symptom des Niedergangs. Weiterhin sind da die mit dem Anschwellen und der Dauer der Flüchtlingsströme weniger gewordenen westeuropäischen Länder, die Zuwanderung von Fremden als einen Gewinn und eine Stärkung ihrer Weltoffenheit begreifen. Und dann gibt es noch die nur schwerlich einer bestimmten Staatengruppe zurechenbare Vorstellung, wonach offene Gesellschaften diese Offenheit auch verteidigen müssen und dazu einer staatlichen Ummantelung bedürfen, die sie schützt. Aus dieser Perspektive kann der Zustrom von Fremden sehr unterschiedlich wahrgenommen werden: als Stärkung ebenso wie als Gefährdung der Offenheit, weil die Migranten traditionelle Mentalitäten mitbringen, die ihre Anpassung an eine moderne Gesellschaft erschweren. Das kann bis dahin reichen, dass diejenigen, die ins Land kommen, um hier Zuflucht zu finden, als Feinde der modernen Gesellschaft angesehen werden, die den Krieg, vor dem sie angeblich geflohen sind, in die offene Gesellschaft hineintragen, um sie von innen heraus zu zerstören. Es kann umgekehrt aber auch zur vollständigen Ablehnung staatlicher Grenzen führen, weil diese die Menschen in solche mit Rechten und solche ohne Rechte unterteilt, das heißt, jene, die staatlichen Schutz genießen, und jene, die ohne Schutz sind. Dementsprechend verwirrend ist die Debatte über die Flüchtlinge und ihre Integration bislang verlaufen: Für die einen sind sie eine Bedrohung der Sicherheit, für die anderen eine Gefährdung nationaler Identität, für wieder andere eine Stärkung der offenen Gesellschaft.

Wir wollen an diesem Punkt die These vertreten, dass offene Gesellschaft und staatliches Kontrollregime nicht zwangsläufig Antipoden sind, sondern sich komplementär zueinander verhalten können. Komplementarität ist die Grundlage für ein belastbares Arrangement von Elastizität und Stabilität. Historisch jedenfalls ist zu beobachten, dass die Enttraditionalisierung der europäischen Gesellschaften und die Entwicklung staatlicher Kontrollsysteme tendenziell parallele Vorgänge waren. Wo die Selbstverständlichkeiten von Brauch und Gewohnheit schwinden und die soziale Kontrolle der Menschen durch die Gemeinschaft erodiert, muss der Staat durch Recht und Gesetz kompensieren, was die Gesellschaft nicht mehr festlegt und sozial erzwingt, und er kann umgekehrt durch gesetzliche Regelungen bestimmte Bräuche und Gewohnheiten austrocknen, die den Prozess der gesellschaftlichen Modernisierung blockieren. Die angesprochene

Unterbestimmtheit menschlicher Lebensführung ist also auf ein staatliches Kontrollregime, sofern es ein liberales ist, angewiesen. Daraus ergibt sich im Prinzip ein zweistufiger Prozess, in der gesellschaftliche Entwicklung und staatliche Regelungskompetenz aufeinander reagieren und sich im besten Fall wechselseitig ausbalancieren. Der Vorteil dieser Zweistufigkeit besteht darin, dass zunächst die Auswirkungen unterbestimmter Lebensentwürfe beobachtet werden können, bevor durch Gesetze gewisse Leitplanken errichtet werden. Und gleichzeitig kann durch die Aufhebung gesetzlicher Regelungen zusätzliche Offenheit hergestellt werden. Während Gewohnheiten, wie die französischen Annales-Historiker festgestellt haben, «die Gefängnisse der langen Dauer» sind, können Reformen der gesetzlichen Bestimmungen relativ schnell Verhaltensänderungen bewirken, die wiederum zu grundlegenden Mentalitätsveränderungen führen.

Für die Entwicklung seit Ende des 19. Jahrhunderts gilt: Je zuverlässiger ein Staat seine Außengrenzen kontrollierte, desto weniger musste er darauf achten, dass die kommunalen Amtsträger in seinem Innern die Abmeldung von Fremden in einem Ort und deren Anmeldung am angegebenen Zielort registrierten – und nachverfolgten, ob die an einem Ort gemachten Angaben an einem anderen Ort auch tatsächlich eingehalten wurden. Die Verstaatlichung des Kontrollsystems ermöglichte es den Städten und Kommunen, sich ganz auf ihren jeweiligen Raum zu konzentrieren und alles andere dem Staat zu überlassen. So wurden die von den lokalen Behörden ausgefertigten Passierscheine für die Reise zum Zielort durch vom Staat ausgestellte Pässe ersetzt, die das ungehinderte Reisen innerhalb eines Landes ermöglichten. Diese Identitätspapiere enthoben die sozialen Verbände zunehmend der Aufgabe, selbst ein wachsames Auge auf an- und abreisende

Fremde zu haben, deren Bewegung im Landesinnern ebenfalls vom Staat stichprobenartig kontrolliert wurde. Im Ergebnis verschaffte der Staat den Fremden damit innerhalb des Landes deutlich größere Bewegungsspielräume, als sie dies unter dem kommunalen Kontrollregime gehabt hatten. Aber gleichzeitig erschwerte er den unkontrollierten und unreglementierten Zugang von Fremden zum eigenen Territorium.

Die Ausstellung eines Passes wurde zum Zeichen der nationalen Souveränität, und mit den Identitätspapieren kam es überhaupt erst zu einer definitiven Trennung von Inländern und Ausländern.[4] Vor Einführung der staatlichen Identitätspapiere war jedermann schon im nächsten Marktflecken fremd; diese Grenzziehungen waren willkürlich und behinderten die wirtschaftliche Entwicklung. Gleichzeitig war das neue, auf die Außengrenzen ausgerichtete Kontrollsystem die Voraussetzung dafür, dass das Projekt, den nationalen Arbeitsmarkt zu schützen, überhaupt in Gang gesetzt werden konnte:[5] Erst die Trennung von Inländern und Ausländern ermöglichte es, die Inländer beim Zugang zu Arbeitsmöglichkeiten zu privilegieren. Dies bewahrte nicht nur vor der Konkurrenz billiger Arbeitskräfte aus dem Ausland, sondern war zugleich eine wichtige Voraussetzung für den Aufbau des Sozialstaats: Die Gemeinschaft derer, die in die Sozialsysteme einzahlten, musste mit der Gemeinschaft derer, die Ansprüche gegenüber den Sozialsystemen hatten, zur Deckung gebracht werden, und das wäre bei einer unkontrollierten Fluktuation ausländischer Arbeitskräfte kaum möglich gewesen. Das hätte Fremdenfeindlichkeit eigentlich eindämmen sollen. Dennoch flammten bei nahezu jeder größeren Wirtschaftskrise im Europa des 20. Jahrhunderts fremdenfeindliche Grundeinstellungen auf, gerade in der Arbeiterschaft.[6]

Die Ablösung der kommunalen beziehungsweise städtischen Fremdenaufsicht durch die des Staates fiel zeitlich zusammen mit der Ablösung der kommunalen beziehungsweise städtischen Armenfürsorge durch ein nationales Sozialversicherungssystem. Hatte im Spätmittelalter die Armenfürsorge noch bei der Kirche und kirchlichen Stiftungen gelegen, so war sie seit dem 16. Jahrhundert nicht zuletzt unter dem Einfluss der Reformation auf die Stadtgemeinden übergegangen.[7] Damit änderte sich auch die Einstellung gegenüber den Armen und Bedürftigen: Galten sie in der mittelalterlichen Welt als bemitleidenswerte Kreaturen, denen man sich in Barmherzigkeit zuwandte, um ihr hartes Los erträglich zu machen und dabei auch etwas für das eigene Seelenheil zu tun, «nahm die Frühe Neuzeit Armut primär als Störung der öffentlichen Ordnung wahr».[8] Das hatte zur Folge, dass man gegen ortsfremde Bettler vorging und sie nach Möglichkeit aus dem eigenen Territorium vertrieb.[9]

Das alles war bis ins 19. Jahrhundert hinein im Wesentlichen ein Problem der Armen; es änderte sich, als mit dem Beginn der Industrialisierung die Städte auf einen sehr viel stärkeren Zuzug von Arbeitskräften angewiesen waren, dieser aber stockte, weil viele Paupers auf dem Lande oder in Kleinstädten ihre dortigen Versorgungsansprüche, mochten sie auch noch so bescheiden sein, nicht aufgeben wollten, was sie zwangsläufig tun mussten, wenn sie in eine der entstehenden Industriestädte überwechselten. Die Dynamik, die der Arbeitsmarkt mit Beginn der Industrialisierung gewonnen hatte, sprengte schließlich die Bindung von Sozialhilfe an die Herkunftsgemeinde auf und führte zu einem nationalstaatlichen Sozialsystem, das den veränderten Ansprüchen genügte. Die Nationalisierung des Arbeitsmarkts – im Sinne einer Begrenzung des Zuzugs von «Ausländern» – und die Nationalisierung der Sozialsysteme – im Sinne einer Aufhebung innerstaatlicher Mobilitätsbegrenzungen – gingen also Hand in Hand. Sie wirkten zusammen bei der Formierung einer Nationalökonomie, die lange Zeit für eine Deckungsgleichheit der politischen und wirtschaftlichen Grenzen sorgte. Das verlieh der Grenze für die Bewahrung der Ordnung eine Bedeutung, die sie zuvor nicht gehabt hatte.

In dem Maße, in dem die mit den Dokumenten hergestellte symbolische Identität einer Person gegenüber der realen Person an Gewicht gewann, entstand indes auch ein Fälscherwesen, das sich auf Identitätspapiere konzentrierte; mit diesen waren gute Geschäfte zu machen, weil Pässe im Unterschied zu den räumlich und zeitlich begrenzten Passierscheinen über einen längeren Zeitraum für das gesamte Staatsgebiet Gültigkeit besaßen. Der Kauf von gefälschten Pässen lohnte sich somit, aber auch die Aufdeckung des Fälscherwesens, die zu einer wichtigen Tätigkeit der staatlichen Behörden avancierte.[10] Zweifellos spielte dabei der Versuch eine Rolle, die von den Migranten verursachten Kosten zu begrenzen, zunehmend aber auch die Befürchtung, umtriebige Exilanten könnten den öffentlichen Frieden stören oder durch ihre Aktivitäten das Aufnahmeland in eine politisch schwierige Situation bringen. All das führte dazu, dass die Staaten auf ihrem Gebiet befindliche Fremde einem Überwachungs- und Kontrollregime unterwarfen – auch weil sie befürchteten, dass sich unter ihnen Spione oder Aufrührer befänden, die dem Land Schaden zufügen könnten. Im Staatsapparat breitete sich so die Vorstellung aus, dass Exilanten und Einwanderer ein Sicherheitsrisiko darstellten.[11] Schließlich sorgte man sich, die unkontrollierte Fluktuation von Migranten könne eine Fülle gesundheitlicher Risiken bergen, denen der Staat vorzubeugen habe: Die Migranten, so die Annahme, würden Krankheiten mit sich bringen, die im Ankunftsland zu Seuchen und Epidemien führen könnten. Dem hatte der Staat mit Barrieren und Quarantänen Einhalt zu gebieten.

Das war etwa im Zusammenhang mit dem polnischen Aufstand von 1830 gegen die russische Herrschaft der Fall, als unter den polnischen Aufständischen, den russischen Truppen und der preußischen Observationsarmee die Cholera ausbrach und sich, nicht zuletzt von Kriegsflüchtlingen übertragen, in ganz Europa ausbreitete. Zur Abwehr der Cholera richtete das preußische Militär einen *Cordon sanitaire* ein, der das weitere Vordringen des Bakteriums nach Westen stoppen sollte und deswegen von niemandem passiert werden durfte. Christoph Wilhelm Hufeland, der Doyen der preußischen Ärzteschaft, erklärte im September 1831, Preußen sei bei der Seuchenabwehr «die Vormauer zum Schutze Teutschlands und des westlichen Europas».[12] Auch wenn die Quarantänegrenzen des preußischen Militärs die Ausbreitung des Bakteriums damals nicht stoppen konnten – eines der bekanntesten Opfer war der Berliner Philosoph Georg Wilhelm Friedrich Hegel –, herrscht doch bis heute die Idee vor, die Beschränkung der Bewegungsfreiheit sei das geeignetste Mittel, die schnelle Ausbreitung von Seuchen zu verhindern.

Von solchen Bewegungsbeschränkungen sind Flüchtlinge besonders betroffen, denn die Kriegsgebiete, aus denen sie fliehen, sind meist auch die Räume, in denen Seuchen und Epidemien ausbrechen und schnell um sich greifen. Dabei werden immer wieder bestimmte Einwanderer- oder Durchwanderergruppen unter Generalverdacht gestellt. Als 1892 unter den zur Einschiffung in Hamburg versammelten osteuropäischen Amerikaauswanderern eine Choleraepidemie ausbrach – nicht zuletzt infolge der miserablen sanitären Verhältnisse –, «wurden russische und russisch-jüdische Migranten beschuldigt, die Krankheit eingeschleppt zu haben.

Die Reichsregierung schloss daraufhin die Grenze im Osten, aber die Reedereien, die auf die Einnahmen des Auswanderungsgeschäfts angewiesen waren, intervenierten energisch gegen diese Grenzschließung. Die Regierung gab nach, doch die Transitauswanderer mussten an den Übergängen der deutsch-russischen Grenze von der Sache her wohl sinnvolle, in der Form aber entwürdigende Kontrollen durchlaufen: Vollständig entkleidet mussten sie eine Desinfektion von Person, Kleidung und Gepäck über sich ergehen lassen.»[13]

Die Vorgänge von 1892 sind deshalb lehrreich, weil in ihnen die beiden entgegengesetzten Ordnungsprinzipien der modernen Welt, das Bahnen von Strömen und das Ziehen von Grenzen, zusammentrafen, und es zeigte sich dabei, dass die hygienischen Imperative der Grenzschließung nicht mehr gegen die wirtschaftlichen Imperative der Strömungsermöglichung ankamen.[14] Die beschriebenen Desinfektionsschleusen waren ein Kompromiss zwischen Grenze und Strom, Bewegungsverhinderung und Bewegungsermöglichung in einem. Der Staat errichtete Stationen, an denen nicht nur Identitätspapiere kontrolliert oder ausgestellt wurden, sondern auch der Körper der Ein- oder Durchwanderer einer umfassenden Reinigung unterzogen wurde. Nur Desinfizierte durften passieren. Die Vogelgrippe in Ostasien und das Ebolavirus in Westafrika haben in unseren Tagen ähnliche Maßnahmen mit sich gebracht, die vielleicht mit mehr Sensibilität, aber nach denselben Grundsätzen durchgeführt worden sind. Die größere Sensibilität dürfte freilich in beiden Fällen damit zu tun haben, dass es sich bei den Desinfizierten um Geschäftsreisende und Landsleute, nicht aber um Flüchtlinge handelte.

Das Kontroll- und Regulationssystem des Staates richtete sich neben der Seuchenbekämpfung und der Abwehr von Spionen vor allem an den Erfordernissen des Arbeitsmarkts aus, und weil diese sich mit den konjunkturellen Wirtschaftszyklen ständig veränderten, waren die Behörden bestrebt, Aufenthaltserlaubnis und Arbeitsvertrag miteinander zu verkoppeln. Solange die im Ausland angeworbenen Arbeitskräfte in einem Beschäftigungsverhältnis standen, galt auch ihre Aufenthaltserlaubnis, aber sie endete, sobald das Beschäftigungsverhältnis auslief oder gekündigt wurde. Nach diesem System warb die Bundesrepublik Deutschland seit den späten 1950er Jahren «Gastarbeiter» in Südeuropa an, zunächst in Italien, später auch in Spanien und Jugoslawien, schließlich überwiegend in der Türkei, um sie als flexible Arbeitskräfte in der industriellen Produktion einzusetzen. Der Migrationsforscher Jochen Oltmer spricht von einem System, das «eine so weitreichende Kontrolle über Umfang und Zusammensetzung der Migration» ermöglicht habe, «wie es sie im ‹langen› 19. Jahrhundert nie gegeben hatte».[15]

Man kann das in normativer Hinsicht auf der Negativseite der gesellschaftlichen Entwicklung verbuchen und es der Expansion des Kontrollstaates zurechnen, aber man kann ebenso gut geltend machen, dass es im 19. Jahrhundert eines solchen staatlichen Regulationssystems nicht bedurft hat: Infolge fehlender Sozialleistungen kehrten die ausländischen Arbeitskräfte bei einer Unterbeschäftigungskrise ohne jedes administrative Eingreifen des Staates von selbst wieder in ihre Herkunftsländer zurück. Erst durch die Entstehung des Sozialstaates, also die staatliche Selbstverpflichtung, Hilfszahlungen im Falle längerer Arbeitslosigkeit zu leisten, ist das Wirken der Marktkräfte eingedämmt worden; die ausländischen Gastarbeiter sollten von dieser den Inländern zugutekommenden Absicherung der Lebensbedingungen ausgeschlossen werden, indem man Aufenthaltsgenehmigung und Beschäftigungsverhältnis miteinander verknüpfte. Das

Kontrollregime des Staates sollte dafür sorgen, dass die Stabilisierung der sozialen Verhältnisse nur den Inländern vorbehalten blieb, also denen, die qua Stimmrecht bei den Wahlen Einfluss auf die politische Machtverteilung hatten.

In Kombination mit dem Anwerbestopp für ausländische Arbeitskräfte und dem Fehlen eines Einwanderungsgesetzes führte diese Regelung jedoch dazu, dass der Anteil der illegal im Land befindlichen potenziellen Arbeitskräfte anwuchs; aufgrund ihrer prekären Situation waren sie bereit, jedes beliebige Beschäftigungsverhältnis einzugehen, das heißt, die Rolle von Lohndrückern zu spielen. Diese Illegalen tauchen in den sozialen Brennpunkten an der Peripherie der Großstädte unter, arbeiten für einen niedrigen Tageslohn, ohne in die Sozialsysteme eingebunden zu sein, und leben ohne jede Chance auf Teilhabe an den öffentlichen Gütern.[16] Durch die Schwarzarbeit gingen (und gehen) dem Staat Steuereinnahmen und den Sozialversicherungen Beitragszahlungen in beträchtlichem Umfang verloren, sodass sich dieses System auf Dauer als kontraproduktiv erwiesen hat. Und schließlich kollidiert ein solches System, das neben dem regulären einen irregulären Arbeitsmarkt hervorbringt, auch mit den ethischen Ansprüchen der Gesellschaft und den rechtlichen Selbstbindungen des Staates. Es wurde darum mit der Zeit immer stärker aufgeweicht, indem der Arbeitskräftebedarf der Industrie mit «Gastarbeitern» gedeckt wurde. Infolgedessen stieg der Anteil ausländischer Staatsangehöriger in der Bundesrepublik von 690 000 im Jahr 1961 auf 4,1 Millionen im Jahr 1974. Um das Jahr 1980 lag der Anteil von Ausländern unter den abhängig Beschäftigten in Deutschland dann bei zehn Prozent.[17]

Mit der Entwicklung des staatlichen Kontroll- und Regulationssystems wird auch die Unterscheidung zwischen Arbeitsmigranten und im weiteren Sinn politischen Flüchtlingen, die es der Sache nach immer gegeben hat, zu einer verwaltungstechnisch handhabbaren Differenz. In der Zeit davor wurde ein politischer Flüchtling, wenn er kein Vermögen hatte, auf das er zugreifen konnte, oder er nicht von Solidarverbänden, die mit seinen Zielen sympathisierten, unterstützt wurde, fast zwangsläufig zum Arbeitsmigranten. Aber das waren Entwicklungen, die staatlich nicht reguliert wurden. Das staatliche Kontroll- und Regulationssystem hingegen legte den Status eines Migrierenden fest, um ihm auf dieser Grundlage gewisse Rechte zuzubilligen und auch eine Reihe von Pflichten aufzuerlegen, vor allem aber, um zu entscheiden, ob er überhaupt ins Land hereingelassen oder abgewiesen wurde. Die juristische Sortiermaschine des Staates folgte bei der Grundunterscheidung zwischen Arbeitsmigranten und politischen Flüchtlingen zwei voneinander getrennten Imperativen: Der Umgang mit Arbeitsmigranten richtete sich nach den Erfordernissen des eigenen Arbeitsmarkts und schwankte deswegen mit der Konjunktur zwischen Öffnung und Abschottung. Bei den politischen Flüchtlingen dagegen waren die Gründe für ihre Flucht und die politischen Präferenzen und Sympathien des Aufnahmelandes ausschlaggebend: Flüchtlinge, die aus einem feindlichen Land kamen oder flohen, weil sie mit einem Regime in Konflikt geraten waren, das dem des Aufnahmelandes entgegengesetzt war, hatten eine sehr viel bessere Aufnahmechance als Flüchtlinge, bei denen das nicht der Fall war. Bei den Arbeitsmigranten waren die Konstellationen im Innern des aufnehmenden Landes entscheidend, bei den politischen Flüchtlingen die des Landes, aus dem sie flohen.

Die Bundesrepublik Deutschland hat nach dem Anwerbestopp für Arbeitskräfte kein Einwanderungssystem geschaffen, das, den Erfordernissen des deutschen Arbeitsmarkts entsprechend, Arbeitsmigration reguliert; daher entwickelte sich ein großer Druck auf das eigentlich politischen Flüchtlingen vorbehaltene Asylsystem, das bei anhaltenden Kriegen regelmäßig überfordert war. Das war so bei den jugoslawischen Zerfallskriegen und ist angesichts des Bürgerkriegs in Syrien jetzt erneut der Fall. Man konnte unter diesen Umständen das Asylsystem als Schleuse zum deutschen Arbeitsmarkt nutzen, konnte aber auch die Asylgesetzgebung verschärfen und dadurch den dauerhaften Zuzug von politischen Flüchtlingen, unter denen vermutlich zahlreiche Arbeitsmigranten waren, begrenzen oder zumindest zu begrenzen versuchen. Auf diese Weise entstanden Grauzonen, mit denen das juristische Regulationssystem des Staates überfordert war: einerseits, weil man nur einen Teil der abgelehnten Asylbewerber abschieben konnte oder wollte; andererseits, weil humanitäre Hilfsorganisationen die Praxis des juristischen Sortierens als inhuman und in Widerspruch zu den Wertbindungen unserer Gesellschaft skandalisierten. So entstand mit dem «abgelehnten, aber geduldeten Asylbewerber» eine Zwischenfigur, die sich mit der Zeit als das Schreckgespenst der gesellschaftlichen Integration von Migranten und Flüchtlingen herausstellte.

Das Problem der Illegalität von Arbeitsmigranten war mit einer verschärften Asylgesetzgebung nicht beseitigt: weil es illegale Grenzübertritte gibt, weil Menschen mit einem Touristenvisum einreisen, aber dann im Land bleiben, um Arbeit zu suchen, und so weiter. Zurzeit wird die Zahl der sich illegal in der EU aufhaltenden Migranten auf fünf bis zehn Millionen Menschen geschätzt.[18] Das staatliche Kontrollsystem ist also begrenzt, auch weil seine Erweiterung und Intensivierung erhebliche Kosten verursachen und keinen größeren Nutzen bringen würde. Man kann davon ausgehen, dass dabei nicht

Nachlässigkeit oder Weichherzigkeit eine Rolle spielen, wie das von konservativen und rechten Politikern gern behauptet wird, sondern dass der Staat dem folgt, was in der ökonomischen Theorie Eugen von Böhm-Bawerks als «Grenznutzen» bezeichnet wird: Bei jedem Mehr an Kontrolle würden die Kosten den Nutzen übersteigen. Zahlreiche der Illegalen halten sich in großfamiliären Strukturen auf, verdienen mit Gelegenheitsarbeiten etwas Geld und leben auf diese Weise mehr schlecht als recht. Eine relativ große Anzahl von ihnen ist in der südeuropäischen Landwirtschaft als Saisonarbeiter beschäftigt, wo sie einem brutalen Ausbeutungsregime ausgeliefert sind und eine willkürliche, zumeist unregelmäßige Bezahlung erhalten. Ein anderer Teil ist die stille «Reservearmee» der Kriminellenszene, in die sie in der Regel über die unterste Ebene der Drogenszene einsteigen. Die Illegalen unter den Flüchtlingen, also diejenigen, die weder einen Asylantrag gestellt haben noch sich anderweitig haben registrieren lassen, sind dementsprechend am schlechtesten in die Gesellschaft des Landes integriert, in dem sie sich aufhalten: Da sie jeden Tag mit Verhaftung und Abschiebung rechnen müssen, bemühen sie sich auch nicht um Spracherwerb und kulturelle Kompetenzen; öffentliche Angebote dazu können sie aufgrund ihrer Illegalität ohnehin nicht wahrnehmen. Sie sitzen in einer Falle fest, die aus dem Zusammenspiel von offener Gesellschaft und staatlichem Kontrollsystem entstanden ist.

Bei der Abschiebungspraxis hat sich der demokratische Rechtsstaat Selbstbindungen auferlegt, nach denen nicht in Länder abgeschoben werden darf, wo die illegalen Arbeitsmigranten oder abgelehnten Asylbewerber mit Verfolgung rechnen müssen;[19] dazu gehören inzwischen tendenziell alle Formen gesellschaftlicher Ächtung und staatlicher Repression. Ausgenommen sind die Fälle, bei denen die betreffenden

Personen wegen Straftaten verfolgt werden, die auch in den europäischen Rechtsstaaten als strafwürdig gelten und bei deren Ahndung ihnen weder Folter noch Todesstrafe drohen. Die Möglichkeit abzuschieben ist also stark begrenzt, und das wiederum hatte zur Folge, dass es in Deutschland Ende 2014 etwa eine halbe Million abgelehnte, aber geduldete Asylbewerber gab.[20] Nach den Illegalen sind diese abgelehnten, aber geduldeten Asylbewerber der zweite kaum zu bewältigende Problemfall der Integration: Aus Gründen der Wirtschaftlichkeit werden ihnen keine Sprach- und Integrationskurse angeboten; dies lohnt sich angeblich nicht, weil sie ja ohnehin nicht bleiben dürfen, und sie selbst bemühen sich auch nicht darum, da sie dies unter den gegebenen Bedingungen nicht als eine Investition in ihre Zukunft ansehen. So werden sie zum Kern einer Parallelgesellschaft, in der Ausschluss und Selbstausschluss zusammenkommen. Wer eine erfolgversprechende Integrationspolitik betreiben will, muss dieses Problem angehen und lösen.

Dafür stehen zwei Wege offen, die freilich auf unterschiedliche Weise mit den Grundsätzen des Rechtsstaates kollidieren: Der erste läuft auf die Anerkennung der Abgelehnten und Geduldeten als Asylanten mit Bleibeperspektive hinaus, während der zweite in eine rigide Abschiebepraxis mündet, um auf diese Weise die Zahl der abgelehnten, aber geduldeten Asylanten zu reduzieren. Der erste Weg ist eine Herausforderung für den Rechtsstaat, weil er dessen Struktur durch einen weitreichenden, keineswegs auf Einzelfälle beschränkten «Gnadenakt» aufhebt und damit Rechtssicherheit in Frage stellt: Was einmal stattgefunden hat, lässt sich wiederholen, und das hat zur Folge, dass das aufwendige Asylverfahren zur Farce wird, wenn diejenigen, die abgelehnt wurden, aber nicht abgeschoben werden konnten, nach einiger Zeit de facto den Status von anerkannten Asylbewerbern erhalten. Politisch spricht gegen diese Lösung, dass sie wie ein Sogeffekt für weitere Zuwanderung wirkt.

Auch der zweite Weg stellt eine Herausforderung für den Rechtsstaat dar, weil er nur um den Preis begehbar ist, die von der Genfer Flüchtlingskonvention vorgegebenen Regelungen unendlich zu dehnen oder partiell außer Kraft zu setzen. Außerdem gibt es bei diesem Verfahren das Problem, dass viele Flüchtlinge ihre Abschiebung unmöglich zu machen versuchen, indem sie vor oder während der Einreise ihre Identitätspapiere vernichten, sodass kein Herkunftsland auszumachen ist, in das sie abgeschoben werden können beziehungsweise das in die Pflicht genommen werden kann, sie wieder aufzunehmen.[21] Dann dürfe man eben, so die Forderung einiger, niemanden mehr ohne gültige Identitätspapiere ins Land lassen – was jedoch ein klarer Verstoß gegen die Bestimmungen der Genfer Flüchtlingskonvention wäre. So bleibt als Alternative nur ein «Rückschieben» der Flüchtlinge ohne Papiere in das Land, wo sie erstmals das Gebiet der EU beziehungsweise den Schengenraum betreten haben, was bei den auf der Balkanroute nach Deutschland Kommenden Griechenland ist. Eine Rückschiebung nach Griechenland ist aber durch ein Urteil des Europäischen Gerichtshofs wegen der menschenunwürdigen Zustände in den dortigen Lagern verboten.[22] So ist eine Staatspraxis entstanden, die zwischen einer Politik der helfenden Hand und einer Politik der Abschiebehaft hin- und herschwankt.

Eine Möglichkeit, auf diese schwierige Konstellation zu reagieren, ist die Rechtsfigur des «sicheren Herkunftsstaates», durch die eine Entscheidung im Asylverfahren beschleunigt und eine schnelle Abschiebung der betreffenden Personen erleichtert werden soll. Einschlägig ist hier der Artikel 16a im Grundgesetz, der sogenannte Asylrechtsartikel, dessen erster Absatz lautet: «Politisch Verfolgte genießen Asylrecht.» Dieses Recht wird im zweiten Absatz freilich eingeschränkt: «Auf Absatz 1 kann sich nicht berufen, wer aus einem Mitgliedsstaat der Europäischen Gemeinschaft oder aus einem anderen Drittstaat einreist, in dem die Anwendung des Abkommens über die Rechtsstellung der Flüchtlinge und der Konvention zum Schutze der Menschenrechte und Grundfreiheiten sichergestellt ist.» Wer aber entscheidet, ob dies auf ein bestimmtes Herkunftsland zutrifft? In Absatz 3 ist demgemäß festgehalten, dass dies durch ein vom Bundestag beschlossenes, der Zustimmung des Bundesrats bedürftiges Gesetz festgelegt wird. Als «sichere Herkunftsländer» werden Staaten beschrieben, «bei denen auf Grund der Rechtslage, der Rechtsanwendung und der allgemeinen politischen Verhältnisse gewährleistet erscheint, dass dort weder politische Verfolgung noch unmenschliche oder erniedrigende Bestrafung oder Behandlung stattfindet». Doch auch die Einstufung eines Drittstaates als «sicheres Herkunftsland» ermöglicht keine automatische Abschiebung, sondern lässt dem Betroffenen die Möglichkeit, in einem Verfahren Tatsachen vorzutragen, die die Annahme seiner politischen Verfolgung im Herkunftsland begründen. Der Abschiebung, einer notfalls mit Gewalt vollzogenen Maßnahme, die für die Öffentlichkeit unsichtbar bleiben soll und deswegen nachts oder in den frühen Morgenstunden vollzogen wird,[23] sind also rechtlich enge Grenzen gesetzt.

Eine alternative Strategie zu der mit hohen Rechtsschranken umstellten Abschiebungspraxis setzt bei den Lebensbedingungen der Asylbewerber in Deutschland an: Durch deren systematische Verschlechterung soll die Einreise nach Deutschland unattraktiv gemacht werden. Dabei wird angenommen, eine Reihe von Antragstellern würde in dem sicheren Wissen einreisen, dass ihr Asylantrag keine Aussicht auf Anerkennung habe, sie in der Zwischenzeit aber in Deutschland Sozialleistungen beziehen könnten, die höher sind als der Arbeitslohn, den sie in ihren Herkunftsländern erhalten. Vor allem Antragstellern aus dem Westbalkan wurde im Sommer und Herbst 2015 diese Strategie unterstellt. Um sie zu durchkreuzen, wurde eine Umstellung von Geld- auf Sachleistungen ins Spiel gebracht beziehungsweise eine deutliche Kürzung der Geldzahlungen vorgeschlagen. Aber auch hier stoßen die entsprechenden Vorschläge schnell an die Grenzen der rechtlichen Selbstbindung Deutschlands. In einem Urteil vom 25. Juli 2012 hat das Bundesverfassungsgericht festgestellt: «Migrationspolitische Erwägungen, die Leistungen an Asylbewerber und Flüchtlinge niedrig zu halten, um Anreize für Wanderungsbewegungen durch ein im internationalen Vergleich eventuell hohes Leistungsniveau zu vermeiden, können von vornherein kein Absenken des Leistungsstandards unter das physische und soziokulturelle Existenzminimum rechtfertigen.» Und das Gericht hat dem, um jedem politischen Missverständnis vorzubeugen, in aller Deutlichkeit hinzugefügt: «Die in Art. 1 Abs. 1 garantierte Menschenwürde ist migrationspolitisch nicht zu relativieren.»

Damit ist eine politische Steuerung von Migrationsbewegungen durch das Vermeiden wohlfahrtsstaatlicher Anreize nur begrenzt möglich. Man kann darin, mit gutem Grund, eine Absicherung der Rechtsordnung sehen; es soll verhindert werden, dass die Politik populistischen Forderungen nachgibt. Solche Forderungen treten zumeist im Gewand des «Volkswillens» auf und versuchen sich so eine demokratische Legitimation zu verschaffen.[24] Folgt man den Demoskopen, so ist nicht auszuschließen, dass es für einige dieser Forderungen tatsächlich eine Mehrheit in der Bevölkerung gibt. Wer daraus aber Legitimation, wenn nicht gar den Zwang zu einer entsprechenden Politik ableitet, übersieht den Kompositcharakter des demokratischen Rechtsstaats: Dieser ist sowohl dem Demokratie- als auch dem Rechtsprinzip verpflichtet, und der Ausgleich zwischen beidem findet dadurch statt, dass der Volkswille von Recht und Gesetz begrenzt ist. Gesetze können nur durch ein formal anspruchsvolles und dementsprechend zeitaufwendiges Verfahren geändert werden. Kurz: Es ist nicht alles rechtsfähig, was die Mehrheit des Volkes will. Auf diese Weise ist die Offenheit der Gesellschaft zumindest zeitweise gegen einen zuwiderlaufenden Mehrheitswillen des Volkes geschützt. Der Schutzwall des Rechts ist in Deutschland aufgrund der geschichtlichen Erfahrungen mit dem Nationalsozialismus um einiges höher als in den meisten anderen Ländern der EU. Die Rechtsordnung, so lässt sich zusammenfassen, ist das Palladium der gesellschaftlichen Offenheit auch und gerade dann, wenn eine Mehrheit der Stimmbürger darauf aus ist, die offene in eine geschlossene Gesellschaft zu verwandeln. Dementsprechend ist diese Rechtsordnung darauf verpflichtet, dass der Kontrollapparat des Staates ein Instrument bleibt, das Offenheit bewahrt und Schließungsbestrebungen abwehrt.

Was wir hier beobachten, ist das von dem amerikanischen Migrationswissenschaftler James F. Hollifield so bezeichnete «liberale Paradox»: «Die ökonomische Logik des Liberalismus verlangt Offenheit, die politische und rechtliche Logik verlangen eher Abschottung.»[25] Die Folge ist, dass es den europäischen Staaten seit den 1970er Jahren nicht gelungen ist, die Zuwanderung unter Kontrolle zu bringen und wirksame Regulationssysteme aufzubauen: Sind diese zu rigide, steigt die Zahl der Illegalen, und es mehren sich die unerwünschten Effekte für die Steuer- und Sozialsysteme; sind die Zugangsschranken hingegen eher niedrig, kommen in großer Zahl Personen ins Land, die auf dem Arbeitsmarkt keine Chance haben und von denen einige infolgedessen zunächst in die Kriminellenszene abrutschen, um sich nach einiger Zeit womöglich in Dschihadisten zu verwandeln, die eine Bedrohung für die innere Sicherheit darstellen. Diese Erfahrung haben zuletzt Frankreich und insbesondere Belgien gemacht.

Die doppelte Verwundbarkeit des Sozialstaats

Angesichts des Elends der syrischen Bürgerkriegsflüchtlinge und der Risiken, die die nach Europa kommenden Flüchtlinge auf sich nehmen, ist in der Debatte über den Umgang mit den Flüchtlingsströmen immer wieder geltend gemacht worden, ein so reicher Kontinent mit etwa fünfhundert Millionen Menschen in der EU müsse in der Lage sein, die Zuwanderung von etwa einer Million Menschen pro Jahr zu verkraften – zumal dann, wenn man bedenke, dass die syrischen Nachbarländer Türkei, Jordanien und der Libanon viel ärmer seien als die meisten EU-Länder und doch in Relation erheblich mehr Flüchtlinge aus Syrien aufgenommen hätten als alle EU-Länder zusammen. Das ist unbestreitbar richtig. Wie lässt sich das Überlastungsempfinden der Europäer im Vergleich zu den Ländern des Nahen Ostens erklären?

Zunächst ist da die ungleiche Verteilung der Flüchtlinge in Europa: Schweden, Österreich und Deutschland haben im Jahr 2015 den Großteil aufgenommen, während die Aufnahmebereitschaft der anderen EU-Länder nicht der Rede wert war.[26] Die Referenzgröße «Europa» ist darum nicht mit fünfhundert, sondern eher mit hundert Millionen Einwohnern anzusetzen. Als Zweites spielt das Problem soziokultureller Fremdheit eine Rolle, die sich in den muslimisch geprägten Nachbarstaaten Syriens weniger bemerkbar macht als in Europa. Und schließlich ist bei einer Unterbringung der Flüchtlinge in der unmittelbaren Nähe des Bürgerkriegsgebiets die Annahme plausibler, nach dem Ende des Bürgerkriegs würden die Menschen wieder in ihre angestammte Heimat zurückkehren; dementsprechend werden die in die Türkei geflohenen Syrer dort in der offiziellen Sprache als «Gäste» bezeichnet. Diese Annahme hat bei einer Flucht nach Schweden, Österreich oder Deutschland erheblich geringere Plausibilität, was wiederum heißt, dass man sich hier auf ein dauerhaftes Bleiben der Menschen einstellen muss. Daraus resultiert dann die Frage, in welcher Weise dies das Land verändern wird und welche Anstrengungen erforderlich sind, um die Neuankömmlinge erfolgreich zu integrieren. Das relative Gewicht eines Flüchtlings aus Syrien, dem Irak oder Afghanistan ist infolgedessen in Europa um einiges größer als in den unmittelbaren Nachbarländern der Bürgerkriegsgebiete. Das relativiert die Rhetorik der moralischen Beschämung, wie sie durch die Gegenüberstellung der in die EU gekommenen mit den in der Region verbliebenen Flüchtlingen bezweckt ist.

Es kommt indes noch ein weiterer Aspekt hinzu, dem eine mindestens ebenso große Bedeutung beizumessen ist wie den bereits genannten, und das ist die Unelastizität einer Industrie- und Dienstleistungsgesellschaft im Vergleich zu einem Land, in dem noch ausgeprägt bäuerliche Strukturen vorhanden sind. Dieser Aspekt ist nicht nur relevant für den Vergleich Europa/Vorderer Orient, sondern auch für den zwischen dem wohlhabenden Deutschland heute und dem zerbombten Deutschland der unmittelbaren Nachkriegszeit, als sich zehn bis zwölf Millionen ehemalige Zwangsarbeiter («Displaced Persons») sowie etwa zehn Millionen aus den von Flächenbombardements zerstörten Städten Geflohene in den alliierten Besatzungszonen aufhielten, zu denen dann noch vierzehn Millionen aus ihren ehemaligen Heimatgebieten Vertriebene hinzukamen.[27] Auch dieser Vergleich ist in jüngster Zeit immer wieder angestellt worden, sei es als Ermunterung, dass die neue Herausforderung zu schaffen sei, weil auch die alte gemeistert wurde, sei es, um jene zu beschämen, die allzu schnell von den «Grenzen der Belastbarkeit» sprachen. Dabei ist allerdings zu bedenken, dass nach dem Zweiten Weltkrieg Zwangseinquartierungen in Wohnungen stattfanden, um die Geflüchteten unterzubringen – eine Maßnahme, die unter den heutigen Bedingungen mit Sicherheit nicht durchzusetzen wäre.

Tatsächlich können überraschend auftauchende Menschenmengen in einer agrarischen Gesellschaft zunächst besser untergebracht werden als in einer Industrie- und Dienstleistungsgesellschaft: Erstens können in den Wirtschaftsgebäuden von Bauernhöfen ohne große Vorbereitung und auf längere Zeit Menschen einquartiert werden, während in einer postagrarischen Gesellschaft Turnhallen und leerstehende Gebäude erst für die Unterbringung von Flüchtlingen hergerichtet werden müssen, was einen sichtbaren Eingriff in die normale Lebensführung bedeutet. Zweitens bieten agrarische Gesellschaften und frühe Industriegesellschaften Arbeitsplätze für geringqualifizierte Einwanderer, während spätindustrielle Gesellschaften und Dienstleistungsgesellschaften qualifizierte bis hochqualifizierte Arbeitskräfte benötigen. Geringqualifizierte Arbeitskräfte werden am ehesten noch für «haushaltsnahe Dienstleistungen» gebraucht, aber dafür, dass sie dort Beschäftigung finden, müssen steuerliche

Absetzbarkeitsregelungen geschaffen werden. In Deutschland gibt es derzeit den günstigen Umstand, dass eine Reihe erst vor kurzem aufgegebener Kasernen mit Flüchtlingen belegt werden können. Aber auch diese müssen erst für den entsprechenden Wohnbedarf, insbesondere von Familien, hergerichtet werden. Außerdem ist klar, dass daneben umfassende Wohnungsbauprogramme in Gang gesetzt werden müssen, um die notdürftigen Provisorien aufzulösen und die Turnhallen wieder ihrer eigentlichen Bestimmung zuzuführen. Auch ist in postagrarischen Gesellschaften die Fähigkeit und Bereitschaft zu improvisieren geringer, zumal, wie gesagt, viele Bauernhöfe in der Vergangenheit so organisiert waren, dass sie auf die Unterbringung von Saisonarbeitern eingerichtet waren. Die Stadt ist zwar der Ort der Fremden, aber die städtischen Kapazitäten, unvorhergesehen eine größere Anzahl von Fremden aufzunehmen, sind jenseits der Anmietung von Hotels und Gasthöfen begrenzt; das klassische Dorf dagegen ist von der Mentalität her zwar Fremden gegenüber nicht aufgeschlossen, hat aber erhebliche Kapazitäten, sie zu beherbergen.

Zu der begrenzten Unterbringungselastizität einer Industriegesellschaft kommen die Effekte des Sozialstaats, der von seinem Leistungsvermögen her für die einheimische Bevölkerung ausgelegt und auf Neuankömmlinge in größerer Zahl nicht eingerichtet ist. Seit seinen Anfängen ist der Sozialstaat durch Interventionen in gesellschaftliche Prozesse gekennzeichnet, die vermessen und normiert werden, um jenen Gerechtigkeitsvorstellungen zu genügen, die der Sozialstaatsentwicklung zugrunde liegen.[28] Um ihren Aufgaben nachzukommen, bedürfen die Institutionen des Sozialstaats nicht nur statistischer Daten über die gegenwärtige Situation; diese werden auch mit früheren Erhebungen abgeglichen, um statistische Extrapolationen in die Zukunft vornehmen zu können, die dann die Grundlage für die entsprechenden Pläne und Vorsorgemaßnahmen bilden. Dabei werden zwar Polster, Puffer und Reserven eingebaut, aber deren Bandbreite ist begrenzt, damit es nicht zu Fehlallokationen kommt. Notorische Überschüsse in den Renten- und Krankenkassen sind ebenso zu vermeiden wie Finanzierungslücken, die kurzfristig geschlossen werden müssen: Überschüsse stehen dafür, dass den Beitragszahlern mehr abgenommen wurde, als für die Leistungserbringung erforderlich war – und das ist ein Verstoß gegen das Gebot der Generationengerechtigkeit, weil dann eine bestimmte Alterskohorte überdurchschnittlich für andere Alterskohorten zahlt. Das gilt in ähnlicher Weise für Finanzierungslücken, bei denen die aktuellen Einzahler ausgleichen müssen, was frühere Leistungsempfänger verbraucht haben. Je strikter die Entwicklung sozialstaatlicher Institutionen an diesem Gerechtigkeitsprinzip orientiert ist, desto inflexibler wird der Sozialstaat gegenüber unvorhergesehenen Ereignissen, wie dem dramatischen Anwachsen der Flüchtlingsströme nach Europa. Durch diese Inflexibilität werden größere Flüchtlingszahlen zur plötzlichen Belastung der Finanzen, und es gibt aufgrund fehlender Polster, Puffer und Reserven nur geringe Möglichkeiten, die anfallenden Kosten über einen längeren Zeitraum zu strecken. Das ist mit einer der Gründe, warum sich nach einiger Zeit bis weit in die Mitte der Gesellschaft hinein ein massives Unbehagen an den Flüchtlingen breitmachte und die Vorstellung um sich griff, dass deren Aufnahme und Integration die Gesellschaft überfordere.

Mit der Entwicklung des Sozialstaats sind Teile des Arbeits- und Stellenmarktes für Immigranten gesperrt worden, beziehungsweise es wurden Zugangshürden errichtet, die kaum zu überwinden sind.[29] Dies ist so gewollt, während die Inflexibilität des Sozialstaats infolge von Gerechtigkeitsimperativen eher ein Kollateraleffekt als ein angestrebtes Ergebnis ist. Die Arbeiterschaft des eigenen Landes soll durch die Errichtung von Hürden bevorzugt werden, sei es, um Streiks und politische Konflikte zu vermeiden, sei es, um Wählerstimmen für die eigene Partei zu gewinnen. Es gibt einen Zusammenhang zwischen Nationalisierung und Demokratisierung, der zur Schließung der Gesellschaft gegenüber Neuankömmlingen welchen Typs auch immer geführt hat.[30] Nun war auch die alte Gesellschaft nicht gerade offen gegenüber Fremden, und schon der Übergang von den Wildbeutergesellschaften zur Gesellschaft der Ackerbauern und Viehzüchter seit dem 8. Jahrtausend vor Christus führte zu einer Stärkung des Stationären gegenüber dem Fluiden. Aber der Nationalstaat, in dessen Rahmen sich der Sozialstaat entwickelt hat, unterscheidet sich von den alten lokalen Gemeinschaften durch seine Reichweite und die tendenziell vollständige Erfassung eines größeren Raumes.

Genau das war in der alten Gesellschaft nicht der Fall. In den dörflich geprägten Räumen, die von einer Aversion gegen alles Fremde geprägt waren, gab es auch immer wieder Inseln der Fremdenfreundlichkeit und der Bereitschaft, Fremde aufzunehmen – entweder in den mit dem Land verbundenen Städten, die aus kommerziellen Gründen auf Händler und Kaufleute aus der Fremde angewiesen waren, oder weil ein Landesherr sein Land stärker bevölkern («peuplieren») wollte und deswegen Fremde zu dessen Besiedlung einlud. Der brandenburgische Kurfürst Friedrich Wilhelm und die russische Zarin Katharina sind die bekanntesten Beispiele dafür, aber beide hatten weder mit nationalen Vorstellungen noch mit sozialstaatlichen Restriktionen zu kämpfen. Die Entwicklung des Sozialstaats im Zuge von Nationalisierung und Demokratisierung lief hingegen auf einen starken Schub bei der Schließung der Gesellschaft hinaus. Das lässt sich derzeit auch in der deutschen Debatte über eine zeitlich begrenzte Aufhebung des Mindestlohns für Flüchtlinge beobachten. Immerhin gibt es eine solche Ausnahmeregelung für Langzeitarbeitslose, denen so die Rückkehr in den ersten Arbeitsmarkt erleichtert werden soll, und diesen Langzeitarbeitslosen wollen einige Politiker auch die Flüchtlinge gleichstellen. Gegen eine solche Regelung spricht freilich, dass damit die Mindestlohnregelung erheblich aufgeweicht wird und sich dabei eine politisch nicht gewollte Konkurrenzsituation zwischen den im Niedriglohnsektor beschäftigten Deutschen und den Migranten entwickeln würde. Andererseits ist aber auch klar, dass eine schnelle Integration der Flüchtlinge nur über den Arbeitsmarkt erfolgen kann und geringqualifizierte Flüchtlinge eine bessere Chance bei der Arbeitssuche haben, wenn sie ihre Fähigkeiten unterhalb des Mindestlohns anbieten können. Da man den Langzeitarbeitslosen diese Tür geöffnet hat, gibt es auch kein grundsätzliches Argument dagegen. Den Unterschied macht aber der Umstand, dass es sich bei den Langzeitarbeitslosen (in der Regel) um Deutsche handelt, während die Migranten und Flüchtlinge eben keine Deutschen sind.

Nun kollidiert das Abschotten des Arbeitsmarktes zwecks Privilegierung der eigenen Staatsangehörigen aber mit der demographischen Entwicklung vor allem in den reichen Ländern der nördlichen Erdhalbkugel. Der italienische Demograph und Migrationsforscher Massimo Livi Bacci hat die Entwicklung in Zahlen gefasst:[31] In den 29 reichsten Ländern der Erde mit einer Bevölkerung von zusammen 1,2 Milliarden Menschen betrug im Jahr 2012 der Zuwachs durch Geburten 12 Millionen und der durch Migranten 5,4 Millionen Menschen. Statistisch gesehen kam damit auf zwei Neugeborene ein Migrant, was zeigt, dass Migration schon lange kein randständiges oder konjunkturelles Phänomen mehr ist, sondern ein struktureller Bestandteil der Erneuerung reicher Gesellschaften, auf den diese wegen ihrer niedrigen Geburtenraten dringend angewiesen sind. Insofern ist es nicht verwunderlich, dass nach den Berechnungen der Integrationsforscherin Naika Foroutan 35 Prozent der deutschen Bevölkerung in ihrer Verwandtschaft Menschen mit Migrationshintergrund haben.[32] Die Dramatik der demographischen Entwicklung in den reichen Ländern wird an den Europa betreffenden Zahlen besonders augenfällig:[33] Im Jahr 2010 lebten in Europa einschließlich Russland 740 Millionen Menschen, und diese Zahl wird ohne Migration auf 711 Millionen im Jahr 2040 sinken. Das heißt zugleich, dass die Zahl der Jugendlichen schrumpft, während die der Älteren wächst. Die Zahl der zwischen Zwanzig- und Vierzigjährigen sinkt von 210 auf 155 Millionen, was einen Rückgang um 26 Prozent bedeutet, und die Zahl derer, die älter als 65 Jahre sind, steigt von 121 auf 162 Millionen, was einen Zuwachs von 34 Prozent darstellt. Noch dramatischer ist diese Entwicklung bei der Zahl der Arbeitskräfte, die – ohne Migration – von 266 Millionen im Jahr 2005 auf 200 Millionen im Jahr 2025 und schließlich auf 160 Millionen im Jahr 2050 sinkt.

Das stellt die Finanzierungsgrundlage des Sozialstaats fundamental in Frage. Wenn das Reservepotenzial der noch nicht in den Arbeitsmarkt integrierten Frauen ausgeschöpft sein wird, müsste die Lebensarbeitszeit aller Beschäftigten um zehn Jahre verlängert werden, um einen tragfähigen Ausgleich für die sinkende Beschäftigtenzahl zu schaffen. Aber selbst dann bleibt das Problem, dass die Europäer mit Gesellschaften konkurrieren, die einen deutlich niedrigeren Altersdurchschnitt aufweisen und infolgedessen erheblich dynamischer sind als sie.[34] Schließlich kommt noch hinzu, dass sich der Bevölkerungsrückgang in Europa sehr unterschiedlich auf die einzelnen Länder verteilt: Frankreich, Großbritannien sowie die skandinavischen Länder sind demographisch relativ stabil – was unter anderem auf den hohen Anteil eingebürgerter Ausländer in deren Bevölkerung zurückzuführen ist –, während Spanien, Italien, Deutschland und Russland eine deutlich schrumpfende Bevölkerung aufweisen. Der deutsche Sozialstaat ist also, wenn er in seinem bisherigen Umfang aufrechterhalten werden soll, auf eine erhebliche Zuwanderung angewiesen, und er ist das nicht zuletzt deswegen, weil die sinkende Bevölkerungszahl selbst ein Effekt des Sozialstaates ist.[35]

Die Entkoppelung von Altersvorsorge und Kinderzahl ist eine Folge des Sozialstaats, wobei gerade das deutsche Rentensystem eines ist, das, so der katholische Sozialphilosoph Oswald von Nell-Breuning, auf eine «Prämierung von Kinderlosigkeit» hinausläuft.[36] Infolge der Rentenreformen von 1957 und 1972 wurden eigene Kinder für die Altersversorgung zunehmend entbehrlich, während gleichzeitig mit der Verstädterung das Aufziehen von Kindern immer teurer wurde. Zudem stellen Schwangerschaft, Geburt und die ersten Jahre des Heranwachsens der Kinder einen tiefen Eingriff in die Erwerbsbiographie der Frauen dar, deren Selbstverständnis als Hausfrau und Mutter, die obendrein von ihrem Ehemann ökonomisch abhängig ist, in wachsendem Maße abgelöst wurde durch das Selbstverständnis einer wirtschaftlich und sozial unabhängigen Person. Das hatte neben den sozialen und emanzipatorischen sicherlich auch ökonomische Gründe: Teilweise handelte es sich um die Reaktion auf eine Gesellschaftsentwicklung, in der immer mehr Doppeleinkommen erforderlich waren, um dem allgemeinen Konsumstandard genügen zu können. Die Alternative zu den Dinks (*Double income no kids*) ist der Singlehaushalt: Dass es in Deutschland Mitte der 1990er Jahre bereits 35 Prozent Einpersonenhaushalte gab, ist eine Folge dieser Entwicklung.[37] Mit der wirtschaftlichen Unabhängigkeit schwindet zudem die Neigung, teilweise aber auch die Fähigkeit, sich auf die Zumutungen der permanenten Anwesenheit eines Anderen einzulassen; und aufgrund der geringer werdenden Neigung, eine Familie zu gründen, sowie der insgesamt höheren Arbeitsflexibilität wächst die Zahl derer, die im Alter genötigt sind, allein zu leben.

Man kann diese Entwicklung freilich auch als ein Gerechtigkeitsproblem beschreiben, bei dem die Versorgung «der alten Generation zu fast 100 % kollektiviert ist», während die «der nachwachsenden Generation nur zu etwa 25 %» von der Gemeinschaft getragen wird. Der Soziologe Franz-Xaver Kaufmann hat daraus geschlussfolgert, dass sich in der Polarisierung der Gesellschaft zwischen Familien mit zwei und mehr Kindern auf der einen und kinderlosen Lebensformen auf der anderen Seite «eine neue gravierende Form sozialer Ungleichheit» aufgetan hat.[38] Die Gerechtigkeitsfrage soll hier nicht diskutiert werden; für die Frage von Migration und Integration ist die Schrumpfung der Gesellschaft insofern von Bedeutung, als, so Kaufmann, «die Bundesrepublik in den kommenden Jahrzehnten zur Erhaltung ihres Bevölkerungsstandes auf eine jährliche Zuwanderung von 700 Tsd. bis 1 Million Personen angewiesen wäre. Nur unter der Voraussetzung einer massiven und kontinuierlichen Zuwanderung kann der [...] sich beschleunigende Rückgang der erwerbstätigen Bevölkerung so weit gebremst werden, dass das Verhältnis zwischen Erwerbspersonen und Rentnern nicht völlig aus dem Gleichgewicht gerät.»[39] Kaufmann hat noch als Irrealis formuliert, was mit dem Zustrom der Flüchtlinge im Jahr 2015 Realität geworden ist.

Nun stellt sich der Ausgleich einer defizitären biologischen Reproduktion durch gesteigerte soziale Reproduktion, also durch Zuwanderung, auf dem Papier und in bloßen Zahlen als eine probate Lösung dar; Zuzug kann eine Antwort auf die demographische Herausforderung sein. Aber er ist das nur unter der Voraussetzung, dass die Integration der Neuankömmlinge und die Befähigung fast eines jeden Einzelnen von ihnen gelingt. Es ist nämlich keineswegs so, dass diejenigen, die in den Migrations- und Flüchtlingsbewegungen nach Deutschland kommen, auch jene sind, die der deutsche Arbeitsmarkt braucht und für die sich eine berufliche Verwendung finden lässt. So gibt es in Deutschland einen erheblichen Mangel an Facharbeitern, doch nur wenige Flüchtlinge haben eine entsprechende Ausbildung. Das Sprachproblem ist nur eines von vielen. Was berufliche Qualifikation anbetrifft, ist die sozioökonomische Struktur der Herkunftsländer eine gänzlich andere als die des Ankunftslandes; die Kluft zwischen den mitgebrachten und den nachgefragten Fähigkeiten ist oft groß. Dass in vielen der Herkunftsländer durch Bürgerkrieg das Bildungssystem zusammengebrochen ist, ist dabei noch nicht berücksichtigt.

Tatsächlich fallen die meisten Zugewanderten mit ihrer Arbeit in den Niedriglohnsektor und verschärfen damit die dort ohnehin stattfindenden Verteilungskonflikte. Es ist also davon auszugehen, dass viele Migranten und Flüchtlinge für längere Zeit von den Sozialsystemen abhängig sein werden, und das heißt, dass sie die Probleme des Sozialstaats zunächst eher verschärfen als entschärfen werden.[40] Es dürften also erhebliche Integrationskosten auf die deutsche Gesellschaft zukommen. Man kann darüber klagen und der Vorstellung anhängen, infolge der neu ins Land Gekommenen werde der sozialpolitisch zu verteilende Anteil des Bruttoinlandsprodukts kleiner werden, da es noch mehr Anspruchsberechtigte gebe. Diese in rechtspopulistischen Kreisen dominierende Perspektive blendet freilich die demographische Herausforderung des deutschen Sozialstaats völlig aus und tut so, als könne alles weitergehen wie bisher und dann werde alles so bleiben, wie es ist; in unterbürgerlichen Schichten verbindet sie sich mit Neiddispositionen, in bürgerlichen mit Geizdispositionen – beide sind gleichermaßen als kurzsichtig zu bezeichnen.

Man kann die für die Befähigung der Flüchtlinge anfallenden Kosten im Unterschied dazu auch als Investition ansehen, die erforderlich ist, um die aufgrund der biologischen Reproduktionsdefizite notwendig gewordene soziale Reproduktion auf einen dem deutschen Arbeitsmarkt entsprechenden Stand zu bringen. Das ist die Sicht derer, die um die große Verwundbarkeit des Sozialstaats wissen und nach Möglichkeiten suchen, dieses Problem zu lösen. Sie sind sich, sofern sie nicht romantischen Illusionen anhängen, darüber im Klaren, dass es ein Weg ist, auf dem man auch scheitern kann: an der notorischen Ablehnung der Neuankömmlinge durch die deutsche Gesellschaft, die deren Integration verweigert; an den unzulänglichen Bildungsvoraussetzungen der Migranten, die keine hinreichende Befähigung mehr zulassen; an deren mangelnder Sozialdisziplin oder einer unüberbrückbaren kulturellen Fremdheit; und schließlich daran, dass gerade die erfolgreich Ausgebildeten nicht in Deutschland bleiben, sondern in andere Länder weiterziehen oder in ihre Heimat zurückkehren. Es sind die Verwundbarkeiten des Sozialstaats, die den Deutschen nahelegen, nicht nur aus begründeten humanitären Verpflichtungen zu helfen, sondern auch sorgsam und klug mit den Neuankömmlingen umzugehen, weil diese nicht nur auf die Hilfsbereitschaft der Deutschen, sondern die Deutschen auch auf die Integrationsbereitschaft der jetzt Angekommenen angewiesen sind.

Ressentiment gegen Flüchtlinge versus Befähigung der Neuankömmlinge

Es gibt in Deutschland ein Ressentiment gegen Flüchtlinge, das mit dem Anschwellen der Flüchtlingsströme um sich gegriffen hat – über die kleinbürgerlichen Kreise hinaus, in denen solche Ressentiments seit jeher beheimatet sind. Dieses Ressentiment hat einen harten Kern, und der besteht in der Vorstellung, mit der Versorgung von «Wirtschaftsflüchtlingen» werde der unmittelbare Zusammenhang von Arbeit und Ertrag aufgebrochen und es komme zur Privilegierung einer bestimmten Gruppe von Menschen, die nicht arbeiten und doch essen.[41] Mehr noch als die Bürgerkriegsflüchtlinge im engeren Sinn werden die Migranten als eine Gruppe angesehen, die den zentralen Integrationsmechanismus unserer Gesellschaft aushebelt, wonach, von Ausnahme- und Notfällen abgesehen, Arbeit der einzig legitime Zugang zu Subsistenzmitteln ist. Dabei wird den Arbeitsmigranten, die sich aufgrund der Gegebenheiten als Asylbewerber tarnen, unterstellt, sie seien überhaupt nicht auf der Suche nach Arbeit, sondern es gehe ihnen bloß darum, über einen mehr oder weniger langen Zeitraum von den Wohltaten des deutschen Sozialsystems zu profitieren. Das lässt sich in Einzelfällen nicht ausschließen; in der überwiegenden Mehrzahl der Fälle werden hier aber strukturelle Effekte – dass die Migranten von ihren Bildungs-

und Ausbildungsvoraussetzungen her den Anforderungen des deutschen Arbeitsmarkts nicht genügen oder dass das Asylrecht in Deutschland sie zunächst an der Arbeitssuche hindert – in ein gezieltes Vorhaben umgedeutet. Diese Umdeutung, die den Migranten eine absichtliche Schädigung des deutschen Steuerzahlers unterstellt, liefert die «moralische» Begründung dafür, sie zurückzuweisen und abzulehnen. Mitunter dient sie sogar als Begründung für den Hass, mit dem die Migranten in Empfang genommen werden: Weil sie selbst schamlose Egoisten seien, sei es nur recht und billig, wenn man im Umgang mit ihnen an die eigenen Interessen denke und sich nicht durch das «humanitäre Gerede» blenden lasse, mit dem diesen Wirtschaftsflüchtlingen Zugang zu den deutschen Sozialsystemen verschafft werden solle. Alle, die für die Neuankömmlinge Sympathie bekunden oder sich gar für sie engagieren, geraten in dieser Sichtweise in den Verdacht, den Zusammenhang von Arbeit und Subsistenz außer Kraft setzen zu wollen, weil sie, so die Vermutung, davon selbst profitieren würden.

So werden die Flüchtlinge als Vorhut all jener wahrgenommen, die wenig arbeiten, aber gut leben wollen, während sich die Träger des Ressentiments selbst als diejenigen begreifen, die hart arbeiten müssen, um ein bescheidenes Leben führen zu können. Der Widerstand gegen den weiteren Zustrom von Migranten wird dadurch zum Kampf um den eigenen kleinen Wohlstand. Es ist diese in ihrer Selbstwahrnehmung existenzielle Betroffenheit bestimmter Kreise, aus der heraus sich auch die Gewaltbereitschaft speist, die in Brandanschlägen zunächst auf noch nicht bezogene, dann aber auch auf bewohnte Flüchtlingsunterkünfte mündet. Die Ermittlungen zeigen, dass die Täter keineswegs nur aus der politisch rechten Szene stammen, sondern es sich in einer Reihe von Fällen um

Personen handelt, die bis dahin noch nie straffällig geworden sind. Die meisten Menschen mit entsprechenden Ressentiments haben sich zwar von dieser Gewalt distanziert, aber die Anschläge haben keineswegs dazu geführt, dass sie ihre Ablehnungsrhetorik gegenüber Flüchtlingen überdacht hätten oder gar zu deren Schutz bereit gewesen wären. Vielmehr haben die Schmähungen gegen Flüchtlinge, die mit der Forderung einhergingen, sie sollten lieber eine Waffe in die Hand nehmen, um ihr Land zu verteidigen, als zu fliehen (wobei häufig mit Empörung vermerkt wurde, dass es vor allem junge Männer seien, die nach Deutschland kämen), einer Sichtweise vorgearbeitet, wonach jeder, der sein «Volk» verteidigen wolle, notfalls mit Gewalt vorgehen müsse, bis hin zu der aus rechtspopulistischen Kreisen geäußerten Forderung, man müsse die Schutzsuchenden an der Grenze im Notfall mit Waffengewalt zurückweisen und dabei dürfe man auch vor dem Schusswaffengebrauch gegen Frauen und Kinder nicht zurückschrecken. Das passt mit der Gründung jener sogenannten Selbsthilfegruppen und Bürgerwehren zusammen, die mit dem Anspruch angetreten sind, die angeblich überforderte Polizei bei der Bekämpfung von Flüchtlingskriminalität zu unterstützen. Die Gewaltkriminalität von Deutschen gegen Flüchtlinge bleibt in den von Ressentiments geprägten Kreisen hingegen notorisch ausgeblendet.

Dem steht das Projekt einer langfristig angelegten Befähigung der Flüchtlinge gegenüber;[42] «Befähigung» ist dabei die Sammelbezeichnung für den Erwerb von Sprachkompetenz, für eine Berufsausbildung, die den deutschen Standards entspricht und auf die Bedürfnisse des deutschen Arbeitsmarkts abgestimmt ist, sowie schließlich für die Aneignung von Sozialkompetenz, die den Betreffenden in die Lage versetzt, sich in seiner neuen Umgebung so zu bewegen, dass er von dieser als «zugehörig» angenommen werden kann. Aber Befähigung ist mehr als eine Kombination von Berufsausbildung und soziokultureller Anpassung: Es geht darum, dass die Aufnahmegesellschaft den Neuankömmlingen Handlungsfähigkeit zugesteht und dieses Zugeständnis mit Schritten einhergeht, die Handlungsfähigkeit tatsächlich ermöglichen. Das Gegenteil davon ist der Entzug jeder Form von Handlungsfähigkeit; dies ist der Fall, wenn Migranten in den Aufnahmeeinrichtungen zum Nichtstun verurteilt sind. Es ist die erzwungene Passivität, die ihnen von jenen, die voller Ressentiments sind, anschließend als Faulheit ausgelegt wird. Befähigung ist also das im Vorgriff auf die Zukunft erteilte Zugeständnis von Selbstbestimmtheit – in Verbindung mit der nachgelagerten Möglichkeit der Selbsterhaltung. Dazu gehört auch, dass die Menschen rasch in die Lage versetzt werden, eigenständig zu leben. Das Prinzip, Geld- durch Sachleistungen zu ersetzen, steht dem beispielsweise entgegen, denn es verdammt die Flüchtlinge zur Untätigkeit und schränkt ihre Entscheidungs- und Handlungsfähigkeit ein.[43] Befähigung wird aber auch verweigert, wenn Asylbewerber über fünfzehn Monate lang nur einen nachrangigen Zugang zum Arbeitsmarkt haben, das heißt faktisch von ihm ausgeschlossen sind. Wie schwierig eine solche Befähigung im umfassenden Sinn gleichwohl ist, zeigt sich an den Sprachkursen, die anerkannten Asylanten angeboten werden. So zielen die Kurse auf die Stufe B1, mit der eine selbständige Sprachverwendung bezeichnet ist; etwa die Hälfte der Teilnehmer besteht diesen Kurs. Um in Deutschland beruflich Fuß zu fassen, wäre aber mindestens ein Bestehen der Stufe B2 vonnöten. Daran wird deutlich, wie weit der Weg zu dem von dem Ökonomen Thomas Straubhaar vorgegebenen Ziel ist, wonach Flüchtlinge dieselben Bildungs- und Weiterbildungschancen haben müssen wie Deutsche.[44]

Das Konzept der Befähigung zeichnet sich freilich dadurch aus, dass es nicht ausschließlich auf den Arbeitsmarkt als Integrationsagentur setzt, sondern auch der Kultur eine Schlüsselrolle zubilligt. Neben der Befähigung, sich erfolgreich auf dem Arbeitsmarkt zu positionieren, geht es um die Teilhabe am «kulturellen Kapital», und erst wenn diese Teilhabe ermöglicht ist, kann von einer umfassend gelungenen Integration der Neuankömmlinge in die Aufnahmegesellschaft die Rede sein.[45] Diese umfassend gelungene Integration ist die Voraussetzung dafür, dass die Lücke, die der notorische Geburtenrückgang in die Struktur des Sozialstaates gerissen hat, auf längere Sicht wieder geschlossen werden kann.

3. Migrantenströme und Flüchtlingswellen: alte Werte, neue Normen, viele Erwartungen

Alles fließt: die Metaphorik des Fluiden

Arbeitsmigration erfolgt kontinuierlich; sie ist deswegen weitgehend vorhersehbar, berechenbar und in begrenztem Maße auch steuerbar. Der Migrationshistoriker Jochen Oltmer hat sie als «die auf einen längerfristigen Aufenthalt angelegte räumliche Verlagerung des Lebensmittelpunkts von Individuen, Familien, Gruppen oder auch ganzen Bevölkerungen» definiert.[1] Arbeitsmigration entsteht aus einer Mischung von Push- und Pull-Faktoren, schwierigen Lebensbedingungen in den Herkunfts- und attraktiven Beschäftigungsverhältnissen in den Zielländern.

Arbeitsmigranten weisen dabei unterschiedliche Grade von Autonomie auf: Manchen geht es um die Verbesserung ihrer eigenen – und nur ihrer eigenen – Situation; anderen hingegen darum, die sozialen Verhältnisse der in der Heimat Zurückgebliebenen zu stabilisieren; sie überweisen regelmäßig Geld an die Familie daheim und wollen «demnächst» auch wieder zu ihr zurückkehren. So sind von den 14 Millionen Personen, die zwischen 1959 und 1973 (dem Jahr des Anwerbestopps) als Arbeitskräfte nach Deutschland kamen, 11 Millionen in ihre Herkunftsländer zurückgekehrt.[2] Überschlägig 20 Prozent sind geblieben, während 80 Prozent wieder gegangen sind – was im Übrigen seitens der deutschen Politik auch so gewollt war.[3] Es handelte sich also um eine Arbeitsmigration, bei der die zeitliche Begrenzung sowohl von deutscher Seite als auch vonseiten der angeworbenen Arbeitskräfte von vornherein vorgesehen war.

Eine Alternative zur temporären oder zirkulären Migration, die nach geraumer Zeit in die Herkunftsgebiete zurückführt, ist die Entstehung von Diasporagemeinden im Ankunftsland. Diese dienen als Brückenköpfe einer Kettenwanderung, durch die immer weitere Migranten ins Zielland gelangen. Migranten gehen fast immer dorthin, wo sich Diasporagemeinden aus ihren Herkunftsländern gebildet haben, weil ihnen dort geholfen wird, sich in dem fremden Land zu orientieren. So suchten 94 Prozent aller Europäer, die um 1900 in Nordamerika eintrafen, als Erstes Verwandte und Bekannte auf, von denen sie Unterstützung bei der Eingewöhnung in der Neuen Welt erwarteten – und in der Regel auch erhielten.[4] Freilich resultieren aus solchen Migrantennetzwerken soziale Verpflichtungen, denen die mit Hilfe dieser Netzwerke Migrierenden nachkommen müssen. Das gilt erst recht für die Netzwerke der Schlepper und Schleuser, die bei den jüngsten Migrationsströmen eine zentrale Rolle spielen. Teilweise werden die Verpflichtungen von den Migranten mit Geld abgegolten,[5] teilweise entstehen dabei aber auch sklavenähnliche Abhängigkeiten, wie sie vor allem bei jungen Schwarzen zu beobachten sind, die als «Ticker» in der Drogenszene die Beträge «abverdienen» müssen, die ihre Einschleusung nach Europa angeblich gekostet hat.[6] Diese Drogen- oder auch Sexsklaven bestimmen im Vergleich zu anderen Migranten zweifellos nicht mehr über sich selbst. Zwischen den einzelnen Migrantengruppen gibt es daher erhebliche Unterschiede. Wenn von Flüchtlings- und Migrantenströmen die Rede ist, verschwindet nicht nur der zentrale Unterschied zwischen Arbeitsmigranten und Bürgerkriegsflüchtlingen – es verschwimmen auch die verschiedenen

Grade von Autonomie bei denen, die sich auf dem Weg befinden.

Die Netzwerke – von der Dorfgemeinschaft, die zusammengelegt hat, um einen der Ihren auf den Weg nach Europa zu schicken, über die Diasporagemeinden, die ihren Landsleuten Hilfestellung bei der Ankunft leisten, bis zu den Schlepper- und Schleuserorganisationen, die aus den Migrantenströmen ein einträgliches Geschäft gemacht haben – sind zugleich für die Strukturiertheit der Migrantenströme verantwortlich: für ihre Gleichförmigkeit ebenso wie für die in Reaktion auf Gegenmaßnahmen erfolgende Verlagerung in neue Räume. Die Netzwerke bringen eine Ordnung in die Migration, die sich keineswegs erst rückblickend, beim Betrachten der einschlägigen Statistiken ergibt; sie erwächst vielmehr bereits aus der Organisation der Migration, und Regierungen wie internationale Organisationen können sich mittelfristig darauf einstellen. Insofern ist die Metaphorik der Ströme und des Strömens durchaus angemessen. Sie verstellt zwar den Blick auf die Einzelschickale der Migrierenden, aber das tun auch soziologisch präzisere und schärfer definierte Begrifflichkeiten, die dazu dienen, Strukturen oder Dynamiken zu erfassen, die sich aus der Summierung von Einzelnen ergeben. Auch die Anschlussmetaphern – wie Stauungen des Stroms oder Schleusen in seinem Lauf – fassen das Geschehen recht gut in Sprachbildern, die auf die Gleichmäßigkeit und Unaufhaltsamkeit von Migrationsbewegungen abheben. Solche Begriffe sind verschiedentlich kritisiert worden, weil sie der Not und dem Elend der Menschen nicht gerecht würden. Das mag durchaus sein – und dennoch trifft diese Kritik aus dem Katalog der *political correctness* die Metaphern des Fluiden nicht wirklich, denn in ihnen geht es ja gerade nicht um die Abbildung von Leid und Elend, sondern darum, Strukturen und Veränderungsdynamiken zu erfassen. Die Kritik ist im Übrigen verstummt, als klar wurde, dass gerade diese Metaphern die Vergeblichkeit des Vorhabens herausstellen, Migration durch die Errichtung von Mauern und Grenzzäunen zu blockieren: Ströme suchen sich, wenn sie auf physische Barrieren treffen, andere Wege, oder sie stauen sich so lange auf, bis sie überfluten, was ihnen entgegengestellt wurde. Metaphern haben ihre eigenen Suggestionen, und die Metaphorik des Fluiden verweist darauf, dass Kanalisieren und Dämmen effektivere Reaktionsformen sind als Blockieren und Absperren.

Das gilt auch für die Metapher der Flüchtlingswelle: Flüchtlingsbewegungen, bei denen den Push-Faktoren eine größere Bedeutung zukommt als den Pull-Faktoren, entstehen schlagartig; sie steigen plötzlich an und ebben nach einiger Zeit wieder ab. Sie sind in sehr viel geringerem Maße vorherzusehen als die Ströme der Arbeitsmigranten, weil sie weniger auf strukturellen Faktoren als auf zufälligen Ereignissen beruhen. Zwar gehören Klimakrisen zu den strukturellen Ursachen von Flüchtlingsbewegungen, aber die klimatischen Veränderungen vollziehen sich langsam, bis sie dann – im Prinzip erwartbar, aber in der konkreten Situation dann doch unvorhergesehen – in Dürrekatastrophen, Überschwemmungen und Hungerkrisen eskalieren. Das gilt erst recht für Bürgerkriege. Im Nachhinein kann man zwar zu dem Ergebnis kommen, dass ein Gewaltausbruch wahrscheinlich gewesen ist, aber letzten Endes sind es häufig doch zufällige Ereignisse, wie etwa eine Selbstverbrennung, die dazu führen, dass Menschen nicht länger hinnehmen, was sie zuvor über Jahrzehnte ertragen haben, oder dass ein lokales Aufbegehren nicht als ein von der Regierung niedergeschlagener Aufstand endet, sondern zu einem langen Bürgerkrieg wird.

Sicherlich zeigen sich auch in Bürgerkriegen Strukturen, die Entwicklungen vorhersehbar und die Folgen von Intervention oder Nichtintervention kalkulierbar machen. Dabei gilt die Faustregel: Je länger ein Bürgerkrieg andauert, desto tiefer frisst er sich in die Strukturen der Gesellschaft hinein; und je tiefer er sich in die Gesellschaft hineingefressen hat, desto schwieriger ist es, ihn mit politischen Verhandlungen zu beenden. Irgendwann ist dann der Zeitpunkt gekommen, an dem viele Menschen die Hoffnung auf Frieden verlieren und flüchten. «Irgendwann» steht dafür, dass dieser Zeitpunkt mit hoher Wahrscheinlichkeit eintritt, es aber unmöglich ist, ihn im Vorhinein zu bestimmen.

Für Fluchtbewegungen aus Bürgerkriegsgebieten sind sich selbst verstärkende Prozesse typisch: Erst machen sich einige auf den Weg, die ihre Angst vor dem Ungewissen überwinden; dann folgen ihnen weitere, und schließlich entsteht ein Sog, der auch diejenigen mitreißt, die eigentlich hatten bleiben wollen. Je größer die Opferzahlen im eigenen Land sind und je stärker sich die Vermutung, dass nichts besser werden wird, zur Gewissheit verdichtet, desto häufiger entschließen sich auch die Sesshaften oder Ängstlichen, den Weg ins Ungewisse zu wagen. So entstehen Wellen von Flüchtlingen, und selten lässt sich sagen, warum das gerade jetzt erfolgt und nicht schon früher oder erst später. Der Punkt, an dem Furcht in Angst und Sorge in Panik umschlägt, lässt sich nicht bestimmen. Gelegentlich spielen dabei Gerüchte eine Rolle, aber manchmal sind es auch bloß die Ersten, die aufbrechen und dadurch ein ganzes Dorf in Bewegung setzen, was sich wiederum in den Nachbardörfern herumspricht, wo dann ebenfalls die Koffer gepackt werden und so weiter. Insgesamt spielen dabei die Push-Faktoren eine größere Rolle als die Pull-Faktoren, und wenn Sogeffekte ins Spiel kommen, sind dies eher lokale Sogeffekte als solche, die von einem möglichen Zielland ausgehen. Der entscheidende Auslöser der Flucht bleibt aber die Gewalteskalation in einem Bürgerkriegsgebiet oder eine sich zuspitzende Dürrekatastrophe.

Es ist zeitweilig viel darüber spekuliert worden, welchen Effekt die von der deutschen Kanzlerin veranlasste Grenzöffnung für die auf der Balkanroute festsitzenden Flüchtlinge sowie die Selfies von Flüchtlingen mit ihr auf die Migration nach Europa im Herbst 2015 gehabt haben. Der Schriftsteller Navid Kermani hat im Auftrag des Magazins *Der Spiegel* beschrieben, wie er auf dem Balkan Afghanen begegnete, die aus ländlichen Gebieten stammten, keine andere Sprache als Dari sprachen und erkennbar nicht zu den Arbeitskräften gehörten, die in Deutschland benötigt werden. Auf die Frage, warum sie nach Deutschland wollten und was sie dort erwarteten, sprachen sie von Arbeit, Schulbildung und Sicherheit. Und sogleich fügten sie hinzu, dass es in Afghanistan keine Zukunft gäbe. – Aber warum sie dann jetzt nach Deutschland wollten, denn Zukunft habe es in Afghanistan ja auch im vergangenen Jahr schon keine gegeben. «Im Fernsehen hieß es, dass Deutschland Flüchtlinge aufnimmt, erklärten sie ein ums andere Mal, warum sie sich Anfang September auf den Weg gemacht haben: Wir haben auch die Bilder von den deutschen Bahnhöfen gesehen.»[7] Es waren demnach diese Bilder, die sie veranlassten, einen Gedanken zu verwirklichen, mit dem sie zuvor durchaus gespielt, den sie aber nicht in die Tat umzusetzen gewagt hatten: ihren Besitz zu verkaufen und sich über den Iran in die Türkei zu begeben, wo sie Schleppern für die Überfahrt nach Lesbos 1200 Euro pro Person bezahlten. Auf der Überfahrt warfen sie schließlich fast ihr gesamtes Gepäck ins Meer, um unbeschadet auf der griechischen Ägäisinsel anzukommen. «O Scheiße, dachte ich», kommentiert Kermani das Gespräch, «so war das mit der Willkommenskultur nicht gemeint.»[8]

An die Menschen in Afghanistan sind die Willkommensdemonstrationen auf dem Münchner Hauptbahnhof und andernorts in der Tat nicht adressiert gewesen. Vielmehr waren sie zunächst und vor allem «Gegenkundgebungen» zu den Anschlägen auf Flüchtlingsunterkünfte, die sich im Sommer 2015 dramatisch vermehrt hatten, und ein sichtbarer Versuch, das Erscheinungsbild Deutschlands und der Deutschen nicht den Brandstiftern zu überlassen. Die Anschläge waren ja auch beileibe keine lokalen Ereignisse; ihre Wahrnehmung blieb nicht auf den nationalen Rahmen beschränkt, sie fanden international Beachtung. Die Bilder brennender Asylbewerberheime sollten die Botschaft verbreiten, dass Flüchtlinge in Deutschland unerwünscht und der Gefahr für Leib und Leben, der sie durch die Flucht hatten entkommen wollen, weiterhin ausgesetzt seien. Die Willkommensdemonstrationen sollten in Reaktion auf diese Bilder und ihre Botschaft dagegen ein anderes Deutschland zeigen. In diesem Sinn waren sie nicht nur an die ankommenden Flüchtlinge gerichtet, sondern auch an die Deutschen selbst und an die Weltöffentlichkeit, die sehen sollte, dass viele Deutsche sich diesmal den Brandstiftern entgegenstellten. Aber Bilder sind nicht präzise adressierbar. Sie hatten unbeabsichtigte Nebeneffekte und konnten in Afghanistan – und wo auch immer sie ankamen – als Einladung nach Deutschland verstanden werden.

Waren es also die Bilder der Willkommenskultur, die den Flüchtlingsstrom nach Deutschland vielleicht nicht erzeugt, aber doch verstetigt und erheblich verstärkt haben? Das ist jedenfalls nicht vollständig auszuschließen. Ebenso wenig lässt sich aber ausschließen, dass Gerüchte über eine bevorstehende Schließung der deutschen Grenze dieselbe Wirkung gehabt hätten: Sie hätten bei denen, die in den türkischen, jordanischen und libanesischen Flüchtlingslagern noch abwägten, ob sie nun bleiben und weiter auf die Möglichkeit zur Rückkehr in ihre Heimat warten oder aber alle verfügbaren Ressourcen mobilisieren und die Überfahrt zu den griechischen Ägäisinseln wagen sollten, womöglich eine Torschlusspanik hervorgerufen. Solche Aufbruchspaniken sind aus der Geschichte bekannt; sie verwandeln Migrationsbewegungen in regelrechte Völkerwanderungen, bei denen sich ganze Populationen auf den Weg machen und dabei Alte und Kranke zurücklassen. Das gilt vor allem für die schubweise Bewegung germanischer Völker im 4. und 5. Jahrhundert, die wir gemeinhin als «die Völkerwanderung» bezeichnen.[9] Auch historisch sind hierfür aber eher Push-Faktoren verantwortlich.

Im Nachhinein lässt sich immer beobachten, dass bestimmte Entscheidungen nicht zu den angestrebten Ergebnissen geführt haben und durch sie Entwicklungen in Gang gesetzt wurden, die man gerade hatte vermeiden wollen. Aus dieser Beobachtung wird dann häufig im Umkehrschluss gefolgert, eine gegenteilige Entscheidung hätte auch eine gegenteilige Entwicklung hervorgerufen. Das ist jedoch ein Trugschluss: Bei nicht getroffenen Entscheidungen lassen sich auch deren Effekte nicht beobachten. Tatsächlich hätten alternative Entscheidungen durchaus dieselben Effekte oder andere, noch unerfreulichere Nebeneffekte haben können. Die Rhetorik des Gegenteils beruht auf der höchst unwahrscheinlichen Annahme, dass eine andere Entscheidung keine unbeabsichtigten Folgen gehabt hätte.

So viel lässt sich indes festhalten: Bei den Push-Faktoren sind relativ eindeutige Verbindungslinien zwischen den Ursachen und den eingetretenen Effekten zu identifizieren, während dies bei den Pull-Faktoren keineswegs der Fall ist. Hier spielen Kommunikationsverzerrungen und Missverständnisse eine sehr viel größere Rolle. Außerdem haben wir es bei der angeblichen Sogwirkung immer auch mit Zurechnungen und Zuschreibungen zu tun, die Bestandteil der politischen Auseinandersetzungen sind, vor allem solcher Auseinandersetzungen, in die sich populistische Stimmen einmischen. Für den Populismus ist charakteristisch, dass er stets eine eindeutige Kausalität zwischen Ursache und Wirkung behauptet.

Das Leben im Exil und die Suche nach einer neuen Heimat: Fluchtursachen und der Faktor Zeit

Über die längste Zeit der Geschichte war Migration von der Suche der Menschen nach wirtschaftlichen Subsistenzmöglichkeiten bestimmt; politischen Faktoren kam bei der Entstehung von Migrationsbewegungen so gut wie keine Bedeutung zu. Genuin politische Fluchtursachen hat es zwar immer gegeben, aber sie fielen zahlenmäßig nicht weiter ins Gewicht.[10] Bis ins späte 19. Jahrhundert hinein war es nämlich immer nur ein Teil der gesellschaftlich-politischen Elite, der nach einem Umsturz oder einem gescheiterten Aufstand ins Exil gehen musste und anschließend von dort aus versuchte, die Macht zurückzuerobern und wieder in die Heimat zurückzukehren. Die Rückkehr der Exilanten war entweder mit einer Amnestie oder einem neuerlichen Umsturz verbunden. Diese Abfolge von Flucht, Exil und Rückkehr war ein fester Bestandteil des Machtkampfs. Erst seit dem 19. Jahrhundert, in enger Verbindung mit der Nationsvorstellung, wurden politische Fluchtursachen dann zu einem relevanten Faktor in der Geschichte der Migration.

In seiner Tragödie *Sieben gegen Theben* hat der antike Dramatiker Aischylos die Geschichte von Flucht und Exil sowie den Versuch, mit Gewalt zurückzukehren, paradigmatisch auf die Bühne gebracht: Die Söhne des Ödipus, Eteokles und Polyneikes, können sich nicht einigen, wer die Herrschaft in Theben ausüben soll. In dem darüber entbrannten Machtkampf unterliegt Polyneikes und muss aus Theben fliehen. Er findet Zuflucht in Argos; im dortigen Exil sammelt er Mitstreiter, die ihm bei der Eroberung Thebens helfen sollen. Doch der Sturm auf die Stadt misslingt, und im Zweikampf gegeneinander finden Eteokles und Polyneikes den Tod. Für Aischylos ist dies ein Kapitel in der tragischen Geschichte der Nachfahren des Tantalos und ein Beispiel für die furchtbaren Folgen, die der Bürgerkrieg in einem Stadtstaat haben kann. Das Exil des Polyneikes wird nur am Rande zum Thema, und zwar mit Blick auf die Frage, ob der Herrscher von Argos dem Exilanten aus Theben die Sammlung eines Heeres hätte verweigern, ja alle Anstrengungen dazu unterbinden sollen.[11] In ähnlicher Weise stellt sich diese Frage bis heute für alle, die politischen Flüchtlingen Asyl gewähren.

Aischylos' Tragödie ist paradigmatisch, weil sich die in ihr behandelte Abfolge von Flucht und Vertreibung, Exil und versuchter Rückkehr über mehr als zwei Jahrtausende immer wieder so abgespielt hat: Ein Einzelner oder eine Familie haben den Machtkampf verloren und gehen ins Exil. Dafür suchen sie sich ein Land oder eine Stadt aus, die infolge der geographischen oder historischen Bedingungen Gegner der neuen Herrschaft ist – sie dürfen dort mit Unterstützung für ihre Rückeroberungspläne rechnen. Die Exilanten machen sich somit außenpolitische Gegnerschaft oder Rivalität zunutze, um den verlorenen Machtkampf im Innern ihrer Heimatstadt fortzusetzen beziehungsweise die erlittene Niederlage umzukehren. Je kleinräumiger politische Ordnungen beschaffen sind, desto wahrscheinlicher ist es, dass sie dabei Erfolg haben. Griechenland im 6. und 5. vorchristlichen Jahrhundert sowie Oberitalien im Spätmittelalter und in der Renaissance sind die bekanntesten Beispiele dafür. Was dort der Kampf zwischen den aristokratischen Familien der führenden Städte war, ist in monarchisch-autokratischen Ordnungen der Kampf innerhalb der Familie, der Kampf zwischen Vater und Sohn, zwischen Brüdern, zwischen Onkeln und Neffen und so weiter. William Shakespeares Königsdramen gehen häufig von solchen Konstellationen aus.

Das Exil wurde so als eine zeitlich begrenzte Etappe im Machtkampf der politischen Eliten verstanden. Exil war eine Zwischenphase und sollte nicht zu einem Dauerzustand werden – auch wenn es das für manche dann tatsächlich wurde. Doch das lange währende Exil und der Tod in der Fremde wurden eher als das individuelle Schicksal eines Gescheiterten denn als eine Möglichkeit angesehen, auf die man sich einstellen sollte. Die Vorstellung von der Zeitweiligkeit des Exils galt noch für die meisten politischen Flüchtlinge des 19. Jahrhunderts, unter denen sich zunehmend auch Literaten, Künstler, Schriftsteller und Wissenschaftler befanden. Das trug erheblich zur wachsenden Flüchtlingszahl bei. Aber sie alle, auch die Polen, die im 19. Jahrhundert die Hauptgruppe der politischen Flüchtlinge stellten, sahen sich als Exilierte *auf Zeit* und hatten nicht die Absicht, den Ort des Exils zu ihrer neuen Heimat zu machen.[12] Das galt auch für viele, die auf der Flucht vor dem Nationalsozialismus Deutschland verließen; das zeitweilige Exil wurde erst dann zur definitiven Emigration, als sich die NS-Herrschaft stabiler zeigte, als man erwartet hatte, und schließlich die ungeheuerlichen Verbrechen der Nationalsozialisten bekannt wurden. Danach konnten sich viele nicht mehr entschließen zurückzukehren. Dennoch gingen einige Exilanten nach 1945 wieder nach Deutschland, um sich am Aufbau einer neuen gesellschaftlichen und politischen Ordnung zu beteiligen. Für sie behielt das klassische Modell des Exils auf Zeit Geltung.

Nicht machtpolitische Konflikte, sondern religiöse Gegensätze haben in der europäischen Geschichte Flucht und Vertreibung in ein Massenschicksal verwandelt und dafür gesorgt, dass die Erwartung, bald zurückzukehren, durch die Suche nach einer neuen Heimat in der Fremde abgelöst wurde. Den Juden widerfuhr das Schicksal von Flucht und Vertreibung mehrfach: von der Zerstörung des zweiten Tempels in Jerusalem durch den römischen Kaiser Titus und der anschließenden Vertreibungspolitik über die Pogrome des 12. und 13. Jahrhunderts in den Handelsstädten am Rhein, von wo aus sie nach Osteuropa flohen, bis zu ihrer Vertreibung aus Spanien und Portugal im späten 15. und 16. Jahrhundert, die viele Juden ins Osmanische Reich führte.[13] In all diesen Fällen war klar, dass es nicht um ein zeitlich begrenztes Exil ging, sondern um eines, das über Generationen andauern würde. Für viele blieb die Empfindung der Diaspora vorherrschend, also des «Verstreutseins unter die Völker», während andere mit Beginn der Judenemanzipation im 18. Jahrhundert in den jeweiligen Ländern heimisch wurden und sich als Franzosen, Niederländer, Deutsche fühlten. Die Entwicklung führte hier vom Exil zur Diaspora und – mitunter – von der Diaspora zur Assimilation. Mit der verschwand das Empfinden, fremd zu sein. Der gegen Ende des 19. Jahrhunderts aufkeimende Antisemitismus hat diese Entwicklung dann wieder konterkariert.

Mit der Reformation und dem Zeitalter der Konfessionalisierung, also der Ausbildung von Konfessionen mit eigenen organisatorischen Strukturen und deren Verbindung mit der Landesherrschaft, kamen weitere Gruppen hinzu, die aus religiösen Gründen ins Exil gezwungen wurden; sie wurden Bestandteil einer Migrationswelle, bei der nicht die Suche nach Subsistenzmöglichkeiten der Antrieb war, sondern die Suche nach der Freiheit des religiösen Bekenntnisses. Das begann mit den protestantischen Minderheiten, die aus dem Heiligen Römischen Reich nach Ostmitteleuropa auswanderten, setzte sich fort mit den Reformierten, die nach der englischen Revolution von 1640 bis 1660 den Weg in die Neue Welt einschlugen, und reichte bis zu den Hugenotten, die nach der Aufhebung des Edikts von Nantes, in dem Heinrich IV. den Reformierten in Frankreich volle Glaubensfreiheit zugesichert hatte, nach Deutschland und insbesondere nach Preußen emigrierten. Bei den Hugenotten handelte es sich um eine Elitenmigration und dementsprechend um potenzielle Angehörige der Eliten im Aufnahmeland, da sie gebildeter und besser ausgebildet waren als die einheimische Bevölkerung, ein hohes Maß an Selbstdisziplin und Leistungsbereitschaft mitbrachten und obendrein große Dankbarkeit gegenüber dem Herrscher erkennen ließen, der ihnen sein Land geöffnet hatte. Der französische Dom auf dem Berliner Gendarmenmarkt ist ein Denkmal des hugenottischen Integrationswillens und der Verbundenheit mit der neuen Heimat: In den Tympanonfriesen wird die Geschichte der hugenottischen Einwanderung nach Brandenburg erzählt – im Bild des Auszugs der Juden aus Ägypten und ihrer Ankunft im Gelobten Land. Berlin zumal, wo die Hugenotten zeitweilig bis zu vierzig Prozent der Bevölkerung zählten, wurde nicht als Ort des Exils, sondern als neue Heimat angesehen.

Die Migrationsbewegungen im Europa des 15. bis 19. Jahrhunderts blieben also weitgehend frei von politisch motivierten Flüchtlingen – jedenfalls dann, wenn man die konfessionell motivierte Auswanderung nicht auch als eine politische Fluchtbewegung begreift. Zudem war die konfessionelle Migration die Folge einer persönlichen Entscheidung, denn selbstverständlich konnte man in der alten Heimat bleiben, wenn man die Konfession wechselte und sich dem offiziellen Bekenntnis unterwarf. Wer das *ius emigrandi* für sich in Anspruch nahm, tat dies aus freiem Entschluss; ihm war das öffentliche und uneingeschränkte Praktizieren des Glaubens wichtiger, als in der Heimat zu bleiben und den dortigen Besitz zu wahren. Die Eliten der Aufnahmeländer, in denen die Emigranten unterkamen, gewährten ihnen weniger aus Mitleid oder konfessioneller Solidarität Zutritt, sondern in der Überzeugung, dass sie durch die Aufnahme der Flüchtlinge den Interessen ihres Landes und ihrer Herrschaft am besten dienten. Das änderte sich erst gegen Ende des 19. Jahrhunderts mit den Kriegen auf dem Balkan, als sich das vor allem vom zarischen Russland betriebene Zurückdrängen des Osmanischen Reichs mit der großangelegten Vertreibung der Muslime aus den neu entstehenden Nationalstaaten verband. Diese systematische Vertreibungspolitik setzte sich in den Balkankriegen von 1912 und 1913 sowie 1915 mit der Deportation der Armenier aus ihren angestammten Siedlungsgebieten fort, die dann zum ersten großen Genozid der modernen Geschichte führte; ihren vorläufigen Abschluss fand sie 1922/23 in dem Bevölkerungsaustausch zwischen Griechenland und der Türkei, als mehr als eine Million Griechen ihre angestammte Heimat an der kleinasiatischen und an der pontischen Küste verlassen mussten, um in Griechenland angesiedelt zu werden, während bis zu vierhunderttausend Muslime Thrakien verließen und in das Gebiet des neu entstandenen türkischen Nationalstaats übersiedelten.[14]

Die Vertreibungen und ethnischen Säuberungen auf dem Balkan, im Schwarzmeergebiet und an der kleinasiatischen Ägäisküste, die mit dem Zerfall des Osmanischen Reiches und der Entstehung von Nationalstaaten auf dessen einstigem Herrschaftsgebiet verbunden waren, sind zur Blaupause für die Umsiedlungs- und Vertreibungspolitik des 20. Jahrhunderts geworden. Ein weiterer Exodus folgte mit dem Sieg der Bolschewiki über die weißen «Konterrevolutionäre», der zur Bildung einer russischen Diaspora in Europa und Nordamerika führte. Das Zentrum der russischen Emigration war zunächst Berlin, wo im Jahre 1922 rund 350 000 Russen lebten, dann, bis 1940, Paris, und schließlich die USA und hier insbesondere New York.[15] In der Regel wird diese «Westwanderung» der russischen Emigranten mit der Veränderung der wirtschaftlichen und politischen Lage in Mittel- und Westeuropa erklärt. Aber es zeigt sich darin auch ein schrittweiser Wandel von der Vorstellung, das Exil sei zeitlich begrenzt, zur Suche nach einer neuen Heimat; dieser Wandel vollzog sich in dem Maße, wie die Rückkehr nach Russland mit der Konsolidierung der bolschewistischen Macht zunehmend unwahrscheinlich wurde.

Besonders auf dem Balkan, in Kleinasien und in Osteuropa setzte sich nach und nach die Vorstellung durch, dass die Flucht aus der Heimat endgültig war, dass es keine Rückkehr mehr geben würde und man sich auf die Suche nach einer neuen Heimat machen müsse, wenn man nicht dauerhaft eine nomadische Existenz führen wollte.[16] Nur wenige konnten sich mit dem Nomadismus als dauerhafte Lebensform anfreunden. Einer von ihnen war der Schriftsteller Vladimir Nabokov, in dessen Lebensbericht der Osteuropahistoriker Karl

Schlögel etwas von der «Arroganz des durch Emigration von allem und zu allem frei gewordenen Migranten» ausmachen zu können meint.[17] Insbesondere Künstler und Schriftsteller neigten dazu, die Enttäuschung, dass aus dem Exil auf Zeit eines auf Dauer geworden war, dadurch zu kompensieren, dass sie mit demonstrativem Gestus jede neuerliche Verwurzelung ablehnten. Es waren aber nur wenige, die sich das materiell und mental leisten konnten.

Auf die Flüchtlingswellen, die vom Zerfall der multinationalen, multireligiösen und multilingualen Großreiche in Osteuropa und auf dem Balkan ausgingen, folgten gut ein Jahrzehnt später die Flüchtlinge, die aus politischen Gründen oder unter dem Druck einer rassistischen Politik Deutschland verließen. Nach ihnen kamen die Millionen, die während des Zweiten Weltkriegs und in der unmittelbaren Nachkriegszeit vertrieben oder umgesiedelt wurden und die mehr als ein Jahrzehnt lang dafür sorgten, dass Europa ein «Kontinent in Bewegung» war.[18] Der Zweite Weltkrieg veränderte aber nicht nur die ethnische Landkarte Europas, sondern auch die Ostasiens, wo die japanische Kriegführung und der Bürgerkrieg in China ebenfalls Millionen in die Flucht trieben.[19] Während Arbeitsmigration kontinuierlich Menschenströme in Gang setzt, entwickeln sich Flüchtlingsbewegungen, die eine Folge von Krieg und Revolution, ethnischen Säuberungen und politischen Umerziehungsprojekten sind, wellenförmig und haben daher ganz andere politische und soziale Folgen. Arbeitsmigration kann, wie gezeigt,[20] durchaus gesellschaftskonservierende Effekte haben; Flüchtlingswellen dagegen revolutionieren die sozialen Strukturen der Ausgangs- wie der Ankunftsländer: Auf der Flucht vor den sozialen Erschütterungen einer Revolution haben sie selbst etwas Revolutionäres, und zwar dort, wo sie enden und zur Ruhe kommen.

«Migranten», so schreibt Schlögel, «sind die Avantgarde der Innovation und Modernisierung»[21]; dabei hat er allerdings weniger die Arbeitsmigranten als die politischen Flüchtlinge im Auge. Mit Blick auf Deutschland in der Zeit nach dem Zweiten Weltkrieg stellt er fest: «Der Flüchtling hat die traditionellen und eher konservativen Milieus in Deutschland zersetzt und entschieden die ‹Entbäuerlichung› und die ‹Verstädterung› beschleunigt.»[22] Vor allem in Westdeutschland haben die Flüchtlinge aus dem Osten einen sozialen Modernisierungsschub bewirkt, von dessen Folgen die Bonner Republik lange gezehrt hat, ohne dass sie diese sogleich als positiv wahrzunehmen vermochte.

Nach dem Zweiten Weltkrieg verursachte die Teilung Britisch-Indiens in die beiden Staaten Indien und Pakistan die für lange Zeit größte Flüchtlingskatastrophe, bei der zwischen 14 und 16 Millionen Menschen vom einen ins andere Land flüchteten. Etwa eine Million Menschen verloren dabei ihr Leben.[23] Dem folgte in der Periode der Entkolonisierung Afrikas und Südostasiens zwischen 1945 und 1980 die Rückwanderung von 5 bis 7 Millionen Menschen nach Europa, wo sich die Integration in jene Gesellschaften, aus denen ihre Vorfahren einst ausgewandert waren, als ein großes Problem herausstellte. Wie schon bei den Griechen, die 1923 ihre alten Siedlungsgebiete um Smyrna und Trapezunt verlassen hatten und auf griechischem Staatsgebiet angesiedelt worden waren, erwies sich auch bei der Rückkehr der europäischen Kolonisten die Vorstellung von der Nation nur als begrenzt integrationsfähig. Die Nation stellte sich als eine Zugehörigkeitsfiktion heraus, die mehr Zusammengehörigkeitsempfinden für sich in Anspruch nahm, als sie tatsächlich besaß. Jedenfalls zeigten sich bei der Rückkehr der Europäer gravierende kulturelle Unterschiede, die durch nationale Zusammengehörigkeitsvorstellungen nicht so schnell beseitigt werden konnten. So verfestigte sich bei vielen Heimkehrern das Gefühl, sie seien Fremdlinge im eigenen Land. Noch viel gravierender war diese Erfahrung für die Harkis, Algerier, die im Entkolonisierungskrieg aufseiten der Franzosen gekämpft hatten; sie hatten, wenn sie beim Abzug der Franzosen in ihrer Heimat blieben, mit der Hinrichtung zu rechnen. Also schlossen sich viele von ihnen den abziehenden Franzosen an. In Frankreich wurden sie in eigens für sie errichteten Barackenlagern untergebracht, wo sie von der dortigen Bevölkerung strikt getrennt blieben.[24] Eine Integration in die französische Gesellschaft fand nicht statt, und so entstanden erzwungene Parallelgesellschaften, die als Vorläufer der späteren Banlieues angesehen werden können.

Etwas anders gestaltete sich nach 1948 der Umgang mit den Flüchtlingen aus den Ostblockstaaten, denen ohne weiteres der Status von politisch Verfolgten zuerkannt wurde: Sie würden, so meinte man, in den westlichen Gesellschaften zu Zeugen für die Überlegenheit der eigenen politischen und gesellschaftlichen Ordnung. Nach dem Bau der Berliner Mauer im Sommer 1961 gelang es freilich nur noch Einzelnen oder kleinen Gruppen – den politischen Nachrichten eine Erwähnung wert, gesellschaftlich aber nicht weiter relevant –, die Grenzsicherungen zu überwinden. Daraus erwuchs die Vorstellung vom politischen Flüchtling als jemandem, der aus einem der eigenen Ordnung konträren System kam, zumeist gut ausgebildet war und nur als Einzelperson in Erscheinung trat. Dieses Bild vom Flüchtling wurde zu einer mentalen Hypothek, als nach dem Fall des Eisernen Vorhangs die Flüchtlingszahlen in die Höhe schnellten und seit Beginn der 1990er Jahre aufgrund der jugoslawischen Zerfallskriege Hunderttausende aus dem Westbalkan Sicherheit in den Ländern der

Europäischen Gemeinschaft suchten. Von nun an kam es in immer kürzeren Abständen zu Flüchtlingswellen: Auf die Afghanen, von denen bis Ende 2014 2,6 Millionen ihr Land verlassen haben,[25] folgten die Iraker und auf sie wiederum die Syrer, dann die Somalier und Eritreer, und als die Zahl derer, die mit dem Anspruch nach Deutschland kamen, politische Flüchtlinge zu sein, im Jahr 2015 die Marge von einer Million überschritt,[26] entstand eine wachsende Neigung, ihnen den Status von politischen Flüchtlingen abzusprechen und sie unter dem Rubrum «Wirtschaftsflüchtling» den rechtlich anders zu behandelnden Arbeitsmigranten zuzuschlagen.

Zurzeit ist noch nicht ausgemacht, ob es sich bei den Flüchtlingen aus Syrien und dem Irak im klassischen Sinn um Exilanten auf Zeit handelt, wie es die Flüchtlinge waren, die im Verlauf der jugoslawischen Zerfallskriege nach Deutschland kamen. Sie kehrten nach dem Ende der Kriege zum überwiegenden Teil wieder in ihre Heimat zurück. Ob dies angesichts der massiven Zerstörungen und der religiös-moralischen Verfeindungen für Syrer und Iraker gilt oder ob sie hierbleiben werden, ist schwer abzuschätzen.[27] Wahrscheinlich ist jedoch, dass die Afghanen, die nach Deutschland gekommen sind, bleiben wollen. Nach dreißig Jahren innergesellschaftlichem Krieg sehen sie für sich in Afghanistan keine Perspektive mehr und wollen das Land auf «Nimmerwiedersehen» verlassen. Sie sind Wirtschaftsmigranten und politische Flüchtlinge zugleich, und man darf bezweifeln, dass ein deutscher Entscheider im Rahmen des Asylverfahrens dies sauber auseinanderhalten kann, um am Ende zu sagen, die eine Person sei ein politischer Flüchtling mit begründetem Asylanspruch und die andere ein Wirtschaftsmigrant ohne genuin politischen Schutzanspruch. Das Problem dieser Menschen ist, dass sie zumeist selbst nicht wissen, was sie sind, politischer Flüchtling oder Arbeitsmigrant; und das Problem der deutschen Entscheider ist, dass sie auseinanderdividieren müssen, was aufgrund der bestehenden Konstellationen nicht auseinanderzudividieren ist. Der fehlende Frieden und die mangelnde Sicherheit in einem Land bringen katastrophale wirtschaftliche Verhältnisse hervor – wie lassen sich Wirtschaftsmigrant und politischer Flüchtling da auseinanderhalten?

Ein Versuch, diese rechtlich vorgesehene Trennung mit moralischen Argumenten zu unterlaufen, ist die Behauptung, «der Westen» sei für Flüchtlinge wie Arbeitsmigranten gleichermaßen verantwortlich, da er nicht nur durch militärische Interventionen im Nahen und Mittleren Osten, sondern auch durch die neokoloniale Ausbeutung Afrikas die Migrantenströme und Flüchtlingswellen erst hervorgebracht habe. Deswegen könne nicht zwischen politischen Flüchtlingen und Arbeitsmigranten unterschieden werden. Die wesentlichen Ursachen der Migration seien im kapitalistischen System zu suchen, so etwa die Publizistin Daniela Dahn, daher habe es keinen Sinn, die Fluchtursachen bekämpfen zu wollen, solange dieses System fortbestehe. «Zu den Kriegs- und Armutsflüchtlingen» würden «in absehbarer Zeit die Klimaflüchtlinge hinzukommen», und dann werde der Flüchtlingsstrom ganz andere Dimensionen annehmen.[28] Sieht man genauer hin, so handelt es sich dabei um eine zutiefst widersprüchliche Argumentation: Wenn nämlich die Bekämpfung der «eigentlichen» Fluchtursachen darin bestehen soll, das kapitalistische System zu zerschlagen, dann wird «der Westen» auf Jahre hinaus mit sich selbst beschäftigt und zu keinerlei Hilfe für die Flüchtlinge fähig sein; er kann dann der von Dahn angemahnten «historischen Verantwortung» nicht nachkommen. Außerdem gibt ein Pauschalbegriff wie «der Westen» keine Antwort auf die Frage, wem welche historische Verantwortung zufällt: Geht es um die Militärinterventionen im Nahen und Mittleren Osten, so ist Deutschland, das sich daran nicht oder allenfalls marginal beteiligt hat, aus dem Obligo: Es hätte allenfalls Flüchtlinge aus Afghanistan, aber keine aus dem Irak und Syrien aufzunehmen. Und hebt man auf die Politik des Kolonialismus ab, so wären vor allem Großbritannien und Frankreich, aber auch Belgien und die Niederlande, Portugal und Spanien sowie nicht zuletzt Italien in der Pflicht, Deutschland jedoch, das 1919 aus dem Kreis der europäischen Kolonialmächte ausgeschieden ist, nur am Rande. Keinerlei Verantwortung hätten dann die Visegrádstaaten – Polen, Tschechien, Slowakei und Ungarn –, deren Vorgänger keine Kolonialpolitik verfolgt haben. Erheblich in der Pflicht wäre hingegen Russland, das von Afghanistan bis Syrien militärische Interventionspolitik betrieben hat. Aber wie sieht es mit der «neokolonialen Ausbeutung» Afrikas aus? Sind dann außer «dem Westen» nicht auch die Nachfolgestaaten der Sowjetunion sowie deren einstige Satelliten in Haftung und dazu noch China? Wer unter dem diffusen Begriff «der Westen» Verantwortung auszuweiten versucht, bewirkt das genaue Gegenteil: Er liefert Argumente dafür, warum grundsätzlich andere für die Katastrophe verantwortlich sind und man selbst erst ganz zuletzt.

Die Organisation der Flucht: Schlepper, Schleuser, Menschenschmuggler

Der Entschluss zu fliehen ist immer auch das Ergebnis einer Risikoabwägung: Man lässt sich auf die Risiken der Flucht ein, nachdem man sie gegen die Risiken des Bleibens abgewogen hat. Ohne Zweifel spielen hier emotionale und situative Faktoren herein, wie etwa die beschriebene Aufbruchspanik, wenn größere Gruppen sich auf den Weg machen und man selbst nicht der Letzte sein will;[29] oder umgekehrt die Verbundenheit mit der angestammten Heimat: die Landschaft, die den Blick geprägt hat, das Haus, in dem man groß geworden ist, die zahlreichen Erinnerungen, die mit diesem Haus und seiner Umgebung verknüpft sind, die Gräber der Angehörigen, die man nicht zurücklassen will. Solche emotionalen Faktoren verwandeln sich im Prozess des Abwägens ebenso in Rechengrößen wie die Risiken der Flucht oder des Bleibens, von denen man einige nur ahnt oder schemenhaft kennt und allenfalls vage beurteilen kann. Für das Abwägen dieser Risiken sind die eigenen Ressourcen wichtig: ob man gesund und körperlich belastbar ist, ob Kinder und Alte mitzunehmen sind, ob man einer fremden Sprache mächtig ist und sich verständigen kann, wenn man den muttersprachlichen Raum hinter sich gelassen hat, und vor allem, ob man genug Geld hat, um die Flucht zu finanzieren. Dazu gehört dann auch die Überlegung, ob sich fehlende Ressourcen durch andere kompensieren lassen: Wer seine Eltern und Kinder mitnimmt, braucht mehr Geld für die Flucht. Hier spielen die Autonomiegrade, von denen bereits die Rede war,[30] erneut eine Rolle: Ein junger Mann etwa, der seine Reise gründlich vorbereiten und sich ohne Anhang auf den Weg machen kann, hat eine bessere Ausgangslage als ein junger Mann, der unter dem Druck sich rapide verschlechternder Bedingungen überstürzt den Entschluss fasst zu fliehen und sich dabei um seine ganze Familie zu kümmern hat. Arbeitsmigranten haben entsprechend eine sehr viel bessere Risikobilanz als Bürgerkriegsflüchtlinge. Zudem bewegen sie sich häufig innerhalb seit längerem bestehender Netzwerke, während Bürgerkriegsflüchtlinge darauf angewiesen sind, sich in Netzwerke «einzukaufen», zu denen sie keine Vertrauensbeziehungen haben. Sie müssen, technisch gesprochen, ihr Defizit an sozialem Kapital durch den Einsatz von ökonomischem Kapital, also Bargeld, wettmachen.

Das Mitführen von Bargeld auf der Flucht ist unerlässlich, stellt aber selbst ein Risiko dar: Es müssen Polizisten und Grenzwächter «geschmiert», Tickets für Busfahrten oder Schiffspassagen gekauft und Lebensmittel beschafft werden. Fast alle Berichte stimmen darin überein, dass auf den großen Flüchtlingsrouten sämtliche Preise, vom Busticket bis zum Brot, schnell steigen. Selbstverständlich gibt es dort immer wieder Akte des Mitleids und der Solidarität, aber der Grundtenor ist, dass sich auf den Flüchtlingsrouten ein «Business» entwickelt hat, bei dem viele ein wenig und wenige sehr viel Geld verdienen – und die Flüchtlinge dies alles zu bezahlen haben. Wem dabei das Geld ausgeht, der wird zum Gestrandeten, bleibt «auf halbem Weg» hängen, kann weder voran noch zurück, weiß aber auch nicht, wie er dort überleben soll, wo er hängengeblieben ist. Insofern sind die Flüchtlingsrouten gesäumt von den vielen, die es nicht weiterschaffen: An den Knotenpunkten sitzen Menschen fest und warten darauf, dass eine humanitäre Organisation sich ihrer annimmt. Die Routen gleichen den Heerstraßen früherer Jahrhunderte, am Wegesrand das, was die durchziehenden Menschenmassen zurückgelassen haben: Müll, zumal Plastikmüll, oder auch Rettungswesten und in sich zusammengefallene Schlauchboote an den Uferstreifen der griechischen Ägäisinseln[31]. Und schließlich gehören auch die schnell wachsenden Friedhöfe dazu, auf denen diejenigen beigesetzt werden, die vor Erschöpfung gestorben oder im Meer ertrunken sind und an Land gespült wurden. Es sind dies Grabstätten der

Namenlosen, die bei der Bestattung keiner kannte, die ohne Angehörige bestattet werden mussten und denen man häufig aufgrund fehlender Personalpapiere nicht einmal eine Identität zuordnen konnte. Was im 20. Jahrhundert das Grab des unbekannten Soldaten war, ist im 21. Jahrhundert zum Grab des unbekannten Flüchtlings geworden.

Durch die Mitnahme größerer Geldsummen allein lassen sich die Risiken der Flucht nicht beherrschen, denn Bargeld bringt eigene Risiken mit sich: Es zieht Diebe und Räuber an, und mancher Flüchtling kann von Glück reden, dass ihm nur das Geld und nicht das Leben genommen worden ist. Navid Kermani ist einem solchen in Izmir begegnet: «Muhammad Yussuf Zaidan hat einen guten Teil seines Geldes, umgerechnet 45 000 Euro, bar in das Futter seines Sakkos genäht und ist vor achtzehn Tagen aus Mossul geflohen. Die Familie ließ er zurück, weil der Weg ihm zu gefährlich schien, vor allem die Checkpoints des Islamischen Staates. Mit mehr Glück als Verstand hat er es, von langen Fußmärschen erschöpft zwar, aber wohlbehalten, in die Türkei geschafft, nur um gleich am ersten Abend von mehreren Männern bewusstlos geschlagen zu werden. Herr Zaidan wendet sein Sakko nach außen und zeigt die Stelle, wo es von innen aufgerissen ist. Auch seine Tasche haben die Räuber mitgenommen, ebenso Smartphone, Ausweis und so weiter.»[32] Diesem Mann ist der Entschluss zu fliehen offenbar nicht leichtgefallen, und er hat lange gezögert, sich auf den Weg zu machen. Kermani berichtet: «Ich muss nicht weiterfragen, um seine Geschichte zu erfahren. Er [...] ist sechsundfünfzig Jahre alt und besaß in Mossul eine ganze Ladenkette. Aber in Mossul darf man nicht rauchen, man darf nicht mit seiner Frau ausgehen, man darf nicht arbeiten, und wenn man arbeitet, muss man mit seinem Verdienst den IS finanzieren. – Gibt es denn in Mossul einen, der zufrieden mit dem IS ist? frage ich. – Das sind Tiere, sagt Herr Zaydan. Welcher Mensch ist schon zufrieden, wenn er von Tieren beherrscht wird? – Aber der IS muss doch auch Unterstützer haben? – Sie haben keine Ahnung, was in Mossul los ist. Da ist Tag für Tag Terror. Die einen üben ihn aus, die anderen werden terrorisiert. Was glauben Sie denn, warum ich hier bin? Ich hatte dort alles, Familie, ein Haus, zwei Autos, ich war jemand. Jetzt bin ich niemand.»[33]

Das Beispiel Muhammad Yussuf Zaidans aus Mossul zeigt, wie schwer es ist, die Risiken der Flucht abzuwägen: In mancher Hinsicht vermindert man sie, wenn man eine größere Menge Geld mitnimmt – so man es denn überhaupt hat –, weil man sich dann Hilfe kaufen kann. Geld ist ein Schmiermittel, mit dem man durchkommt, wo andere hängenbleiben. Und häufig soll es auch dazu dienen, die zurückgebliebene Familie später nachzuholen. Aber es erhöht das Risiko, Opfer eines Überfalls zu werden, denn zwangsläufig treten die, die auf Geld zurückgreifen können, anders auf als jene, die kein oder kaum Geld haben. Das lässt sich gerade an Grenzübergängen und Kontrollposten beobachten. Nicht selten versorgen Beamte, die hier Dienst tun, die ein paar Kilometer weiter lauernden Gewalttäter mit der Information, bei wem sich ein Raubüberfall lohnen könnte. Am sichersten ist da noch, wer sich im Strom der Flüchtlinge auf den großen Routen bewegt; diejenigen, die sich nach der Sperrung einer solchen Route auf eigene Faust neue Wege suchen und Grenzblockaden umgehen, laufen Gefahr, von Räuberbanden überfallen und ausgeraubt zu werden – und das keineswegs nur in Zentralasien und im Vorderen Orient, sondern auch in Europa, etwa in Albanien oder Bulgarien.[34]

Es sind ganz unterschiedliche Formen des «Business», die sich auf den großen Flüchtlingsrouten entwickelt haben, und die Verbindung von Geschäft und Verbrechen, Legalität und Illegalität ist von kaum einem Flüchtling zuverlässig einzuschätzen. Wer den Straßenräubern entgeht, fällt korrupten Staatsdienern zum Opfer; und wem es gelingt, die von Letzteren errichteten Hürden zu überwinden, gibt dabei Informationen preis, die ihn wiederum zum Ziel von Straßenräubern machen. Am ehesten kommt man durch, wenn man es nicht auf eigene Faust versucht und an jedem Ort für die nächste Teilstrecke zahlt, sondern sich einer Schlepperorganisation anvertraut, die Flüchtlinge gegen einen Festbetrag durchschleust. Je näher die Flüchtlingsrouten den europäischen Außengrenzen kommen, desto verlässlicher werden die Zahlen über die Summen, die sich im Schlepper- und Schleusergeschäft verdienen lassen. Die von Menschenschmugglern organisierte Überfahrt von Tunesien nach Lampedusa bringt für ein mittelgroßes Fischfangschiff einen Umsatz von 40 000 Euro, sodass ein Schleusernetzwerk schätzungsweise 100 Millionen Euro in zwei Jahren verdienen kann.[35] Auf der Strecke von der türkischen Westküste zu den griechischen Ägäisinseln, die sehr viel kürzer ist als die Überfahrt von Tunesien nach Lampedusa, dürfte die Gewinnspanne um einiges höher sein, was auch an der zeitweilig größeren Nachfrage auf dieser Route liegt. Pro Überfahrt eines Schlauchbootes nehmen die Schlepper über 50 000 Euro ein, wovon der Kaufpreis des Bootes von 2000 bis 3000 Euro sowie die Bestechungsgelder für Polizei und Militär abzuziehen sind.[36] Um den Gewinn zu steigern, werden die Boote häufig überfüllt losgeschickt; die sich regelmäßig wiederholenden Katastrophen sind zumeist auf die Überlastung der Boote zurückzuführen. Im Ergebnis steht der einen Milliarde Euro, die von der Europäischen Union ausgegeben wird, um die illegale Migration zu bekämpfen, etwa dieselbe Summe gegenüber, die von den Flüchtlingen an die Menschenschmuggler gezahlt wird, um die Fahrt über das Meer möglich zu machen.[37]

Schlepper und Schleuser halten den Strom der Flüchtlinge in Gang, aber sie sind nicht die Ursache der Flüchtlingswellen. Sie profitieren von der Not der Menschen, aber für die Flüchtlinge sind sie auch diejenigen, die sie unter Umständen vor Schlimmerem bewahren. Freilich gibt es auch Schlepperbanden, denen das Schicksal ihrer «Passagiere» völlig gleichgültig ist, die Flüchtlinge auf seeuntüchtigen Schiffen und Booten zusammenpferchen, sie auf offener See ihrem Schicksal überlassen oder so viele Menschen in den Laderäumen von Lkws einsperren, dass sie auf der Fahrt qualvoll ersticken. Geldgier und Skrupellosigkeit gehen hier Hand in Hand. Für die Schlepper ist der Flüchtling ein Niemand, eine Ware, um deren sorgsamen Transport man sich nicht zu scheren braucht. Dennoch spielen die Schlepperbanden in der Risikoabwägung der Flüchtlinge eine große Rolle: Zum einen agieren nicht alle Schlepperbanden gleich, zum anderen weiß man von den Rettungsaktionen der Europäer auf See. Selbst ein überladenes Boot kann sicherer sein als eine Flucht auf eigene Faust. Die Flüchtlinge befinden sich somit in einem unauflöslichen Dilemma. Sie müssen die Primärrisiken (das Verbleiben am Ort) und die Sekundärrisiken (die auf dem Weg lauernden Gefahren) gegeneinander abwägen, um eine Entscheidung zu treffen. Dabei verfügen sie jedoch nur über unsichere Informationen – weder können sie wissen, wie gefährlich die Situation in ihrem Land noch werden wird, noch können sie davon ausgehen, dass ihre Flucht sie an einen sicheren Ort bringt. Die Dilemmata der Entscheidung verwandeln sich in unüberschaubare Risiken, denen keiner entkommen kann: weder die, die sich für die Flucht, noch jene, die sich gegen die Flucht entscheiden.[38]

Aber auch die in den Zielländern der Flüchtlingsströme gepflegte Rhetorik eines «Kampfes gegen die kriminellen Schlepperbanden» entgeht diesem Dilemma nicht: Je effektiver der Kampf gegen die Organisationen der Schlepper und Schleuser geführt wird, desto mehr werden diese in skrupellos kriminelle Organisationen verwandelt und desto höher ist der Preis, den die Flüchtlinge zu zahlen haben, wenn sie sich ihnen anvertrauen. Will man es zuspitzen, so agieren die Staaten de facto zumindest als Preistreiber, wenn nicht als unbeholfene Helfershelfer der am stärksten kriminellen Elemente in der Schleuser- und Schlepperszene.[39] Entwickelt man daraus eine zynische Logik, so lautet diese: Je höher der Preis ist, den die Menschenschmuggler dafür verlangen, umso weniger Menschen werden den Weg nach Europa schaffen. In Gestalt des Rücknahmeabkommens mit der Türkei hat die EU versucht, dieses Dilemma aufzulösen: Die mit Hilfe von Schleppern in Griechenland angekommenen Flüchtlinge sollen nach einer schnellen Überprüfung ihres Asylanspruchs (mit Ausnahme derer, denen Asyl zugebilligt wurde) in die Türkei zurückgeschickt werden, und im Gegenzug dazu nimmt Europa die syrischen Flüchtlinge auf, die sich bereits in der Türkei befinden. Das soll den Flüchtlingen signalisieren, dass es besser ist, in der Türkei zu warten, als sich auf eigene Faust in die EU aufzumachen. Da aber nur Syrer eine Chance haben, auf diesem Weg in die EU zu gelangen, werden Iraker, Afghanen und Eritreer auch weiterhin versuchen, auf anderen Wegen in die EU zu kommen, die ihnen als ein Hort der Sicherheit gilt.

Andererseits ist aber auch klar, dass sich das Problem der Schlepper- und Schleuserorganisationen nicht dadurch beseitigen lässt, dass die Grenzen der Europäischen Union für alle, die hineinwollen, geöffnet werden. Die Zahl der Flüchtlinge ließe sich dann tatsächlich nicht mehr bewältigen, und eine jede Regierung, die eine solche Politik betriebe, würde die Macht nach wenigen Monaten verlieren. Es käme zu einem politischen Richtungswechsel, bei dem an die Stelle eines helfenden Europas die «Festung Europa» träte, die alle, die nach Europa kommen wollen, abweist und abwehrt. An dem Eintritt eines solchen Umschlags kann es angesichts der politischen Entwicklung in den EU-Ländern seit dem Herbst 2015 nicht den geringsten Zweifel geben. Das moralische Dilemma ließe sich durch eine prinzipielle Grenzöffnung also bestenfalls kurzfristig auflösen, jedoch um den Preis, dass sich Europa danach mittelfristig in einen Kontinent verwandeln würde, der moralische Dilemmata nicht einmal mehr zu denken bereit wäre: Festungsdenken blendet das Leid derer, die draußen gehalten werden, grundsätzlich aus.

Fluchtbewegungen, so ist festzuhalten, lassen sich im Unterschied zu Arbeitsmigrationen nur sehr begrenzt steuern. Die Menschen wägen, wie gezeigt, Risiken und Chancen ja nicht in einer unbelasteten Situation rational gegeneinander ab, sondern fast immer in einer als hochproblematisch empfundenen. Die Zielländer haben durch die Modifikation der Pull-Faktoren nur wenig Einfluss auf die Entscheidung für oder gegen die Flucht. Die Schweizer Wirtschaftswissenschaftler Bruno S. Frey und Margit Osterloh haben zwecks Rationalisierung der Migrationsentscheidung und mit dem Ziel, die von den Migrierenden an die Schlepperorganisationen bezahlten Gelder einer zweckmäßigeren Verwendung zuzuführen, den Vorschlag gemacht, die beliebten Zielländer der Flüchtlinge sollten das Aufenthaltsrecht gegen einen entsprechenden «Eintrittspreis» an sie verkaufen.[40] Frey und Osterloh sehen darin einen Mechanismus, Migration zu steuern, denn selbstverständlich können beliebte Zielländer einen höheren Preis verlangen als weniger beliebte, und dementsprechend ziehen sie höher qualifizierte Migranten an. Gleichzeitig können sie, sei es aus humanitären Erwägungen, sei es mit dem Ziel der Steuerung von Migration, diese Preise auch absenken oder Rabatte gewähren, etwa, wenn die Neuankömmlinge nicht in eine Stadt mit Wohnungsmangel, sondern aufs Land ziehen, wo Wohnraum im Überfluss vorhanden ist. Beide Wirtschaftswissenschaftler räumen aber auch ein, dass sich so eigentlich nur Mittelschicht-, nicht jedoch Armutsmigration beeinflussen lässt. Deswegen dürfte ihre Erwartung, dass mit Einführung des von ihnen vorgeschlagenen Systems die hohen Kosten für die Grenzkontrollen entfallen würden, auch kaum Realität werden. An der Lebenswirklichkeit der allermeisten der 51 Millionen Menschen, die nach UNHCR-Angaben im Jahr 2013 auf der Flucht waren,[41] dürfte dieser Vorschlag vollständig vorbeigehen. Im Ergebnis läuft er wohl mehr auf eine Modifikation der Pull- als der Push-Faktoren hinaus und betrifft die Arbeitsmigration, nicht die Flüchtlingsbewegungen. Es handelt sich im Grunde um ein Einwanderungsmodell, das anstelle des von Australien und Kanada praktizierten Punktesystems auf Geld setzt – und greift damit erheblich kürzer, als die Autoren glauben.

Also bleibt es bei einem Mittelweg, der darauf hinausläuft, dass den Flüchtlingen der Weg nach Europa schwergemacht wird, was wiederum zur Folge hat, dass ihnen der Entschluss zur Flucht nicht leichtfällt, sodass sich weniger entschließen dürften, den Weg nach Europa zu wagen. Parallel zur Erschwerung des Entschlusses, nach Europa zu flüchten, muss aber der hohen Zahl derer, die auf den Fluchtrouten den Tod finden, entgegengewirkt werden, sodass das auf Wertebindung und Hilfsbereitschaft beruhende politisch-moralische Selbstverständnis der Europäer nicht grundsätzlich in Frage gestellt wird. Gleichzeitig ist es angezeigt, legale Zugangswege nach Europa oder, wenn das nicht einvernehmlich möglich ist, nach Deutschland zu schaffen, um so die eigenen Arbeitsmarktprobleme anzugehen und den Druck auf die Außengrenzen etwas zu vermindern. Man kann das kritisieren und eher für Fluchterleichterung oder für Fluchterschwerung optieren, wie das von Links- oder Rechtsintellektuellen je nachdem zu hören ist, aber im Ergebnis werden liberaldemokratische Ordnungen immer auf diesen mittleren Weg zurückkommen. Wer der Bundeskanzlerin vorwirft, ein doppeltes Spiel zu spielen, weil sie einerseits für die Willkommenskultur stehe und andererseits auf eine Stärkung der EU-Außengrenzen setze, hat das Problem, um das es geht, nicht verstanden.[42]

Der Fremde als Gast: Gastmetaphoriken in einer ungastlichen Welt

Es ist frappierend, wie oft im Zusammenhang mit den Flüchtlingen vom Gastrecht die Rede ist, obwohl bereits mit der Entstehung des institutionellen Flächenstaats im Europa der Frühen Neuzeit das Fremdenrecht an die Stelle des Gastrechts getreten ist. Flüchtlinge und Migranten, die nach Deutschland kommen, werden gemäß den Vorgaben der Genfer Flüchtlingskonvention, des Asylrechts oder des Ausländerrechts behandelt. Auf ein Gastrecht oder den Status eines Gastes kann sich keiner bei den entsprechenden Behörden berufen, nicht in Deutschland, nicht in Europa, im Prinzip nirgendwo dort, wo es eine institutionelle Staatlichkeit gibt. Das Gastrecht war ein Institut, um in Zeiten, bevor es Staatlichkeit gab, Fremde zu schützen; es war auch weniger ein Recht im modernen Sinn als vielmehr ein durch sakrale Vorstellungen geschützter Brauch, den zu verletzen die Strafe der Götter – und aus Furcht vor dieser Strafe die soziale Ächtung durch die Gemeinschaft – nach sich zog. Wie der Ethnologe Tobias Schwarz gezeigt hat,[43] wird der Terminus «Gastrecht» vor allem verwandt, wenn nach Rechtsverstößen die Ausweisung gefordert wird. Solche Forderungen gehen offenbar von dem Grundgedanken aus, dass man ein Recht verwirken könne und dass es nicht etwa der Gast sei, der unter dem Schutz eines bestimmten Rechts stehe, sondern dass der Gastgeber über dieses Recht nach seinem Gutdünken verfüge: Der Gastgeber legt die Regeln fest, denen sich der Gast zu unterwerfen hat, und sobald er dagegen verstößt, hat er sein Aufenthaltsrecht verwirkt. In diesem Sinn müsste eigentlich anstelle von Gastrecht von einem *Gastgeberrecht* die Rede sein. Jedenfalls meinen Politiker Letzteres, wenn sie von Ersterem sprechen. Oder etwas zurückhaltender: Die Formel vom Gastrecht als einem Schutzanspruch des Fremden, die angebracht gewesen wäre, als ein rechter Mob in Heidenau, Clausnitz und Bautzen gegen ankommende Flüchtlinge randalierte, hat sich in eine Beschwörungsformel gegen die Ambiguität und Unheimlichkeit des Fremden verwandelt. In jüngerer Zeit haben Philosophen und Kulturwissenschaftler, die über dieses Problem nachgedacht und geschrieben haben, daher den Begriff des Gastrechts vermieden und stattdessen nur vom Gast oder von der Gastfreundschaft, vorzugsweise auch von Gastlichkeit gesprochen.[44]

Die Formel vom Gastrecht bezieht sich, wenn sie im Zusammenhang mit der Flüchtlingskrise gebraucht wird, nicht auf eine sakrale Verpflichtung, sondern steht metaphorisch für einen Umgang mit dem Fremden, bei dem dieser nicht als Feind, sondern als Gast behandelt wird. So kann das griechische Wort *xenos* den Fremden, den Feind, den Gastfreund

und schließlich auch den Freund bezeichnen. In dieser Bandbreite von Bedeutungen wird festgehalten, wie mit dem Fremden umgegangen wird. Er kann einer sein, der bewaffnet daherkommt und bereit ist, für den, der ihn bezahlt, Gewalt anzuwenden: In der Wahrnehmungswelt der Griechen war der Söldner für lange Zeit ein Fremder, der als Erfüllungsgehilfe der Tyrannis agierte. Dass die Söldner der Bürgerschaft einer von einem Tyrannen beherrschten Stadt fremd blieben, das heißt mit ihr keine sozialen Beziehungen eingingen, war die Voraussetzung dafür, dass sie ein zuverlässiges Instrument in den Händen des Gewaltherrschers blieben. Der Söldner war zwar kein Feind im strikten Sinn, aber man musste bei ihm jederzeit mit feindseligen Handlungen gegenüber der Bürgerschaft rechnen. Dem steht der Gastfreund gegenüber, also der Fremde, dessen potenzielle Feindseligkeit durch das Institut der Gastfreundschaft gezähmt ist und der sich aus einem institutionell gezähmten Fremden, dem Gastfreund, in einen dauerhaften Freund verwandeln kann.[45] Gastfreundschaft löst die Mehrdeutigkeit von Fremdheit in Richtung Freundschaft auf, während Söldnertum die Fremdheit festschreibt, um daraus möglicherweise Nutzen für die Gewaltanwendung gegen die eigene Bevölkerung zu ziehen. So jedenfalls hat es die tyrannenfeindliche politische Theorie der antiken Griechen dargelegt.[46] Man kann somit alle Begriffsbildungen mit «Gast» als Formeln ansehen, die der Unheimlichkeit des Fremden begegnen sollen – als Gast wird der Fremde ins Eigene eingebunden. Dabei ist «einbinden» durchaus wörtlich zu verstehen: Der Status des Gastes schützt den Fremden vor Aggressionen der Einheimischen, aber vor allem legt er ihm Verpflichtungen auf, die festlegen, wie er sich zu verhalten hat.

Im lateinischen Begriffspaar von *hostis* und *hospes* beziehungsweise *hostilitas* (Feindseligkeit) und *hospitalitas* (Gastfreundlichkeit/Gastlichkeit) kommt diese Vereindeutigung des Fremden entweder zum bewaffneten Kontrahenten oder zum fürsorglich Beherbergten noch klarer zum Ausdruck. So steht das Wort *hostis* zunächst für beides: für den Fremden, Fremdling und Ausländer als Gegenbegriff zu *civis* (Bürger) wie für den kriegführenden Fremden, also den Feind im Kriege, den, der durch seine Nichtzugehörigkeit und nicht durch persönliche Verfeindung Feind ist: *Hostis* ist der Feind, der sich offen als solcher zeigt.[47] Das Wort *hospes* steht hingegen für den Fremden, der durch friedlichen Aufenthalt als Gast zum Freund wird. Von der ursprünglichen Bedeutung von *hostis* im Sinne von fremd abgeleitet, steht es für den durch die Aufnahme bei einem Gastherrn (*hostipotis*) aus einem potenziellen Feind in einen Freund verwandelten Fremden.[48] Das Gasthaus ist die abgeschwächte Form dieser Institution. Es bietet dem Fremden, der als Gast kommt, Schutz und Herberge, sofern er dafür bezahlt. Der Gast (*hospes*) ist der «entfremdete Fremde», der Fremde, der unter Respektierung seines Fremdseins bis zu einem gewissen Maß ins Eigene aufgenommen worden ist, wohingegen der Feind (*hostis*) der Fremde ist, der seine Fremdheit behält und sie aggressiv ausübt.

Der Schutz des Fremden, der mit der Institution der Gastfreundschaft verbunden ist, dient zugleich dem Schutz des Eigenen vor dem Fremden. Wo von Gastfreundschaft oder vom Gaststatus die Rede ist, bedient man sich also eines Zauberworts, mit dem die Unheimlichkeit des Fremden gebannt werden soll: Die eigene Freundlichkeit soll auch den Fremden freundlich stimmen, und die Ritualität von Gastlichkeit und Gastfreundschaft, beginnend beim Gruß über die Aufnahme ins Haus bis zum Gastmahl, soll den Fremden verpflichten, sich wie ein Freund zu verhalten. Dahinter steht vor allem die Sorge, dass er antasten könnte, was ihm nicht zusteht. Da der zum Gast gemachte Fremde fast durchweg männlich konnotiert ist, soll er in erster Linie davon abgehalten werden, die Frau(en) und Töchter des Gastgebers zu rauben. Die Vorstellung des Frauenraubs steht hier für deren Vergewaltigung (das englische Wort *rape* hat diesen Zusammenhang bewahrt). Die Vergewaltigung der Frauen und Töchter, die als Besitz des Hausherrn, des Gastgebers, begriffen werden, bezeichnet vorrangig die Überwältigung und Entfremdung des Eigenen. Im Raum des Eigenen wird das Eigene zum Fremden gemacht, indem es durch den Fremden überwältigt wird. Vergewaltigte Frauen werden bei aller Empörung über die ihnen angetane Gewalt von der Eigengruppe häufig verstoßen. Wenn sie überleben und zurückkehren, sind sie, da «entehrt», kein ehrenvoller Besitz mehr.

Furchteinflößend am Fremden ist aber nicht nur die ihm potenziell innewohnende Gewalttätigkeit, sondern auch die von seiner Fremdheit ausgehende Attraktivität. Dem Fremden wird eine sexuelle Potenz und erotische Attraktivität zugeschrieben, die gebändigt werden muss und die, wie die Fülle der einschlägigen Mythen und Erzählungen zeigt, nie zuverlässig gebändigt werden kann. Die Entführung der Helena, von der die *Ilias* als Ursache des Trojanischen Krieges berichtet, ist ein berühmtes mythisches Beispiel für die Mehrdeutigkeit des Fremden. In einem Teil der mythischen Fassungen wird Helena von Paris nach Troja entführt, in einem anderen Teil sorgt die Liebesgöttin Aphrodite dafür, dass Helena sich in Paris, der die Gastfreundschaft ihres Ehemanns Menelaos genießt, verliebt und freiwillig mit ihm nach Troja flieht.[49] Durchweg verbindet sich mit dem fremden Gast die Vorstellung von Attraktivität und Potenz, die eine stete Quelle der Angst oder des Begehrens bei den Hausbewohnern ist.

Die rituelle Domestikation des Fremden zum Gast beginnt mit der Nennung seines Namens: Wer einen Namen hat und diesen preisgibt, hat einen ersten Schritt zu seiner «Entfremdung» gemacht. «Nun ist dieser Fremde», bemerkt Derrida, «also jemand, den man, um ihn zu empfangen, zunächst einmal nach seinem Namen fragt; man fordert ihn auf, seine Identität anzugeben und zu garantieren, wie bei einem Zeugen vor Gericht. Er ist jemand, dem man eine Frage stellt und an den man eine Anfrage richtet, die erste, die minimale Anfrage, die da lautet: ‹Wie heißt du?› oder mehr noch: ‹Indem du mir sagst, wie du heißt, indem du auf diese Anfrage antwortest, übernimmst du die Verantwortung für dich, bist du vor dem Gesetz und deinen Gastgebern verantwortlich, bist du ein Rechtssubjekt.›»[50] Die Vorstellung, dass mit der Nennung des Namens die Domestikation des Fremden zum Gast beginnt, dass die Offenlegung der Identität eine Selbstverpflichtung ist, tauchte auch in der jüngsten Flüchtlingskrise auf: in der Diskussion darüber, ob man Flüchtlinge, die über keine Ausweise verfügen, ihre namentliche Identität somit nicht belegen können, überhaupt ins Land lassen oder ob man ihnen den Gaststatus kategorisch verweigern soll. Das Problem einer Sanktionierung von «Namensverweigerern» besteht darin, dass man nicht zuverlässig sagen kann, ob das Fehlen der Ausweispapiere auf eine überstürzte Flucht zurückzuführen ist beziehungsweise den Flüchtlingen die Papiere ohne eigenes Verschulden abhandengekommen sind – oder ob es sich dabei um einen geplanten Akt handelt und der Ausweis vernichtet wurde, um absichtlich die Feststellung der Identität zu verhindern.

Paradigmatisch ist dieses Problem in Richard Wagners *Ring des Nibelungen* behandelt, und zwar in der *Walküre*, wo der Fremde dem ihn in sein Haus aufnehmenden Hunding nicht sagen kann, wer er ist. «Friedmund darf ich nicht heißen; / Frohwalt möcht ich wohl sein: doch Wehwalt – muss ich mich nennen.»[51] Aber noch bevor Hunding nach dem Namen fragt, hat er gegenüber dem bei der Rückkehr in seinem Haus angetroffenen Fremden die Grundregel des Umgangs umrissen: «Heilig ist mein Herd: / heilig sei dir mein Haus.» Der erste Teil ist eine Feststellung, der zweite eine an den Fremden gerichtete Aufforderung, die Verpflichtungen eines Gastes unbedingt zu übernehmen: «Heilig sei dir mein Haus.» Als der Fremde, der seinen Namen nicht zu nennen vermag, erzählt, was ihm in den letzten Tagen widerfahren ist, weiß Hunding, dass er denjenigen vor sich hat, den zu jagen und zu töten er losgezogen war: Der Fremde ist der Feind im eigenen Haus – nicht der persönliche Feind, denn beide sind sich zuvor nie begegnet, aber der politische Feind, da der Fremde Angehörige von Hundings Sippe getötet hat. Mehr noch: der Fremde ist nicht nur ein Feind von Hundings Sippe, sondern zudem ein Feind jedweder Sippenbindung; er vertritt ein grundsätzlich anderes Wertesystem als Hunding.

Aber Hunding ist verpflichtet, das dem Fremden einmal gewährte Gastrecht zu respektieren: Solange dieser sich in seinem Haus aufhält, ist er für ihn unantastbar; erst wenn er das Haus verlassen hat, darf Hunding ihn angreifen. Hunding begrenzt den Aufenthalt des Fremden jedoch auf eine Nacht: «Mein Haus hütet, / Wölfing, dich heut: / für die Nacht nahm ich dich auf. / Mit starker Waffe / doch wehre dich morgen; / zum Kampf kies ich den Tag: / für Tote zahlst du mir Zoll.»[52] Die Mehrdeutigkeit des Fremden wird raumzeitlich aufgelöst: Im Haus und für die Nacht ist er Gast; am Tag und außerhalb des Hauses ist er Feind. – Aber wie soll sich der Fremde gegen Hunding zur Wehr setzen, da er doch ohne Waffen in dessen Haus gekommen ist? Noch in der

Nacht findet er ein Schwert, das einstmals ein Fremder, der überraschend bei Hundings Hochzeit aufgetaucht war, bis zum Schaft in die das Dach des Hauses tragende Esche eingerammt hatte. Viele hatten versucht, es herauszuziehen, aber keiner hatte es vermocht. Was ihnen misslang, gelingt dem Fremden sogleich, und von diesem Augenblick an weiß er, dass dieser frühere Fremde sein Vater war, der ihm einst für den Fall höchster Not ein Schwert verheißen hatte. Im Fremden findet der Fremde das ihm zugedachte Eigene. Und nicht nur das: In Hundings Frau erkennt er die verlorene Schwester, die einst von Feinden geraubt wurde, und in dieser Nacht noch wird sie ihm zur «bräutlichen Schwester»: Sie vollziehen den Beischlaf.

Außer Schwester und Schwert, Frau und Waffe findet der Fremde in Hundings Haus aber noch ein Drittes, und das ist der Name, der ihm bislang fehlte, und damit eine Identität, die er als die seine annehmen will. Hunding hatte ihn «Wölfing» genannt und ihm dadurch eine Sippenidentität attestiert, doch diese hatte er nicht akzeptiert. Nicht vom Feind wollte er seine Identität erhalten. «So laß mich dich heißen», beschwört ihn nun seine Schwester Sieglinde, «wie ich dich liebe: / Siegmund – / so nenn ich dich!», und darauf der Fremde, diesen Namen emphatisch für sich annehmend: «Siegmund heiß ich / und Siegmund bin ich.»[53]

Was sich in Hundings Haus abspielt, ist nicht nur ein inzestuöser Ehebruch, sondern auch eine flagrante Verletzung der Gastfreundschaft und aller mit ihrer Inanspruchnahme verbundenen Selbstverpflichtungen. Noch vor Morgengrauen machen sich Siegmund und Sieglinde auf die Flucht, verfolgt von Hunding, in Wehr und Waffen, nachdem dieser bemerkt hat, was sich in seinem Haus zugetragen hat. Schließlich stellt er die Ehebrecher und vollbringt mit göttlicher Hilfe, was er ohne diese nicht vermocht hätte: Er tötet Siegmund. In einem normalen Zweikampf hätte Hunding gegen ihn keine Chance gehabt, schon gar nicht, nachdem Siegmund das Wunderschwert aus dem Gebälk des Hauses gezogen hat. Aber der vielfache Bruch aller heiligen Gebote und sozialen Regeln hat Wotan in Gestalt seiner Gattin Fricka, der Hüterin von Ehe und Haus, gezwungen, gegen Siegmund, sein eigenes Geschöpf, Partei zu ergreifen und Siegmund wieder zu entwaffnen, sodass Hunding ihn töten kann. Entgegen den von ihm insgeheim verfolgten Zielen muss Wotan für die Einhaltung der Regeln sorgen, auf denen die gesellschaftliche Ordnung aufgebaut ist: Käme einer wie Siegmund durch, würde es schon bald keine Gastfreundschaft mehr geben; auch wenn Wotans Gattin allein auf dem Schutz der Ehe besteht, so ist es doch auch der Schutz der mit der Gastfreundschaft verbundenen Regeln, um die es bei der Tötung Siegmunds geht.[54] Wagner bedient sich bei dieser dramatischen Erzählung des klassischen Narrativs einer an der Grenze von eigen und fremd angesiedelten Gastfreundschaft: Der Fremde bedroht die Ordnung, deren Regeln er nicht anerkennt, und er entfremdet dem Gastgeber dessen Eigenes. Der Raub aber ist kein wirklicher Raub; der Fremde nimmt, was ihm freiwillig folgt, weil es sich als das Eigene erweist.

Es geht also um die Brüchigkeit einer Ordnung, die durch den Bruch der Gastfreundschaft und ihrer hochkomplexen Regeln zutage tritt. Auch wenn die meisten Zuschauer bei der Aufführung der Oper innerlich aufseiten Siegmunds stehen dürften und den lieblosen Hunding verachten, der von nichts anderem als Sippe und Sippenrecht zu reden weiß und dabei emotionaler Zuwendung und individueller Entscheidung keinen Raum gibt, so dürften dieselben Personen, sobald sie das Opernhaus verlassen haben und ein derartiges

Geschehen nicht mehr auf der Bühne, sondern im realen Leben verfolgen, doch einen radikalen Positionswechsel vornehmen und sich mit Hunding gegen Siegmund und Sieglinde stellen. Das ist erst recht der Fall, wenn sie sich selbst davon betroffen fühlen. Die durch das Bühnengeschehen erzeugte Empathie mit den beiden Liebenden ist schnell geschmolzen, und an ihre Stelle tritt die Angst vor dem Fremden, vor seiner Unheimlichkeit und Bedrohlichkeit. Das hat sich in der Mischung aus Angst und Empörung gezeigt, mit der man in Deutschland auf die Nachrichten über sexuelle Übergriffe von Migranten und Flüchtlingen reagiert hat: Das sei eine Verletzung des Gastrechts, war der Tenor, und jeder, der sich derlei zuschulden kommen lasse, müsse umgehend abgeschoben werden.

Eine Gegenerzählung zur Verletzung von Gastfreundschaft in Wagners *Walküre* findet sich im Buch *Genesis* aus dem Alten Testament. Sie handelt davon, wie Lot seine Gäste bedingungslos gegen die sexuellen Begehrlichkeiten der Einwohner Sodoms verteidigt; diese wollen die beiden Männer (Engel) vergewaltigen, die Lot in sein Haus eingeladen hat. Sie handelt von der Bedrohtheit des Fremden, von seiner Schutzbedürftigkeit vor den Gelüsten der Einheimischen, die es sich gewaltsam zu eigen machen wollen, weil sie es als schutzlos und damit ihrer Willkür und Gier ausgeliefert betrachten. Diese Erzählung ist zugleich die Vorgeschichte, gleichsam die Ätiologie der Vernichtung Sodoms durch den Gott Abrahams (und Lots), der Feuer auf eine Stadt fallen lässt, deren Bewohner die Regeln der Gastfreundschaft nicht achten, und sie restlos vernichtet. «Die beiden Engel kamen am Abend nach Sodom. Lot saß im Stadttor von Sodom. Als er sie sah, erhob er sich, trat auf sie zu, warf sich mit dem Gesicht zur Erde nieder und sagte: Meine Herren, kehrt doch im Hause eures Knechtes ein, bleibt über Nacht und wascht euch die Füße! Am Morgen könnt ihr euren Weg fortsetzen. Nein, sagten sie, wir wollen im Freien übernachten. Er redete ihnen aber so lange zu, bis sie mitgingen und bei ihm einkehrten. Er bereitete ihnen ein Mahl, ließ ungesäuerte Brote backen, und sie aßen.»[55]

Lot hat die beiden Männer, die sich zunächst darauf nicht einlassen wollten, regelrecht überredet, seine Gäste zu sein, und als sie schließlich einwilligten, hat er sie entsprechend bewirtet. Lot hat sich dabei als ein guter Gastgeber erwiesen, aber er hat auch, indem er die Fremden überredete, in sein Haus zu kommen und bei ihm Unterkunft zu nehmen, eine besondere Schutzverpflichtung auf sich genommen – und schon bald danach muss er dafür einstehen: «Sie [Gäste und Gastgeber] waren noch nicht schlafen gegangen, da umstellten die Einwohner der Stadt das Haus, die Männer von Sodom, jung und alt, alles Volk von weit und breit. Sie riefen nach Lot und fragten ihn: Wo sind die Männer, die heute abend zu dir gekommen sind? Heraus mit ihnen, wir wollen mit ihnen verkehren. Da ging Lot zu ihnen hinaus vor die Tür, schloß sie hinter sich zu und sagte: Aber meine Brüder, begeht doch nicht ein solches Verbrechen! Seht, ich habe zwei Töchter, die noch keinen Mann erkannt haben. Ich will sie euch herausbringen. Dann tut mit ihnen, was euch gefällt. Nur jenen Männern tut nichts an; denn deshalb sind sie ja unter den Schutz meines Daches getreten.»[56]

Lot versucht alles, um die Fremden zu schützen und deren Vergewaltigung durch die Bürger von Sodom zu verhindern. Er versucht es zunächst mit guten Worten und bietet als Ersatz für die Fremden schließlich das Wertvollste an, was er hat: seine noch jungfräulichen Töchter, deren Verheiratung mit jungen Männern aus Sodom Lot zu einem Bürger der Stadt gemacht hätte. Lot ist selbst noch kein vollberechtigter Bürger Sodoms, da er erst seit kurzem in der Stadt wohnt. Aber er ist bereit, seine Sicherheit und seine Töchter zu opfern, um die Fremden zu retten. Die Gastfreundschaft ist Lot heilig, und er ist bereit, alles ihm Mögliche zu ihrem Schutz zu tun beziehungsweise über sich ergehen zu lassen. Doch all das hilft nichts; die Menge, die sich vor seinem Haus zusammengerottet hat, will sich an den beiden Fremden vergehen, und dabei fällt einigen ein, dass auch Lot in Sodom ja ein Fremder sei, weswegen man bei ihm mit der Vergewaltigung beginnen könne. «Sie aber schrien! Mach dich fort! Und sagten: Kommt da so ein einzelner Fremder daher und will sich als Richter aufspielen! Nun wollen wir es mit dir noch schlimmer treiben als mit ihnen. Sie setzten dem Mann, nämlich Lot, arg zu und waren schon dabei, die Tür aufzubrechen. Da streckten jene Männer [die Engel, die Lot beherbergt] die Hand aus, zogen Lot zu sich ins Haus und sperrten die Tür zu. Dann schlugen sie die Leute draußen vor dem Haus, groß und klein, mit Blindheit, so daß sie sich vergebens bemühten, den Eingang zu finden.»[57]

Von den Fremden erfährt Lot, dass Gott sie gesandt habe, die Stadt ob ihrer Sünden zu vernichten, und sie fordern Lot auf, alle, die ihm lieb sind, in dieser Nacht noch zusammenzuholen und mit ihnen das dem Untergang geweihte Sodom zu verlassen. Lot will nicht nur seine Frau und die beiden Töchter, sondern auch «seine Schwiegersöhne, die seine Töchter heiraten wollen», mitnehmen und erklärt ihnen, der Herr wolle die Stadt vernichten. «Aber seine Schwiegersöhne meinten, er mache nur Spaß.»[58] Luther hat diese Stelle kraftvoller und eindeutiger übersetzt: «Aber es war ihnen lächerlich.» So müssen auch sie in der untergehenden Stadt verbrennen. Lots Frau, die sich umdreht und auf die brennende Stadt zurückblickt, erstarrt zur Salzsäule. Es sind die sprichwörtlich gewordenen Sünden der Bewohner von Sodom und Gomorra, die mit Feuer und Schwefel abgestraft werden. In der Regel werden diese Sünden mit der Lasterhaftigkeit und den sexuellen Übergriffen der Stadtbewohner identifiziert. Dabei sollte aber nicht übersehen werden, dass zu diesen Sünden auch der Bruch der Gastfreundschaft und das aggressive Auftreten gegenüber den Fremden gehört.[59]

Die hier exemplarisch angeführten Narrative der Gastfreundschaft erzählen von der Mehrdeutigkeit des Fremden: Im einen Fall erscheint der Fremde als Zerstörer der Ordnung, im anderen als Test auf deren Geltung. Und es ist allein Lot, der sich als Hüter und Schützer der Gastfreundschaft erweist. Die Verwandlung des Fremden in einen Gast ist, wie die beiden Erzählungen zeigen, eine hochgradig ambivalente Angelegenheit: Sowohl Hunding als auch Lot verlieren dabei ihre Frau, wenn auch aus völlig unterschiedlichen Gründen. Lot sieht im Fremden nicht das Bedrohliche und Gefährliche, sondern das uneingeschränkt Schützenswerte, weil es für ihn eine potenzielle Chiffre des Heiligen ist. Nicht alles, was fremd ist, ist ein verborgenes Heiliges; dennoch muss das Fremde ebenso geschützt werden wie das Heilige, und deswegen ist die Gastfreundschaft selbst heilig. Hunding spürt im Fremden sofort die Gefahr und identifiziert den in sein Haus gekommenen Fremden als seinen Todfeind; dennoch achtet er die Unantastbarkeit des Gastes. Beide, Hunding wie Lot, behandeln den Fremden als Gast und gewähren ihm Schutz, doch das tendenziell identische Verhalten führt zu sehr unterschiedlichen Ergebnissen. Man kann das Hunding-Siegmund-Narrativ so lesen, als sei es eine Warnung vor zu viel, zu unbedachter oder zu unbedingter Gastfreundschaft. Aber es ist viel eher das Narrativ einer in sich bereits zutiefst gestörten Ordnung, einer Ordnung, die durch einen von außen eingreifenden Gott, Wotan, durcheinandergebracht worden ist und in der Gastfreundschaft der letzte Hort von Ordnung ist. Darin ähnelt es dem Lot-Narrativ, das ebenfalls von einer zutiefst gestörten Ordnung erzählt, in der nicht einmal mehr das Recht der Gastfreundschaft allgemeine Gültigkeit beanspruchen kann und sich nur noch ein Einzelner findet, der die Gastfreundschaft bedingungslos verteidigt. Dieser eine ist der Gerechte, der dem Untergang entkommt – gemeinsam mit seinen beiden Töchtern, die er zu opfern bereit war. Beide Erzählungen sind mythische Narrative vorstaatlicher Gesellschaftsordnungen, auch wenn es sich bei Wagners *Ring* um einen Kunstmythos des 19. Jahrhunderts handelt.

Man könnte daraus schlussfolgern, dass die Semantik der Gastlichkeit und des Gastrechts, wie sie in Deutschland auf dem Höhepunkt der Flüchtlingskrise in ganz unterschiedlichen Varianten anzutreffen war (und immer noch anzutreffen ist) – von der Willkommenskultur als deren stärkster und expressivster Gestalt bis zur Umprägung des Gastrechts in ein Recht auf Abschiebung als deren stärkster Negierung –, tatsächlich nichts anderes ist als die jeweilige Vereindeutigung des Fremden. Im ersten Fall war es vielleicht auch eine Form der gesellschaftlichen Selbstüberredung, das Wesen des Fremden nicht in seiner Bedrohlichkeit zu sehen, sondern es vor allem als eine Bereicherung zu begreifen und sich den Fremden nicht durch entwürdigende Behandlung zum Feind zu machen. Im zweiten Fall war (und ist) es eine teilweise hemmungslose Feinderklärung gegenüber den Schutzbedürftigen, denen nicht nur der Schutz verweigert werden soll, sondern die auch noch angegriffen und mit Sprechchören gedemütigt und beleidigt werden. «Refugees not welcome!» war (und ist) denn auch eine auf Pegida-Plakaten immer wieder zu lesende Parole. Das war, wie die Verwendung der englischen Sprache zeigt, an die Flüchtlinge selbst adressiert – in Reaktion auf das ebenfalls an die Flüchtlinge adressierte «Refugees welcome!». In Deutschland hat die Semantik der Gastfreundschaft in großen Teilen der Bevölkerung dennoch funktioniert, denn trotz ihrer lautstarken Behauptungen sind diejenigen, die für sich reklamieren, das «Volk» zu sein, keineswegs in der Mehrheit. In anderen Staaten der EU, zumal in Mittelosteuropa, setzte sich die Semantik der Gastfreundschaft dagegen nicht einmal ansatzweise durch. Hier wurde sie, von der politischen Elite gesteuert und von der überwiegenden Mehrheit der Bürger geteilt, strikt verweigert; die Flüchtlinge werden nur in ihrer soziokulturellen Fremdheit wahrgenommen, und diese Fremdheit wird als Bedrohung der eigenen nationalkulturellen Identität angesehen.

Pointiert kann man sagen, dass in der Semantik der Schlüssel zur Aneignung oder aber Ablehnung des Fremden zu finden ist und dass sich an ihr und durch sie entscheidet, ob es Empfindungen der Barmherzigkeit, des Mitleids oder der Solidarität gegenüber den Flüchtlingen gibt oder nicht. In der Rede vom Fremden als einem Gast steckt die Selbstverpflichtung einer Gesellschaft, die Bereitschaft, ihn aufzunehmen, zu beherbergen und zu versorgen – und ihn nicht abzuweisen und vor der verschlossenen Tür stehenzulassen. Die Semantik der Gastlichkeit ist ein Sich-Einrichten darauf, dass man das auch will und kann. Politisch operativ hat die Gastsemantik jedoch keine Relevanz, und hinsichtlich der rechtlichen Regelungen bei der Aufnahme von Migranten ist sie eher irreführend. Aber für die Problemwahrnehmung einer Gesellschaft ist sie von allergrößter Bedeutung. Das hat sich selten so deutlich gezeigt wie in der jüngsten Flüchtlingskrise.

Normative Selbstbindungen im Umgang mit Bürgerkriegsflüchtlingen: Menschenrechte, Solidarität, Barmherzigkeit

Michel de Montaigne, der große französische Essayist, der das Ethos der Stoiker wieder in das europäische Denken zurückgebracht hat, hat nicht in Ehrgeiz und Habgier, wie die antiken Philosophen, auch nicht in Stolz und Überheblichkeit, wie die christlichen Denker, sondern in der Grausamkeit das größte menschliche Laster gesehen. Seine Essays sind von einem tiefen Entsetzen gekennzeichnet. «Ich lebe», schrieb er, ein Zeitgenosse der Konfessionskriege in Frankreich, «in einer Zeit, in der wir durch die Zuchtlosigkeit unserer Bürgerkriege an unglaublichen Beispielen dieses Lasters [der Grausamkeit] die Fülle haben; und man findet in der alten Geschichte keine ungeheuerlicheren, als wir sie täglich vor Augen sehen. Aber das hat mich keineswegs dagegen abgestumpft. Ich hätte es kaum geglaubt, ehe ich es gesehen habe, daß es so scheusälige Seelen geben könne, die um reiner Mordlust willen Mord begehen: andere Menschen zerhacken und ihnen die Glieder abhauen; ihren Geist anspannen, um unbekannte Foltern und neue Todesarten zu erfinden, ohne Feindschaft, ohne Vorteil, ohne anderes Ziel, als sich am ergötzlichen Schauspiel der erbärmlichen Gebärden und Zuckungen, des kläglichen Ächzens und Wimmerns eines qualvoll mit dem Tode ringenden Menschen zu weiden. Denn dies ist der äußerste Grad, den die Grausamkeit erreichen kann.»[60]

Montaigne hätte diese Sätze auch mit Blick auf die heutigen Bürgerkriegsgebiete im Nahen Osten, in Afrika und Asien geschrieben haben können. Auch hier scheint die Phantasie, wenn es um Grausamkeiten geht, unerschöpflich zu sein, und in den vom IS verbreiteten Hinrichtungsvideos wird diese Grausamkeit demonstrativ zur Schau gestellt.

Ein ums andere Mal werfen die Bilder und die sie begleitenden Berichte über die Bürgerkriege in aller Welt die Frage auf, ob man all das hinnehmen kann, ohne sich selbst schuldig zu machen, ohne zum Komplizen eines Gewaltgeschehens zu werden, das man, wenn man entschlossen einschreiten würde, vermutlich verhindern könnte. Das dem Lateinischen entstammende Lehnwort für Einschreiten / Dazwischengehen heißt Intervenieren. Seit längerem spricht man von humanitären Interventionen, die sich darin von herkömmlichen Interventionen unterscheiden, dass sie sich nicht an den Interessen des Intervenierenden, sondern an denen der Menschen im Interventionsgebiet orientieren.[61] Doch alle Arten des Intervenierens bergen Risiken; das gilt insbesondere für militärische Interventionen, bei denen sich so gut wie nie mit Sicherheit voraussagen lässt, ob man dadurch die Lage der Menschen in dem betreffenden Gebiet tatsächlich verbessert oder nur noch verschlimmert. Einfache Antworten gibt es nicht: In Libyen hat «der Westen» militärisch interveniert, um den grausamen Diktator Muammar al-Gaddafi zu stürzen, was gelungen ist; aber dann haben die Interventen Libyen sich selbst überlassen, was einen sich immer tiefer in die libysche Gesellschaft hineinfressenden Bürgerkrieg zur Folge hatte. In Syrien, wo im Anschluss an einen zunächst gewaltlosen Aufstand gegen den Präsidenten Baschar al-Assad ein grausamer Bürgerkrieg entstand, hat «der Westen» bis zu den großen Erfolgen der Terrormiliz «Islamischer Staat» nicht interveniert und zugeschaut, wie das Land immer weiter in Schutt und Asche versank. Auch danach reichte die Interventionsbereitschaft der US-Amerikaner, Briten und Franzosen nicht über Luftangriffe hinaus, die den IS bestenfalls in seiner Expansionsfähigkeit einschränkten. Selbst als ein Genozid an den Jesiden drohte, änderte sich das nicht; es kam lediglich zu der vor allem von Deutschland getragenen Ausrüstung der kurdischen Peschmerga mit militärischem Gerät. Was im Falle Libyens ein größeres Engagement verhinderte, war die naive Erwartung, nach dem Sturz Gaddafis werde alles von selbst gut werden und die Entsendung von Bodentruppen werde nur dem Vorwurf des Neokolonialismus neue Nahrung geben; im Falle Syriens waren es die Unübersichtlichkeit der Lage, der Mangel an zuverlässigen Verbündeten im Land selbst, die die westlichen Vorstellungen teilten, und die Befürchtung, es könne zu einer unmittelbaren Konfrontation mit Russland kommen. In der Folge gingen die Grausamkeiten über Jahre hin weiter, und bis zum dramatischen Anschwellen der Flüchtlingsströme war in Europa das angestrengte Wegschauen die vorherrschende Reaktion auf beide Bürgerkriege. Man kann darin eine besonders ausgeprägte Form von Gleichgültigkeit und Hartherzigkeit sehen. Im Katalog der Laster ist die Hartherzigkeit die kleine Schwester der Grausamkeit.

Die amerikanische Politiktheoretikerin Judith Shklar folgt Montaignes Vorstellung, dass Grausamkeit das schlimmste aller Laster ist – worin sie im Übrigen eine Absage Montaignes an den heidnisch-antiken wie den christlich-mittelalterlichen Katalog der Tugenden und Laster sieht; sie hat dies mit der Beobachtung verbunden, dass wir (Europäer wie Nordamerikaner) uns das Nichteinschreiten gegen Grausamkeit moralisch erträglich machen, wenn wir die Opfer allesamt zu guten Menschen erklären und einen Kult um diese Opfer begründen.[62] Man kann beobachten, wie die postheroische Gesellschaft, die angesichts der unvermeidlichen eigenen Opfer vor einer Intervention zurückgeschreckt ist, die wehrlosen Opfer von Krieg und Flucht (*victima*) in heroische Opfer eines widerständigen Leidens (*sacrificia*) umdeutet.[63] Das macht der Postheroismus freilich nur, um mit sich selbst einigermaßen ins Reine zu kommen. So wendet man den fordernden Blick von sich selbst ab und schreibt denen Handlungsmächtigkeit zu, die sie am wenigsten haben: den unmittelbaren Bürgerkriegsopfern und den Flüchtlingen als mittelbaren Opfern der Bürgerkriege. Man entschärft die zum Einschreiten auffordernde Seite der Grausamkeit, indem man deren Opfer zur Bewunderung ausstellt. Das kann man als eine Hartherzigkeit bezeichnen, die sich selbst nicht wahrhaben will. Es hat in der politischen Debatte über die Flüchtlingsfrage freilich auch Formen von Hartherzigkeit gegeben, in denen diese ganz offen aufgetreten ist und sich der Grausamkeit bis auf Tuchfühlung angenähert hat – etwa, als einige AfD-Politiker den Gebrauch von Schusswaffen gegen Flüchtlinge als «Ultima Ratio» forderten, um diese am Grenzübertritt nach Deutschland zu hindern.

Betrachtet man die Herausforderung durch die Flüchtlinge einmal nicht als politisch-strategische und auch nicht als logistisch-organisatorische Aufgabe, sondern sieht in ihr eine humanitäre Herausforderung, eine säkulare Probe, wie es um die Werte der eigenen Gesellschaft wirklich bestellt ist, Werte, auf die man sich gerne beruft, wenn es nichts kostet, dann lässt sich nicht bestreiten: Die Verpflichtung, den Flüchtlingen als Opfern von Grausamkeit zu helfen, ist umso größer, je weniger Schritte vorher unternommen wurden, diese Grausamkeit zu beenden. Wenn wir Montaigne und der an ihn anschließenden Judith Shklar folgen und Grausamkeit als das größte Laster ansehen – ein Laster, das im Übrigen nur den Menschen eigen ist, denn Tiere kennen es nicht –, so genügt es nicht, selbst nicht grausam zu sein. Vielmehr ergibt sich daraus eine für alle Menschen geltende Verpflichtung, Grausamkeit entschieden entgegenzutreten und den jeweiligen Möglichkeiten entsprechend alles zu tun, damit sie verhindert beziehungsweise beendigt wird. Sieht man sich nicht imstande, unmittelbar gegen die Grausamkeit einzuschreiten, dann impliziert das zumindest, dass man die Verpflichtung hat, die Folgen dieser Grausamkeit zu lindern. Gleichgültigkeit gegenüber Grausamkeit und ihren Folgen ist danach moralisch prinzipiell unzulässig. Aus dieser Anforderung kommt man auch nicht dadurch heraus, dass man auf die Begrenztheit der eigenen Möglichkeiten verweist, indem man etwa bei der ersten Gelegenheit erklärt, jetzt habe man aber genug getan, und die moralische Verpflichtung «deckelt», indem man Obergrenzen geltend macht. So ist vielleicht auch die Bemerkung der Kanzlerin zu verstehen, das Asylrecht kenne keine Obergrenzen. Für sich genommen ist das zunächst ein an den Normen des Grundgesetzes orientierter und darin vollkommen zutreffender Satz: Der Asylrechtsparagraph 16 GG kennt keine Obergrenze. Aber diejenigen, die der Kanzlerin Humanitätsduselei vorgeworfen und das auch noch mit dem Hinweis verbunden haben, dies sei eine spezifisch weibliche Disposition, haben immerhin so viel verstanden, dass es ihr nicht allein um eine Rechtsauslegung ging, sondern auch um den moralisch unhintergehbaren Anspruch, denen zu helfen, die solchen Grausamkeiten ausgesetzt waren. Wenn man erklärt, humanitäre Interventionen seien nicht durchführbar, weil man nicht wissen könne, ob sie das mit ihnen Beabsichtigte erreichen oder aber die Sache noch schlimmer machen, hat man sich dadurch implizit zu humanitärer Hilfe verpflichtet, ohne sogleich nach den Folgeproblemen dieser Hilfe zu fragen. Mögliche Folgeprobleme sind eben Folgeprobleme und als solche zu behandeln. Sie sind jedenfalls keine hinreichenden Begründungen für Nichtstun.

Was sind, so die dahinterstehende Frage, die Menschenrechte wert, wenn sich keiner findet, der bereit ist, sich für sie zu engagieren? Ginge es nur um die Rechte der Bürger des jeweiligen Staates, so bedürfte es keiner Menschenrechtserklärung. Dafür würden die in der Verfassung des jeweiligen Staates verankerten Bürgerrechte genügen. Jeder Rechtsstaat ist verpflichtet, Grausamkeit gegen die eigenen Bürger zu verhindern. Aber das Problem von Bürgerkriegsflüchtlingen ist ja gerade, dass es diesen schützenden Staat für sie nicht (mehr) gibt, dass er zerfallen ist oder sich selbst in eine grausame Bürgerkriegspartei verwandelt hat. Wer tritt ein, wenn das «Recht, Rechte zu haben», wie Hannah Arendt das Menschenrecht definiert hat,[64] nicht länger von einem Staat gewährleistet wird? «Jeder», heißt es in Artikel 3 der UN-Menschenrechtserklärung, «hat das Recht auf Leben, Freiheit und Sicherheit der Person.» Und Artikel 14, der sogenannte Asylartikel, lautet: «Jeder hat das Recht, in anderen Ländern Asyl vor Verfolgung zu suchen und zu genießen.»[65] Aber wer für die Respektierung dieser Rechte zuständig ist und gegen deren notorische Verletzung einzuschreiten hat, ist bei der Verkündung der Menschenrechtserklärung am 10. Dezember 1948 offengeblieben. Vermutlich gab es eine stillschweigende Erwartung, dass die Vereinten Nationen diese Aufgabe übernehmen würden, doch die Weltorganisation ist aufgrund der politischen Zerstrittenheit ihrer Mitglieder sowie ihrer Organisationsstruktur dazu häufig nicht in der Lage gewesen.[66] «Wir beklagen», so die Erklärung der Generalversammlung zum 60. Jahrestag der Menschenrechtserklärung, «dass die Menschenrechte und Grundfreiheiten noch nicht in allen Teilen der Welt vollständig und allgemein geachtet werden. [...] Wir alle haben die Pflicht, stärkere Anstrengungen zu unternehmen, um alle Menschenrechte zu fördern und zu schützen und alle Menschenrechtsverletzungen zu verhüten, zu beenden und wiedergutzumachen.»[67]

Die gewählte Formulierung lässt jegliche konkrete Verpflichtung der Staaten offen und beschränkt sich auf allgemeine Vorgaben, mit denen die Staaten nach ihren eigenen Vorstellungen umgehen können; als Unterzeichner der Erklärung haben sie sich de facto zu nichts verpflichtet. Es gibt aber jenseits der völkerrechtlichen Bindungen politisch-moralische Selbstbindungen, die Staaten zwar nicht formal eingehen, aber für sich selbst verpflichtend machen, und in denen spielen die Menschenrechte und die Verhinderung von Grausamkeit eine zentrale Rolle. Solche Selbstbindungen sind die Grundlage für die Bildung von Staatenkoalitionen, die nicht nur auf der Ähnlichkeit und Kompatibilität von Interessen, sondern auch auf gemeinsamen Werten beruhen. Und weil sich «der Westen» als eine solche Wertegemeinschaft versteht, als solche agiert und daraus auch Vorteile hat, obliegt ihm eine besondere Verpflichtung, sich für die Menschenrechte zu engagieren und dort einzugreifen, wo eine Politik der Grausamkeit über längere Zeit verfolgt wird. Diese Selbstverpflichtung ist zwar nicht einklagbar und insofern keine rechtliche, sondern eine politisch-moralische, aber sie ist auch nicht völlig willkürlich und dem Belieben der politischen Akteure überlassen. Was also sind die Maßstäbe, an denen sich die (westlichen) Staaten zu orientieren haben, wenn sie Politik im Sinne der Menschenrechtserklärung betreiben wollen?

Setzt man diese Maßstäbe hoch an, könnte man daraus so etwas wie eine Interventionspflicht ableiten. Eine solche Pflicht sieht die UN-Menschenrechtserklärung aber gerade nicht vor, auch wenn sie diese nicht ausschließt. Bei einem drohenden Genozid sind Interventionen zweifellos gerechtfertigt und sogar gefordert, wie man am Beispiel Ruanda und der ausgebliebenen Intervention sehen kann. Das gilt insbesondere für Fälle, in denen die Lage nicht so unübersichtlich ist, dass man nicht wissen kann, welche der Bürgerkriegsparteien von einer Intervention am meisten profitieren würde und ob sie die Seite ist, die für die wenigsten Grausamkeiten verantwortlich ist, wie dies für die Jesiden im syrischen Bürgerkrieg galt. In solchen Fällen könnte man von einer zumindest moralischen Verpflichtung zur Intervention ausgehen. Andererseits gerät die Verpflichtung, Grausamkeiten zu verhindern, schnell in Aporien. So ist nicht grundsätzlich auszuschließen, dass ein militärisches Eingreifen die Grausamkeiten gerade nicht verhindert, sondern entgegen seinen Zielen und Zwecken noch vergrößert. Es kann langfristig erfolglos bleiben, wie das Beispiel Afghanistan zeigt, wo es nicht gelungen ist, die Taliban zu besiegen und eine funktionstüchtige Regierung zu etablieren, und es kann die Lage sogar weiter destabilisieren, wie dies bei der US-amerikanischen Irak-Intervention der Fall war. Es ist darum sinnvoll, die Maßstäbe einerseits mit einem gewissen Maß an Verbindlichkeit – und das heißt: Verlässlichkeit für andere – auszustatten, sie andererseits aber nicht von Abwägungsprozessen zu entbinden. Das ist umso eher möglich, je mehr die Verpflichtung nicht darauf angelegt ist, das Gute zu verwirklichen, sondern das Schlimme zu verhindern. Die an Montaigne anschließenden Theorien, die um die Verhinderung von Grausamkeit kreisen, sind dafür ein geeigneter Ansatz, insofern er stufenweise verfolgt werden kann – je nachdem, wie kompliziert die Lage ist und welche Ressourcen man bei der Verfolgung des Ziels einzusetzen bereit ist.

Der seit mehr als einem halben Jahrzehnt in Syrien tobende Bürgerkrieg ist zweifellos ein Exzess an Grausamkeit. Nach dem Einsatz von Giftgas gegen Zivilisten, für den mit an

Sicherheit grenzender Wahrscheinlichkeit die Assad-Armee verantwortlich war, wurde zeitweilig ein westlicher Militäreinsatz gegen das Assad-Regime diskutiert, aber dieses Projekt wurde ob des amerikanischen Zögerns nach dem Irakdesaster nicht weiterverfolgt. Die europäischen Regierungen sahen sich nicht imstande, in den Syrienkrieg, der, geopolitisch betrachtet, ihr Problem war, eigenständig und ohne US-amerikanische Führung zu intervenieren. Sie ließen die Dinge laufen und brachten ihr Entsetzen zum Ausdruck, wenn der «Islamische Staat» wieder einmal ein Hinrichtungsvideo ins Netz stellte oder das Militär des Assad-Regimes Wohngebiete mit Fassbomben belegte. Auf der politischen Agenda der Europäischen Union stand die Syrienfrage jedenfalls nicht – bis der massenhafte Zustrom syrischer Bürgerkriegsflüchtlinge auf der Balkanroute begann und das russische Militär in den syrischen Bürgerkrieg eingriff, um das Assad-Regime zu stützen.[68] Beide Entwicklungen, die Menschen, die nicht länger in der Region blieben, sondern sich auf den Weg nach Europa machten, sowie das mit dem russischen Eingreifen deutlich gewachsene Risiko, dass der Bürgerkrieg zu einem regionalen Hegemonialkonflikt eskaliert, haben den Krieg in Syrien dann doch noch auf die politische Agenda der Europäer gesetzt.

Angesichts dieses durchaus nachvollziehbaren Verzichts auf eine Intervention gab es eine erhöhte Verpflichtung der Europäer, den Flüchtlingen humanitär zu helfen. Diese Verpflichtung konnte und kann man nicht einfach auf die Türkei, den Libanon und Jordanien abwälzen, von denen zumindest die beiden Letztgenannten weit über ihre Belastbarkeit hinaus Flüchtlinge aufgenommen haben. Weder der selbst instabile Libanon noch das durch die palästinensischen Flüchtlinge früherer Jahrzehnte politisch fragmentierte Jordanien können solche Flüchtlingszahlen längerfristig verkraften, auch dann nicht, wenn die Unterstützung durch das Flüchtlingshilfswerk der Vereinten Nationen besser wäre, als sie zuletzt war. Wer keine weitere Destabilisierung auch dieser Staaten will, muss sich der Verpflichtung stellen, Flüchtlinge aufzunehmen. Und wer sich verpflichtet hat, die Menschenrechte zu wahren, kann Flüchtlinge nicht mit dem Argument zurückweisen, weil sie Muslime seien, passten sie nicht in die katholisch, orthodox, protestantisch oder sonst wie geprägten Länder Europas. Tatsächlich erfuhren die Flüchtlinge aber nach der gefährlichen Fahrt über das Mittelmeer in den Ländern auf der Balkanroute eine verächtliche Behandlung; schließlich kam es in einer Kettenreaktion sogar zu der Nichtzuständigkeitserklärung europäischer Regierungen, als es um die Notwendigkeit ging, die Flüchtlinge aufzunehmen, zu versorgen und unterzubringen. Seit dem Sommer 2015 hat sich die EU, mit Ausnahme weniger Mitgliedsstaaten, als Wertegemeinschaft gründlich blamiert, und es wird, auch wenn das derzeit nicht erkennbar ist, auf Jahre hinaus die normative Reputation Deutschlands erhöhen, dass die Bundesregierung, bis sie zuletzt ziemlich allein dastand, sich ihrer humanitären Verantwortung für die von Grausamkeit betroffenen Menschen bewusst geblieben ist.

Nicht nur die deutsche Regierung, sondern auch die Zivilgesellschaft hat seit dem Herbst 2015 dafür gesorgt, dass die große Zahl von Flüchtlingen, die in Deutschland Zuflucht suchten, diese auch tatsächlich fanden – wobei die beschämenden Vorgänge vor einigen Flüchtlingsheimen, zumal in Sachsen, und die Brandanschläge auf diese nicht verschwiegen werden sollen. Was hat so viele Menschen dazu veranlasst, sich nicht auf die Organisationsfähigkeit der Behörden, vom Bund bis zu den Kommunen, zu verlassen, sondern selbst mitzuhelfen, sich teilweise bis an den Rand der Erschöpfung zu engagieren, und zwar nicht nur ein paar Tage lang, sondern über Wochen und Monate? Was die freiwilligen Helfer antreibt, sind zweifellos Mitgefühl, Mitleid und Barmherzigkeit, also nicht abstrakte Werte und Normen, sondern eine Form von Mitmenschlichkeit, die angesichts der vorherrschenden Auffassung, diese Gesellschaft sei von Egoismus und sozialer Kälte geprägt, überrascht. Der Blick auf die Opfer des Bürgerkriegs, die Grausamkeiten, die sie erlebt haben, und die Gefahren, denen sie auf der Flucht ausgesetzt waren, weckte ein Mitgefühl, wie es nur in großen Notlagen zu beobachten ist und nur selten das Empfinden der Menschen bestimmt.[69]

Diesem Mitgefühl liegt offenbar nicht zugrunde, was sonst häufig als *Solidarität* bezeichnet wird. Solidarität gründet auf der Idee eines Füreinander-Einstehens derer, die sich in tendenziell derselben Lage befinden oder zumindest befinden könnten. Das schließt nicht aus, dass Solidarität weit ausgelegt werden kann und sich dann potenziell auf alles bezieht, «was Menschenantlitz trägt» (Kant), aber fast immer war der Kreis der Einbezogenen deutlich kleiner, wenn Solidarität tatsächlich praktiziert wurde: Es waren fast durchweg die Angehörigen einer Nation, einer Klasse oder Schicht oder gar die einer Rasse Zugerechneten, denen gegenüber Solidarität geübt wurde; die Wahrscheinlichkeit, dass aus Bekundungen Handlungen wurden, wuchs dabei in dem Maße, wie die Anzahl der sich miteinander Solidarisierenden begrenzt war. Solidarität ist auf Wechselseitigkeit und eine zumindest unterstellte Gleichheit der Interessen angelegt. Sie gilt oft der Eigengruppe. Das lässt sich derzeit auch bei der Flüchtlingshilfe beobachten: Migranten und Flüchtlinge, die schon vor Jahren nach Deutschland gekommen sind, kümmern sich um die, die jetzt ankommen, und dabei hilft ihnen eine womöglich gemeinsame Sprache und die Erinnerung an die Probleme, mit denen sie selbst fertigwerden mussten. Doch die Verbindung von Kompetenz und Solidarität schränkt sogleich die Anzahl derer ein, denen sie sich in besonderer Weise verpflichtet fühlen: Es sind dies jene, die aus «ihrem» Land kommen, in der Regel derselben Glaubensgruppe angehören, vielleicht sogar demselben Dorf oder Clan entstammen. Es ist das Zusammengehörigkeitsempfinden verfolgter, unterdrückter und gedemütigter Gruppen, auf dem die jeweiligen Solidaritäten ruhen.

Wie aber ist die Motivation der vielen deutschen Helfer zu erklären? Offensichtlich spielen bei ihnen Mitgefühl, Mitleid, Barmherzigkeit und Nächstenliebe eine ausschlaggebende Rolle, die nicht durch potenziell gleiche Lebenslagen, sondern durch die Anschauung konkreter Hilfsbedürftigkeit aktiviert werden. Keiner von denen, die sich bei der Versorgung der Flüchtlinge engagierten, von der Essensausgabe bis zum Sprachunterricht, von der Spende für die Kleiderkammer bis zur Bereitstellung von Wohnraum, tat dies in dem Glauben, er könnte demnächst in einer ähnlichen Lage sein wie die Flüchtlinge jetzt. Mitleid beziehungsweise Mitgefühl gehören dabei zu einem anderen semantischen Kontext als Barmherzigkeit und Nächstenliebe. Mitleid und Mitgefühl entspringen eher einer grundsätzlichen Empathiefähigkeit, die ebenso emotional wie kognitiv grundiert ist: Die emotionale Grundierung beruht auf der Mitleidsfähigkeit als dem Vermögen, das Leiden eines anderen mitempfinden zu können; die kognitive Grundierung auf der Fähigkeit, sich in die Situation eines anderen hineinversetzen und so dessen Beweggründe und Handlungen nachvollziehen zu können.

Barmherzigkeit und Nächstenliebe dagegen gehören überwiegend zu einer religiösen Semantik. Das lässt sich etwa an den Ausführungen des Papstes in seiner Schrift *Der Name Gottes ist Barmherzigkeit* zeigen, die er aus Anlass des von ihm ausgerufenen «Jahres der Barmherzigkeit» veröffentlicht hat. Aus Franziskus' Sicht ist Barmherzigkeit zunächst ein Attribut Gottes, während Mitleid genuin menschlich ist: «Die Barmherzigkeit ist göttlich, sie hat mehr mit dem Urteil über unsere Sünden zu tun. Das Mitleid hat ein menschlicheres Gesicht. Es bedeutet, mit jemandem mitzuleiden, Anteil zu nehmen, dem Schmerz anderer Menschen gegenüber nicht gleichgültig zu bleiben.» Die Barmherzigkeit Gottes wird von Franziskus dann aber doch in die zeitliche Weltlichkeit gewendet: «Unsere Epoche ist ein *kairos* für die Barmherzigkeit, eine dafür passende Zeit.» Diese Barmherzigkeit soll freilich institutionell gebunden, wenn nicht gar monopolisiert werden: «Ja, ich glaube, dass diese Zeit die Zeit der Barmherzigkeit ist. Die Kirche zeigt der verletzten Menschheit ihr mütterliches Antlitz, ihr Mama-Gesicht. Sie wartet nicht, bis die Verwundeten an ihre Tür klopfen, sondern geht hinaus auf die Straße, um sie zu suchen, aufzusammeln, zu umarmen, zu heilen und dafür zu sorgen, dass sie sich geliebt fühlen.»[70]

Tatsächlich war es jedoch nicht die Kirche als Institution, sondern es waren einzelne Menschen, die seit dem Herbst 2015 Barmherzigkeit übten. Barmherzigkeit ist hier zwar nach wie vor in einer religiösen Semantik zu verorten, aber sie hat sich dem Mitleid angenähert. Neben der Barmherzigkeit ist die Nächstenliebe eine der zentralen christlichen Forderungen. Nächstenliebe ist stets als Auftrag an den einzelnen Menschen gedacht worden, und dieser Auftrag lässt sich schwerlich auf eine institutionelle Rückbindung beziehen. Nächstenliebe unterscheidet sich auch darin von Mitleid, dass sie nicht auf die Fähigkeit setzt, mitzuempfinden, sondern auf Selbstliebe, etwa auch in dem zentralen christlichen Gebot

«Liebe deinen Nächsten wie dich selbst». Sie hat darin einen durchaus verpflichtenden Charakter, für den es keine institutionelle Entlastung gibt. Die Polemiken gegen Mitleid und Barmherzigkeit, die sie als Heuchelei gebrandmarkt haben, versuchen, diese Verpflichtung zu diskreditieren. Nur scheinbar konnte sich eine solche Polemik jedoch in die Tradition Friedrich Nietzsches stellen, in dessen *Zarathustra* es heißt: «Wahrlich, ich mag sie nicht, die Barmherzigen, die selig sind in ihrem Mitleiden: zu sehr gebricht es ihnen an Scham.»[71] Nietzsche wandte sich hier gegen ein nur äußerlich zur Schau gestelltes Mitleid und eine demonstrative Barmherzigkeit, die vorwiegend in mühsam verbrämtem Selbstgenuss bestanden. Aber das Mitleid, das die freiwilligen Helfer zeigten, war frei von Heuchelei und demonstrativem Gehabe; es ging nicht darum, einen Anspruch auf gesellschaftliche Anerkennung zu begründen oder zu demonstrieren, dass man selbst besser ist als die meisten anderen.[72] Das Mitleid und die Barmherzigkeit der Flüchtlingshelfer waren weder schamlos noch unverschämt. Sie wandten sich einfach denen zu, die der Hilfe bedurften.

Ergänzt wird das Mitleid durch einen anderen zentralen Aspekt, der von denen negiert wird, die mit Blick auf die Flüchtlingshilfe von «naivem Gutmenschentum» sprechen: die Verantwortung für das Gemeinwesen, in das die Flüchtlinge aufgenommen werden. Diese Verantwortung wird keineswegs von denen übernommen, die sich vorgeblich um das Gemeinwesen sorgen, und schon gar nicht von denen, die für sich reklamieren, das «Volk» zu sein. Verantwortungsbewusst zeigen sich vielmehr diejenigen, die sich der Integration der Flüchtlinge, zumal in so großer Zahl, als einer auch an sie gerichteten Herausforderung stellen. Viele der Flüchtlingshelfer sind denn auch religiös geprägt, und der Gedanke der Barmherzigkeit als eine moralische Übung, Egoismus zu begrenzen, ist ihnen vertraut.[73]

In der Polemik gegen Mitleid und Barmherzigkeit hat auch der Begriff der Gerechtigkeit eine wichtige Rolle gespielt[74] – eine andere freilich, als ihm in der politischen Philosophie, etwa den Theorien von John Rawls und Michael Walzer, zugedacht worden ist. Rawls und Walzer haben Gerechtigkeit in den Mittelpunkt ihrer Überlegungen gestellt, weil deren Geltungsanspruch universalisierungsfähig ist: Gerechtigkeit müsse gegen jedermann und jedefrau geübt werden.[75] Aber gerade der Imperativ der Universalisierungsfähigkeit hat sich in der Debatte über die humanitären Pflichten gegenüber den Flüchtlingen als normativer Pferdefuß erwiesen, ja die Bedenkenträger suchten sich mit ihm gar ihrer moralischen Verpflichtung zur Hilfe zu entledigen: Man könne ja nicht allen der nach UNHCR-Angaben weltweit mehr als 50 Millionen Flüchtlinge helfen. Argumentationslogisch war das zwar ein Missverständnis des Universalisierungsimperativs, der in der Kant'schen Fassung darauf abhebt, dass ich von den Maximen meines Handelns wollen können muss, dass sie auch die aller anderen sind – aber gerade Missverständnisse legen die Schwachstellen gesellschaftlich hegemonialer Diskurse offen: Die Idee der Gerechtigkeit entwickelte in der Flüchtlingskrise keine bindende Kraft, und wo mit ihr argumentiert wurde, diente sie eher als eine Rechtfertigung zum Nichtstun. Für die philosophische Argumentation mag das kein Problem sein, für die normative Ordnung einer Gesellschaft ist es das sehr wohl.

Barmherzigkeit verlangt mehr, als die im Grundsatz strenge Gerechtigkeit fordert; sie ist eine Form der Zuwendung, die nach den Grundsätzen der Gerechtigkeit nicht erwartet und schon gar nicht eingefordert werden kann. Da Deutschland bei der Entstehung des syrischen Bürgerkriegs keine Rolle spielte, im Unterschied zu anderen europäischen Mächten weder als Kolonial- noch als Mandatsmacht im Vorderen Orient politikgestaltend mitgewirkt und sich obendrein von der US-amerikanischen Militärintervention im Irak ferngehalten hat, gab es keine nach Gerechtigkeitsprinzipien konstruierte Wiedergutmachungspflicht der Deutschen gegenüber den Bürgerkriegsflüchtlingen aus Syrien. Wenn es so etwas gab, betraf dies Frankreich, Großbritannien, die USA und Russland; alle diese Länder zeigten bei der Bewältigung der Flüchtlingskrise ein dezidiertes Desinteresse, das durch die Bereitschaft, wenige zehntausend Menschen aufzunehmen, nur dürftig kaschiert wurde. Es war somit eine über das Denken in Gerechtigkeitskategorien hinausgehende moralische Haltung, die bei den Flüchtlingshelfern zum Tragen kam. Nicht nur die Ankunft der Flüchtlinge hat die deutsche Gesellschaft in ihrem Grundverständnis berührt, sondern auch die Art ihrer Aufnahme. Um dieses für eine misanthropische Weltsicht unerwartete Verhalten nachträglich zu relativieren, wurde, wie etwa von Daniela Dahn,[76] eine Generalverantwortung «des Westens» konstruiert, die jedwede Hilfe in eine bloße Wiedergutmachung für vorangegangene Schuld verwandelt. Die Hartherzigen, die sich selber für die Gerechten halten, können nicht ertragen, wenn sie mit praktizierter Barmherzigkeit konfrontiert werden, und deswegen müssen sie über Schuld und Schulden reden, die wiedergutzumachen sind.

Mit dem Argument der Gerechtigkeit ist im Übrigen versucht worden, Mitgefühl und Nächstenliebe argumentativ auszuhebeln: Da ohnehin nicht alle aufgenommen werden könnten und es Menschen gebe, denen es noch viel schlechter gehe als den nach Deutschland gekommenen Flüchtlingen, zumal den zahlreichen jungen Männern unter ihnen, sei es nicht gerecht, gerade diese aufzunehmen. Das Gerechtigkeitsargument wurde hier dazu verwandt, die Ansprüche derer abzuweisen, die es bis nach Europa oder Deutschland geschafft hatten. Ginge es tatsächlich darum, Gerechtigkeit walten zu lassen, so der zumeist nur implizit zum Ausdruck gebrachte Sinn des Arguments, müsste die Konsequenz lauten, dass man diejenigen, die es nicht alleine schaffen, auf direktem Weg nach Deutschland holt. Daran war aber erkennbar nicht gedacht, denn dann – und das wurde wiederum explizit formuliert – seien es viel zu viele, denen man Hilfe und Unterstützung angedeihen lassen müsse. Wo von Gerechtigkeit die Rede war, sollte (und soll) dies der Abweisung derer dienen, denen die Flucht gelungen ist; man bediente sich einer vordergründig noblen Formel und glaubte, so jeden Widerspruch zum Verstummen zu bringen.

In der besonderen Situation von Herbst 2015 waren die Alteingesessenen den Neuankömmlingen strukturell unendlich überlegen, nicht nur, was die Verfügung über die zum Leben notwendigen Ressourcen anbetrifft, sondern auch im Hinblick auf die Werte und Normen, die beide Seiten für sich in Anspruch nehmen konnten. Die Flüchtlinge waren Bittsteller und auf das Wohlwollen derer angewiesen, die sie aufnahmen oder aber die Aufnahme verweigerten. Die Alteingesessenen hatten die Rechte für sich und auf ihrer Seite, und die Neuankömmlinge waren wesentlich rechtlos – wie das so oft im 20. Jahrhundert der Fall gewesen ist, daran hatten weder die Menschenrechtscharta der Vereinten Nationen noch die Flüchtlingskonvention substanziell etwas geändert. Diese Asymmetrie von Macht und Einfluss fand ihren Ausdruck in spezifischen Semantiken, wie etwa der des Gastes und eines ihm angeblich zustehenden Rechts, über das aber tatsächlich der Gastgeber nach seinem Belieben verfügte, und den normativen Begriffen, die aus diesem Gefälle von Macht und Einfluss eine Pflicht der fürsorglichen Zuwendung machten, wie dies im Barmherzigkeitsbegriff der Fall ist. Diese Asymmetrie war so stark, dass der Versuch, ihr mit Reziprozitätsnormen, wie der Gerechtigkeit, beizukommen, immer wieder ins Gegenteil umschlug. Nicht von ungefähr wurden Mitleid und Barmherzigkeit zu den moralischen Antrieben, die wie kaum sonst etwas für den Unterschied zwischen Starken und Schwachen stehen.

Derlei ist aber nur erträglich in einer absolut exzeptionellen Situation, in einem zeitlich begrenzten Ausnahmezustand. In der Metaphorik des Fluiden steht für ihn die Welle, die durch katastrophale Ereignisse bewirkte Auftürmung des Strömenden, die kein Dauerzustand werden kann und das auch nicht darf. Wo es um Dauerzustände geht, wie sie in der Metaphorik der Ströme erfasst werden, etwa für die auch in Zukunft erforderliche Arbeitsmigration, ist nichts dringlicher als eine tendenzielle Symmetrierung der Normerwartungen, die beide Seiten, die Alteingesessenen und die Neuankömmlinge, gegeneinander geltend machen. Es geht somit um ein Einwanderungsgesetz, das die Migranten über die Erwartungen hinaus, denen sie zu genügen haben, mit Rechten ausstattet, sodass sie nicht länger von Mitleid und Barmherzigkeit abhängen, sondern nach den Grundsätzen von Recht und Gerechtigkeit behandelt werden können, ohne dass ihnen das zum Nachteil ausschlägt. Nur wenn das gelingt, entsteht ein politisch wie sozial stabiler Zustand, den zu handhaben man nicht auf Tugenden angewiesen ist, die der demokratische Rechtsstaat von seinen Bürgern nicht einfordern kann. Aber gerade weil die Herausforderungen vom Herbst 2015 auf einen sozialmoralischen Ausnahmezustand hinausliefen, den die

Republik bewältigt hat, bleibt ihr die politisch hochbedeutsame Erinnerung, dass sie, wenn sie gefordert ist, auch mehr zu leisten imstande ist, als der Normalzustand ihr abverlangt. Daraus erwächst eine Zuversicht, die sich in Zukunft noch als sehr wichtig erweisen kann. Jetzt aber kommt alles darauf an, den Ausnahme- in einen Normalzustand zu überführen, und das nicht nur in organisatorischer Hinsicht, sondern auch im Hinblick auf die sozialmoralischen Herausforderungen, denen sich die Menschen ausgesetzt sehen.

4. Deutschland, Europa und die Herausforderung durch die Flüchtlinge

Was ist eine Nation? Die deutsche Debatte über das kulturelle Selbstverständnis des Landes und die politische Spaltung der Gesellschaft

Seit Beginn der massenhaften Zuwanderung von Flüchtlingen hat sich in der deutschen Gesellschaft eine Kluft aufgetan, wie man sie wenige Monate zuvor für unvorstellbar gehalten hätte. Sicherlich hat es immer wieder Warnungen vor einer Spaltung der Gesellschaft gegeben, aber die bezogen sich durchweg darauf, dass «das untere Drittel» der Gesellschaft oder auch nur die 10 bis 20 Prozent an deren unterem Rand von der Wohlstandsentwicklung abgehängt und dauerhaft prekarisiert worden seien.[1] Oder es wurde vor einer Abspaltung der reichsten Personen beziehungsweise Familien vom Rest der Gesellschaft gewarnt, also einer Entwicklung, bei der die Reichen immer reicher werden und sich vom oberen Segment der gesellschaftlichen Mitte mehr und mehr absetzen. Wenn gelegentlich von einer Spaltung der gesellschaftlichen Mitte selbst die Rede war, so beruhte das auf der These, dass sich der obere und der untere Teil der sozioökonomischen Mitte immer stärker voneinander entfernen und der Mittelstand – als die die Ordnung der Republik tragende Schicht – abhandenkommen könne.[2] Diese Warnungen stützten sich zunächst freilich weniger auf in Deutschland erhobene sozialstrukturelle Daten als vielmehr auf Entwicklungen, wie sie in den USA seit längerem zu beobachten waren. In der Annahme, dass US-amerikanische Prozesse sich nach einigen

Jahrzehnten in Europa wiederholen, übertrug man dies auf Deutschland.[3] Mit einer genuin politischen Spaltung, die sich auf Fragen des kulturellen Selbstverständnisses bezieht und geradewegs durch die Mitte der Gesellschaft geht – damit hatte keiner gerechnet.

Mehrere Faktoren haben zu einer mit großer Intensität ausgetragenen Debatte geführt, wie es sie in Deutschland seit dem Streit über die Ostpolitik Willy Brandts nicht mehr gegeben hat. Dabei kamen zwei äußere Herausforderungen und eine innere Entwicklung zusammen: die Eurokrise und die Flüchtlingskrise sowie der Umstand, dass seit der Kanzlerschaft und dem Parteivorsitz Angela Merkels die CDU immer weiter in die politische Mitte gerückt ist, dabei einige eigentlich sozialdemokratische Themen übernommen und eine ganze Reihe von konservativen und nationalen aufgegeben hat. Diese Lücke hat inzwischen die politische Neugründung AfD genutzt; ihr politischer Aufstieg begann mit der Eurokrise und den Verhandlungen über die Rettungspakete für Griechenland und legte mit dem Zustrom der Flüchtlinge seit Sommer 2015 noch einmal deutlich an Tempo zu. Die fortwährende Eurokrise, bei der es im Kern um die Überschuldung der südlichen EU-Länder geht, und der anhaltende Druck von Migrantenströmen nach Europa dürften dafür sorgen, dass die beiden Kernthemen der neuen Partei auf lange Zeit die politische Agenda bestimmen. Es ist also damit zu rechnen, dass sich die AfD längerfristig im bundesdeutschen Parteienspektrum ansiedeln wird. Und solange Angela Merkel Kanzlerin und CDU-Vorsitzende ist, werden die Christdemokraten die konservativen und rechtsnationalen Themen nicht wieder besetzen können; auch danach wird es ihnen schwerfallen, ihre alten Positionen zurückzuerobern. Wenn es auch überspitzt ist zu sagen, die AfD sei «ein Kind Merkels»[4] – so kann man doch behaupten, sie sei eine in Kauf genommene Folge jener politischen Entscheidungen, die die deutsche Regierung und namentlich die Kanzlerin getroffen hat. Bei all diesen Entscheidungen ging es letzten Endes um die Zukunft der Europäischen Union, die zu erhalten seit einiger Zeit eine der zentralen Aufgaben Deutschlands ist.[5]

Auf den ersten Blick dreht sich die politische Kontroverse um die Frage, ob Deutschland auch in Zukunft ein ethnisch tendenziell einheitlicher, angeblich durch eine christliche Leitkultur geprägter Nationalstaat sein soll oder vielmehr eine Gesellschaft, in der Menschen aus unterschiedlichen Herkunftsregionen und mit verschiedenen religiösen Bekenntnissen miteinander leben. Gegen die Vorstellung vom ethnisch einheitlichen Nationalstaat wird geltend gemacht, dass Deutschland das schon lange nicht mehr sei, und entlang dieses «schon lange nicht mehr» spaltet sich die Schar derer, die gegen den Zuzug von Flüchtlingen sind, in mindestens zwei Gruppen: in die der harten Rechtsextremisten, die ein Programm der ethnokulturellen Revision verfolgen, mit dem die Vielfalt, die sich auf dem Gebiet der alten Bundesrepublik seit den 1970er Jahren entwickelt hat, rückgängig gemacht werden soll, und in die der Rechtspopulisten, die jeden weiteren Zuzug von Migranten ablehnen, dies aber nicht ethnisch, sondern mit einer islamkritischen Grunddisposition rechtfertigen – den Muslimen wird dabei unterstellt, mit einer verdeckten Strategie die europäischen Gesellschaften islamisieren zu wollen.[6] Es handelt sich also nicht um ein politisch einheitliches Lager, auch wenn es zweifellos Überschneidungen und Übergänge zwischen den Rechtskonservativen, den Rechtsnationalen und den Rechtsradikalen gibt; was die Gruppen eint, ist die Ablehnung der von der Regierung verfolgten Flüchtlingspolitik.

Aber auch das Lager derer, die der Entstehung einer migrationsoffenen Gesellschaft positiv gegenüberstehen oder diese sogar nachdrücklich begrüßen, ist alles andere als eine geschlossene politische Formation: Es umfasst diejenigen, die einer offenen Gesellschaft anhängen, zu der immer auch die Akzeptanz von Migration gehört, die zugleich aber daran zweifeln, dass die deutsche Gesellschaft Jahr für Jahr einen Zustrom von etwa einer Million Flüchtlingen verkraften kann[7] – und reicht bis zu jenen, die das Konzept der postmigrantischen Gesellschaft als ein Strategem sehen, nicht nur die nationalkulturelle Prägung der Gesellschaft, sondern auch den Nationalstaat an sich zu überwinden.[8] Dazwischen stehen die Anhänger einer als Konvivialismus bezeichneten Gesellschaftstheorie, die ein Ideal des Zusammenlebens vertritt, in dem die Menschen, unabhängig von ihrer ethnischen Herkunft und religiösen Prägung, einander in Fürsorglichkeit zugetan sind. Von seinen Anhängern wird der Konvivialismus denn auch als eine «transformatorische Kunst des Zusammenlebens» verstanden: Alle verändern sich, um gut miteinander auszukommen.[9] Das Integrationskonzept des Konvivialismus beruht nicht auf einer einseitigen Integration der Migranten in eine bestehende, in sich homogene Gesellschaft, sondern auf einer wechselseitigen Integration aller in eine Einwanderungsgesellschaft, in der die Bürger ein gemeinsames Leitbild haben.[10] Der Konvivialismus ist die Kerntheorie der postmigrantischen Gesellschaft, in der Zusammenleben als ein symmetrischer Lernprozess begriffen wird.

Von der inhaltlichen Ausrichtung her könnte es zwischen den gemäßigten Flügeln beider Lager eine Fülle von Kompromissmöglichkeiten geben. Tatsächlich haben bis zum Spätsommer 2015 die hier skizzierten Positionen zur Zuwanderung ein Kontinuum von strikter Ablehnung bis zu emphatischer Begrüßung ausgemacht, das eher durch Übergänge und Verbindungen als durch Brüche und Spaltungen gekennzeichnet war. Das hatte auch damit zu tun, dass die Frage der Zuwanderung nicht auf der politischen Agenda stand und so weit entpolitisiert war, dass sie bei der politischen Lagerbildung keine Rolle spielte. Das hat sich mit der Entscheidung der Kanzlerin, die auf der Balkanroute in Ungarn festsitzenden Flüchtlinge in Deutschland aufzunehmen, grundlegend geändert: Von da an gab es ein Dafür und ein Dagegen, und je länger der Zustrom von Flüchtlingen anhielt, desto schärfer wurde das Dagegen. Das wiederum machte die zuvor verbreitete, eher auf Gleichgültigkeit zurückzuführende Akzeptanz der Aufnahme von Flüchtlingen unmöglich und nötigte in Opposition zu dem scharfen Dagegen zu einem immer entschiedeneren Dafür. So wurde im Herbst 2015 in Deutschland eine Entwicklung politisiert, die bis dahin eher eine administrative Herausforderung als ein politischer Streitpunkt gewesen war. Eine politische Entscheidung hatte in Verbindung mit der sich dramatisch zuspitzenden Flüchtlingskrise sowie deren Dauerpräsenz in den Medien aus einem Verwaltungsproblem die zentrale Streitfrage der politischen Debatte gemacht. Das Kontinuum unterschiedlicher Auffassungen teilte sich in zwei konträre Lager, die vorerst durch keinen Kompromiss wieder zusammenzuführen waren.

Bei der «postmigrantischen Gesellschaft» handelt es sich um die verdichtete These, dass an die Stelle des klassischen Nationalstaats, wie er im 19. Jahrhundert entstanden ist, eine Einwanderungsgesellschaft getreten sei, in der Migranten und deren Nachkommen unter Berufung auf den Gleichheitsgrundsatz ebensolche Teilhaberechte beanspruchen können wie die Deutschen. Die Einheimischen sollen gegenüber den Zugewanderten keine besonderen Vorzüge in Anspruch nehmen können.[11] An die Stelle der nationalen Identität, der gegenüber die Migranten eine Bringschuld haben, soll die Vorstellung kultureller Vielfalt treten: «Einheit in der Verschiedenheit» ist die dafür gängige Formel. Die Leiterzählung der nationalen Geschichte wird durch diskursive Arenen abgelöst, in denen permanente Aushandlungsprozesse stattfinden.[12] Damit wird greifbar, worum es bei der Flüchtlingsdebatte im Kern geht: Es geht um das Selbstbild der deutschen Gesellschaft, um ihre kulturellen, aber auch ihre politischen Leitvorstellungen, also letzten Endes um die Frage von Identität oder Diversität. Formuliert man das Konzept der postmigrantischen Gesellschaft in dieser Zuspitzung, so wird auch klar, wogegen dessen Kritiker sich wenden: gegen das Ende des Hegemonialanspruchs, den die deutsche Kultur und Geschichte als Hüter der nationalen Identität bislang geltend gemacht hat.

Nun lässt sich die Kritik an der kulturellen Diversitätsperspektive postmigrantischer Gesellschaften in zweierlei Hinsicht entwickeln: zunächst als die schlichte Behauptung eines Identitätsanspruchs, der sich auf das Recht der Alteingesessenen beruft, das auch dadurch, dass in Deutschland inzwischen bald ein Drittel der Einwohner einen Migrationshintergrund hat, nicht ausgehebelt werden könne. Im Kern kreist diese Position um die Idee des Gastrechts. Das schon von Immanuel Kant in die Debatte eingeführte Recht auf Hospitalität, das Fremde geltend machen können, wenn sie in ein anderes Land kommen, verlangt umgekehrt den Gästen nicht nur Respekt vor den bestehenden Eigentumsverhältnissen ab, sondern auch vor der dort angetroffenen Kultur und deren Gepflogenheiten, weil deren Hospitalität (Gastfreundschaft) sonst in Hostilität (Feindseligkeit) umschlagen würde.[13] Dieser Respektanspruch gilt auch für das kollektive Gedächtnis der aufnehmenden Gesellschaft, in dem die zentralen Wendepunkte in deren Geschichte identitätsbestimmend festgehalten sind.[14] Weniger auf die Präsenz der Vergangenheit in der Erinnerungskultur einer Gesellschaft als auf die politische Handlungsfähigkeit in der Gegenwart bedacht ist dagegen der Einwand, dass gerade ethnisch und religiös heterogene Gesellschaften auf eine orientierende, also identitätsstiftende und handlungsleitende Großerzählung angewiesen sind, in der ein Selbstbild entworfen wird, das über die bloße Konstatierung von Heterogenität hinausgeht. Eine solche Großerzählung, so die Sozialwissenschaftlerin Naika Foroutan, die dieses Bedenken gegen eine auf permanenten Aushandlungsprozessen beruhende postmigrantische Diversität formuliert,[15] darf jedoch weder exklusiv noch homogenisierend sein.

Aber ist das überhaupt möglich? Die Leiterzählungen der alten Bundesrepublik seit den 1960er/1970er Jahren haben überwiegend postnationalen Charakter, drehen sich eher um Wirtschaftsgüter und sportliche Erfolge als um historische oder kulturell prägende Ereignisse.[16] Die alte Bundesrepublik war in der Lage, eine Einheit zu schaffen, ohne dabei die vorhandene Vielfalt in einer homogenen Nationalkultur einzuebnen. Das hat sich seit dem Zusammenbruch der DDR und dem Beitritt der neuen Bundesländer geändert – nicht nur, weil im Osten eine gründlichere nationale Imprägnierung der politischen Vorstellungswelt anzutreffen war, sondern auch, weil die Republik angesichts ihrer gewachsenen Heterogenität sehr viel stärker auf eine vereinheitlichende Großerzählung angewiesen ist, als das in der Ära der Blockkonfrontation mit der verbreiteten – freilich wenig präzisen – Vorstellung der Fall war, dem «Westen» anzugehören. Nicht zuletzt die Krise der Europäischen Union und deren schwindende Akzeptanz in der Bevölkerung haben das Bedürfnis nach einer solchen Großerzählung wieder deutlich anwachsen lassen. Im Sinne des Kompensationstheorems heißt das: Je größer die ethnische und religiöse Vielfalt einer Gesellschaft, desto mehr benötigt sie ein Zusammenhalt und Orientierung vermittelndes Narrativ.

Die Frage, ob der Begriff der postmigrantischen Gesellschaft einen Dauerzustand oder eher eine Übergangskonstellation bezeichnet, hängt damit zusammen. Nimmt man die bereits angestellten Überlegungen zum periodischen Auftreten von Migration zur Grundlage,[17] so sind auf dem Gebiet der heutigen Bundesrepublik schon häufiger postmigrantische Gesellschaften entstanden, die nach einiger Zeit wieder zu kulturell geschlossenen Verbänden wurden: Die einstigen Migrantengruppen sind in der Gesellschaft so weit aufgegangen, dass sie sich selbst nicht mehr als Fremde verstehen und auch von den Alteingesessenen nicht mehr so verstanden werden. Die Theorien über die «Erfindung» der Nation, die in der kultur- und sozialwissenschaftlichen Forschung in den letzten Jahrzehnten die Vorstellung von einer weit in die Frühgeschichte zurückreichenden ethnischen Kontinuität der Nationalstaaten abgelöst haben, stellen die Bedeutung von kulturellen Leitbildern heraus, von einer komplexen Grammatik, die eine Literatur- und Wissenschaftssprache ermöglicht, und einer dichten Semantik historischer Erzählungen; sie haben im Schulunterricht, von der Sprachfähigkeit bis zur Literaturkenntnis, von der Geschichte bis zur Geographie, aus Menschen mit einem sehr engen Regionalbezug «Deutsche» gemacht.[18]

Es gibt keinen Grund zu der Annahme, dass sich derlei nur in der Vergangenheit beobachten lasse und in Gegenwart und Zukunft nicht wiederholen werde. Das wiederum führt zu dem Schluss, dass die Vorstellung einer postmigrantischen

Gesellschaft, solange man davon im konstativen Sinn spricht, lediglich eine Zwischenphase bezeichnet. Soll sie mehr sein als ein zeitlich begrenztes Übergangsstadium und eine künftige Gesellschaft beschreiben, genügt der Verweis auf die in Deutschland lebenden Menschen mit Migrationshintergrund nicht – dann muss der Begriff postulatorisch verwendet werden: Die Gesellschaft der Zukunft *soll* keine sein, die auf einer nationalen Identität beruht, sondern sie *soll* eine der kulturellen Vielfalt sein. Man kann so argumentieren, aber dann unterliegt man ganz anderen Begründungszwängen, als wenn man lediglich feststellt, dass angesichts von 30 Prozent deutscher Bürger mit Migrationshintergrund die deutsche Gesellschaft eben eine postmigrantische Gesellschaft sei.

Die durch den Zustrom der Flüchtlinge angestoßene Debatte, wie Deutschland in Zukunft aussehen wird und wie es aussehen soll, dreht sich also immer auch um die Frage nach der Prägeform des Nationalen: Handelt es sich dabei um ein Auslaufmodell, das im 19. Jahrhundert politisch relevant geworden ist und im 21. Jahrhundert verschwinden wird? Oder spielt die Idee des Nationalen auch in Zukunft eine größere Rolle bei der Formung politischer Ordnungen? Die Antwort auf diese Frage hängt davon ab, wie das Nationale definiert wird: ethnisch oder soziokulturell? Als Exklusions- oder als Inklusionskategorie? Als Strategem, um Fremde auszuschließen beziehungsweise Reservate für sie zu schaffen, in denen sie die härtesten und am schlechtesten bezahlten Arbeiten verrichten, oder als Agentur des sozialen Aufstiegs, weil die Idee der Nation die Gleichbehandlung aller verlangt, die ihr angehören, und das unabhängig von ihrer sozialen Stellung, ihrer Herkunft und ihrer Hautfarbe, ihrem Geschlecht und so weiter? Bei der Beantwortung dieser Frage dürfte die Spaltungslinie in der deutschen Gesellschaft hinsichtlich einer

Abriegelung der Grenzen und einer rücksichtslosen Abweisung von Flüchtlingen deutlich nach links verschoben sein: Während das Projekt einer bedingungslosen Verteidigung der ethnischen Identität allenfalls bei 20 Prozent der Deutschen auf Zustimmung stößt, ist das im Fall eines dauerhaften Verzichts auf die kulturelle Identität der Nation eher umgekehrt; hier sind die Verfechter einer postmigrantischen Gesellschaft als anzustrebender Ordnungsformation deutlich in der Minderheit.[19] – Die Spaltung der Gesellschaft ist also keineswegs so klar und eindeutig, wie dies auf den ersten Blick den Eindruck macht, und das wiederum hat zur Folge, dass die Politik über erhebliche Spielräume verfügt, um Aushandlungsprozesse zur Überwindung dieser Spaltung und zur Wiederherstellung eines gesellschaftlichen Konsenses in Gang zu bringen. Sie muss diese Spielräume aber auch nutzen.

Wenn von einer Spaltung der deutschen Gesellschaft die Rede ist, so bezieht sich das nicht nur auf die Bildung politischer Lager, sondern auch auf deren regionale Verteilung: Sämtliche Untersuchungen zeigen, dass die ablehnende Haltung gegenüber Flüchtlingen, die sich zu einer aggressiven Fremdenfeindlichkeit steigern kann,[20] in den neuen Bundesländern (und in diesen wiederum in Sachsen) sehr viel stärker ausgeprägt ist als in den alten Bundesländern. Auch sind im Osten bei der Bestimmung von Identität viel mehr ethnische Vorstellungen im Spiel als im Westen, wo Identität vorwiegend kulturell bestimmt ist. Gleichzeitig gibt es im Osten eine größere Gewaltbereitschaft gegenüber Migranten und Flüchtlingen, und das, obwohl der Anteil von Fremden dort deutlich niedriger ist als im Westen. Schließlich erzielen rechtspopulistische bis rechtsextremistische Parteien in den neuen Bundesländern bei Wahlen bessere Ergebnisse als in den alten Bundesländern. Die politische Spaltung der deutschen Gesellschaft ist demnach regional geprägt, und mitunter kann man sich des Eindrucks nicht erwehren, dass die Proteste gegen Flüchtlings- und Asylbewerberunterkünfte sich auch gegen eine Politik richten, die als vom Westen vorgeschrieben wahrgenommen wird. Das hat eine bittere Pointe, wenn man bedenkt, dass sowohl das Amt des Bundeskanzlers als auch das des Bundespräsidenten mit Personen besetzt ist, die aus Ostdeutschland stammen; vor allem ihnen, Angela Merkel und Joachim Gauck, schlägt im Osten Deutschlands der geballte Hass bestimmter Kreise entgegen.

Wie lässt sich das erklären? Die DDR war entgegen allen Bekundungen internationaler Solidarität ein sehr um seine ethnische Homogenität besorgtes Land. Nicht nur die dort stationierten Sowjetsoldaten waren von der Bevölkerung abgeschottet, auch die Vertragsarbeiter aus Vietnam, Angola und anderen kommunistischen Ländern lebten in Wohnblocks strikt getrennt von der deutschen Bevölkerung. Die Bürger der DDR hatten keinerlei soziale Erfahrung im Umgang mit den Fremden, als sie 1990 zu Bundesbürgern wurden – oder anders formuliert: Die DDR war das deutscheste Deutschland, das es jemals gegeben hat. Eine weitere Erklärung für den Unmut im Osten hebt darauf ab, dass sich die neuen Bundesbürger zunächst – und viele von ihnen noch immer – selbst als Fremde in dem für sie neuen Land fühlten, dass sie massive Degradierungserfahrungen gemacht haben und für viele von ihnen der Zugehörigkeitsanspruch allein in ihrem Deutschsein bestand, den sie nun gegen die Neuankömmlinge verteidigen.[21] Hinzu kommt der deutlich höhere Anteil von Arbeitslosen und prekären Beschäftigungsverhältnissen im Osten, womit die Sorge um soziale Sicherheit bei der Entwicklung von fremdenfeindlichen Dispositionen eine sehr viel stärkere Rolle spielt als im Westen – zumal sich nach den

Massenentlassungen der 1990er Jahre und den damit verbundenen Abstiegserfahrungen kein vergleichbares Vertrauen in die Stabilität von Beschäftigungsverhältnissen entwickelt hat. Eine genauere Untersuchung der Denkweisen an Brennpunkten der Fremdenfeindlichkeit würde vermutlich zeigen, dass die hier angeführten Erklärungen oft zusammenkommen und sich wechselseitig verstärken.[22]

Der vigilantistische Terror und die demonstrative Willkommenskultur

Unterschiedliche Blickweisen auf die Rolle des Fremden in der eigenen Gesellschaft hat es immer und überall gegeben, aber sie entfalten in der Regel politisch kaum Wirkung. Auch in Deutschland änderte sich das erst mit dem als dramatisch wahrgenommenen Anstieg der Flüchtlingszahlen, ganz ähnlich, wie dies zu Beginn der 1990er Jahre der Fall gewesen ist, als die Flüchtlingswelle aus dem zerfallenden Jugoslawien kam. Dabei ist es keineswegs der Zustrom von Flüchtlingen an sich, der zur politischen Spaltung der Gesellschaft geführt hat, sondern die gegen die Fremden gerichteten Gewaltaktionen, die ihrerseits wieder Reaktionen provoziert haben. Das Wechselspiel von Reaktion und Gegenreaktion führt dazu, dass die gleichgültige Hinnahme von Entwicklungen, die für die politische wie gesellschaftliche Mitte eigentlich typisch ist, unmöglich wird und ein Zwang entsteht, sich dezidiert zu positionieren. Das ist es, was dann als politische Spaltung der Gesellschaft wahrgenommen wird. Dies ließ sich im Sommer und Herbst 2015 gut beobachten: Die demonstrative Praxis des Willkommenheißens von Flüchtlingen, vor allem am Münchner Hauptbahnhof, aber auch in Frankfurt, Dortmund

und weiteren Großstädten, war zunächst ein Versuch, der demonstrativen Abschreckung etwas entgegenzusetzen – seit dem Frühjahr hatte es aggressive Proteste gegen Flüchtlinge gegeben und wurden (zumeist noch nicht bewohnte) Flüchtlingsunterkünfte in Brand gesetzt. Abschrecken und Willkommenheißen, das waren die Pole, von denen her die Kontroverse begann; dieser Kampf um die Deutungshoheit über die politische Kultur wurde vor allem mit medienwirksamen Aktionen ausgetragen: Gegen die nächtlichen Brände setzten die Menschen in München ihr Engagement, begrüßten die Neuankömmlinge mit Beifall und Plakaten und versorgten sie umgehend mit dem Nötigsten.

Um die Rolle der Brandstiftungen zu begreifen, ist es erforderlich, einen kurzen Blick auf Struktur und Ziele des vigilantistischen Terrors zu werfen.[23] Der Begriff leitet sich ab vom lateinischen Wort *vigiles*, Nachtwachen. Er bezeichnet diejenigen, die sich selbst als Wächter und Hüter einer Gemeinschaft verstehen und sie mit Gewalt gegen vermeintliche Feinde verteidigen. Der amerikanische Ku-Klux-Klan ist ein typischer Vertreter dieser Art von Terror. In ihm wird die Vorstellung eines Kollektivs wirksam, das seine eigene moralische Ordnung durch die Anwesenheit oder die Einforderung von Rechten anderer bedroht sieht, gegen die sich die vigilantistische Gewalt richtet. Die Gewalt hat die Funktion, diese Personen zu vertreiben, sie aus bestimmten Räumen und von zentralen Plätzen zu verbannen oder zumindest einzuschüchtern, um die als überkommen behauptete moralische Ordnung zu verteidigen.[24] Der für den Ku-Klux-Klan typische sakrale Charakter der vigilantistischen Gewalt lässt sich in entritualisierter Form auch beim Niederbrennen von Flüchtlingsunterkünften in Deutschland beobachten, etwa als in Bautzen der Brand eines dafür vorgesehenen Hauses von einer Menschenmenge mit Johlen und Beifall begleitet wurde. Der aus dem Verborgenen heraus verübte kriminelle Akt der Brandstiftung wird auf diese Weise «offizialisiert» und als Handlung eines dazu autorisierten Akteurs gefeiert. Das findet auch in der Parole der Flüchtlingsgegner, sie seien «das Volk», seinen Ausdruck. Die Angriffe von Schlägertrupps gegen einzelne oder kleine Gruppen von Migranten, die Versammlungen gewaltbereiter Massen (des Mobs) vor Flüchtlingsunterkünften und schließlich das Inbrandsetzen dieser Unterkünfte vor oder auch nach ihrer Inbetriebnahme werden als Bestrafung von Personen verstanden, die die bestehende Ordnung stören und daher vertrieben werden sollen. Die an solchen Aktionen beteiligten Bürger verstehen sich als diejenigen, die den Willen der Gemeinschaft durchsetzen, und dabei nehmen sie für sich in Anspruch, an die Stelle des Staates zu treten beziehungsweise der «bessere Staat» zu sein.[25] Häufig behaupten sie, sie stellten die Sicherheit wieder her, die durch die Flüchtlinge massiv bedroht sei. Dem liegt implizit oder explizit die Behauptung zugrunde, die meisten Flüchtlinge seien kriminell. Dabei geht es neben der Zuschreibung von Diebstahl und Raubüberfällen vor allem um die Imagination, die Fremden würden die eigenen Frauen vergewaltigen wollen, um so von dem Land, in das sie gekommen sind, Besitz zu ergreifen.

Die sexuellen Übergriffe von Köln, aber auch Hamburg und Stuttgart in der Silvesternacht 2015/16 waren deshalb Wasser auf die Mühlen all jener, die vehement gegen die Aufnahme muslimischer Flüchtlinge sind. Größtenteils gingen diese sexualisierten Angriffe von Männern nordafrikanischer beziehungsweise arabischer Herkunft aus. Nicht alle von ihnen waren Flüchtlinge, und nur ein geringerer Teil gehörte zu den 2015 nach Deutschland gekommenen Asylbewerbern. Ein größerer Teil hielt sich bereits seit längerem in Deutschland auf, zumeist als abgelehnte Asylbewerber, die nicht abgeschoben werden konnten, weil etwa Algerien und Marokko sich weigerten, sie wieder aufzunehmen. Sie gehörten also jener Gruppe an, deren prekäre Lebenslage ihre Integration verhindert.

Dass ihre muslimische Religionszughörigkeit allein die Ursache für die brutalen sexualisierten Angriffe war, ist damit nicht ausgemacht. Aber zweifellos kommt es in islamisch geprägten Ländern zu schweren Übergriffen gegenüber Frauen, die es wagen, allein oder nur von einer anderen, gleichaltrigen Frau begleitet, auf die Straße oder den Markt zu gehen. Solch eine sexualisierte Gewalt gibt es indes nicht nur in islamisch geprägten Ländern, wie eine ganze Reihe schwerster und extrem brutaler Übergriffe auf Frauen in Indien zeigt.

Offenbar aber begünstigen Religionen, die eine extreme Separation von Männern und Frauen vorschreiben, die Frau dem Mann eindeutig unterordnen und ihm gleichzeitig eine Strafgewalt gegenüber der Frau zugestehen, sexualisierte Gewalt in erheblichem Maße. Das gilt umso mehr, je sexualfeindlicher die jeweiligen Auslegungen religiöser Vorschriften oder Erzählungen sind und je deutlicher solche Auslegungen der Frau die Schuld an der Sünde und am Elend der Welt, und das heißt am Elend des Mannes geben, der sein sexuelles Begehren nicht zu zügeln vermag. Begehren und Gewalt gehen dabei eine fast unauflösliche Verbindung ein. Je weniger verhüllt eine Frau sich zeigt, desto mehr trägt sie die Schuld am Begehren des Mannes und desto mehr muss sie zugleich in der Befriedigung dieses Begehrens bestraft werden. Dieser fatale Zusammenhang von Repression und sexueller Gewalt ist aber nicht zuletzt von muslimischen Intellektuellen und feministischen Muslimas aufgezeigt und scharf kritisiert worden.[26] Einige, wie Ayaan Hirsi Ali, haben dafür ihr Leben riskiert.[27]

Es versteht sich von selbst, dass die aus frauenfeindlichen Haltungen resultierenden Übergriffe auf Frauen – sei es auf nächtlichen Straßen, bei Festen oder in der eigenen Familie – strafrechtlich verfolgt werden müssen und der Gesetzgeber auch darüber zu befinden hat, ob dafür der vorhandene gesetzliche Rahmen und das zu verhängende Strafmaß ausreichen. Das ist in der Reaktion auf Köln bereits geschehen.

Und zweifellos muss darauf auch eine Integrationspolitik reagieren, die nicht zulassen kann und darf, dass sich frauen- und menschenfeindliche Einstellungen unter den Flüchtlingen verbreiten und festigen. Dazu genügt es nicht, von den Flüchtlingen Erklärungen ihrer Integrationsbereitschaft zu verlangen oder sie das Grundgesetz auswendig lernen zu lassen. Es genügt auch nicht, sie nach ihrer Bereitschaft, in Freiheit zu leben, zu fragen. Das ist zweifellos der Grund, warum die meisten von ihnen in Europa leben wollen. Vielmehr muss man sie entschieden und sich seiner selbst und der Errungenschaften des Grundgesetzes gewiss darin unterstützen, zu begreifen und zu lernen, dass ihre eigene Freiheit nicht ohne die Freiheit ihrer Frauen und Kinder und nicht ohne den selbstverständlichen Respekt vor der sexuellen Selbstbestimmung von Frauen zu haben ist. Gewalt hilft dabei in keiner Weise. Und deshalb sind die Gewalteskalationen gegen Flüchtlinge nicht nur moralisch verwerflich und bedürfen strafrechtlicher Verfolgung. Sie folgen vielmehr einem ganz ähnlichen Impuls wie die Gewalt gegen Frauen.

Ausgangspunkt dieser Gewalteskalation ist eine diffuse Angst, die unter dem Einfluss publizistischer Stichwortgeber zu einem Gefühl der unmittelbaren Bedrohung wird. Die im Prinzip schwachen und hilflosen Flüchtlinge verwandeln sich in den Augen der Alteingesessenen in aggressive Eindringlinge, die abgeschreckt oder bestraft werden müssen. Aus Ärger wird Empörung, aus Wut Verlangen nach Vergeltung.[28] Im Zentrum der vigilantistischen Gewalt steht die Angst, die zunächst noch gar nichts mit den Flüchtlingen zu tun hat, sondern aus einem tiefsitzenden Gefühl der Unsicherheit oder des drohenden sozialen Abstiegs erwächst. Angst ist ein frei flottierendes Empfinden, gefährdet zu sein, wobei zunächst gar nicht klar ist, worin die Gefährdung eigentlich besteht und woher sie kommt. Die Ängstlichen sehen sich als Opfer, von Entwicklungen bedroht, als deren Ursache sie die Flüchtlinge identifizieren, insbesondere dann, wenn diese in ihrer Nähe untergebracht werden. Ihre Anwesenheit wird als Herausforderung für die moralische Ordnung empfunden, der sich die nun nicht mehr Ängstlichen, sondern Geängstigten zugehörig fühlen. Sie entwickeln eine latente Feindseligkeit gegenüber den vermeintlichen Bedrohern; Ressentiment und Ablehnung steigern sich zu Wut und Hass, vor allem dann, wenn sich Gerüchte verbreiten, die das Befürchtete zu bestätigen scheinen. Von da an kann es jederzeit zum Ausbruch einer «moralischen Panik» kommen, die in einem Gewaltexzess gegen die vermeintlichen Eindringlinge gipfelt. Der Gewaltforscher Thomas Klatetzki unterscheidet bei der Analyse solcher Exzesse zwischen den eigentlichen Gewaltanwendern, der «mittleren Masse», die den moralischen Rahmen (und gelegentlich auch physischen Schutzraum) für die Gewaltanwender darstellt, und der «hinteren Reihe», die wiederum der «mittleren Masse» das gute Gefühl verschafft, sie stelle die Mehrheit der bedrohten Gemeinschaft dar.[29] Unsichtbar bleiben dabei die intellektuellen Stichwortgeber, die mit ihren Texten und Reden dafür gesorgt haben, dass die Flüchtlinge zum Objekt der frei flottierenden Angst geworden sind. Sie halten Abstand, um hinterher behaupten zu können, mit alldem nichts zu tun gehabt zu haben.

Die Demonstrationen der Willkommenskultur waren gegen diesen vigilantistischen Terror gerichtet und versuchten, ihm die Verfügung über das Deutschlandbild der Flüchtlinge zu entreißen. Wenn die Bilder von brennenden Flüchtlingsunterkünften in Sachsen und Brandenburg die Nachricht in der Welt verbreiten, dass Flüchtlinge in Deutschland nicht willkommen seien und genauso um ihr Leben zu fürchten hätten wie in den Bürgerkriegsgebieten, aus denen sie geflüchtet sind, so sollen die weniger spektakulären, aber umso beeindruckenderen Bilder von der Freundlichkeit und Hilfsbereitschaft vieler vor allem junger Deutscher die entgegengesetzte Nachricht transportieren: Ihr seid in Deutschland sicher, und ihr seid hier willkommen.[30] Im Spätsommer 2015 ist das durchaus gelungen. Es konnte jedoch nicht verhindern, dass weiterhin Flüchtlingsunterkünfte in Flammen aufgingen.

Die Brandstiftungen gegen Flüchtlingsunterkünfte hatten allerdings einen weiteren paradoxen Effekt. Es gab für die Bundesregierung, als sich Ende August/Anfang September 2015 auf dem Budapester Bahnhof Keleti Tausende Flüchtlinge stauten, während sich gleichzeitig einige zehntausend Menschen auf der Balkanroute in Richtung Österreich und Deutschland bewegten, gar keine andere Wahl: Wenn sie sich nicht dem Vorwurf aussetzen wollte, vor dem rechtsextremistischen Terror eingeknickt zu sein oder gar die von den Rechtsextremisten eröffnete terroristische Abschreckungskampagne mit anderen Mitteln fortzusetzen, musste sie eine konsequente Politik der Grenzöffnung (also auch des Verzichts auf jedwede Obergrenze) verfolgen. Unter dem Eindruck der Bilder vom Flüchtlingselend in Ungarn, davor bereits der Entdeckung von 71 Flüchtlingsleichen in einem Lastwagen nahe Wien und schließlich des Bildes von dem an der türkischen Küste angespülten toten dreijährigen Kind, das nach dem

Kentern des Schleuserboots ertrunken war, hatte sich in der deutschen Öffentlichkeit eine flüchtlingsfreundliche Grundstimmung entwickelt, von der anzunehmen war, dass sie eine Politik der Grenzöffnung hinreichend unterstützen würde.[31] Die grundlegende Entscheidung war gefallen, und der rechte Terror gegen Flüchtlingsunterkünfte hatte daran letzten Endes seinen ungewollten Anteil.

Die Angst vor «Überfremdung» und die Furcht vor muslimischen Parallelgesellschaften

Die überwiegend wohlwollende Grundstimmung gegenüber den Flüchtlingen in der Mitte der Gesellschaft hielt jedoch nicht lange an. Zwei Fragen bestimmten die Debatte, als es weniger um die kurzfristige Unterbringung der Neuankömmlinge ging als vielmehr um die Herausforderung, sie in die deutsche Gesellschaft zu integrieren: Würden vermehrt Parallelgesellschaften entstehen und mit ihnen auch eine Paralleljustiz («Schariagerichte»)? Und würde der Islam, dem die meisten Flüchtlinge zugehören, womöglich als Integrationsblockade gegenüber den Erwartungen und Grundwerten der deutschen Gesellschaft wirken? Schon bald tauchte der Begriff der «Überfremdung» auf. Er wurde gespeist von der Vorstellung einer nicht assimilierbaren und auch nicht integrierbaren Kultur, einer Kultur, die von den Fremden mitgebracht wird und mit deren Hilfe sie sich gegen die Kultur des Aufnahmelandes abschotten und zur Wehr setzen. Dem vergleichenden Blick fiel nämlich auf, dass die nach Deutschland gekommenen und dort gebliebenen Italiener, Polen, Jugoslawen und so weiter nach einiger Zeit mehr oder weniger zu Deutschen geworden sind, während dies bei den Muslimen, unabhängig, aus welchem Land sie kamen, sehr viel seltener der Fall zu sein schien. War die Formel von der «postmigrantischen Gesellschaft» also womöglich das trojanische Pferd, mit dem die Kultur des Aufnahmelandes zunächst infiltriert und dann überformt werden sollte? So nahm die Debatte um die Aufnahme der Flüchtlinge schon bald Züge eines Kulturkampfes an, und die Konstrukte einer «christlich-jüdischen Leitkultur» oder auch des «christlichen Abendlandes» wurden in der Rhetorik von Leuten ohne jede religiöse Bindung zum Inbegriff des «Eigenen», von dem aus Widerstand gegen die angeblich drohende «Überfremdung» geleistet werden sollte.[32]

Vorwegzuschicken ist hier, dass diese Debatte in Deutschland kein sachlicher Austausch von Wissen und Argumenten war, sondern dass Begriffe wie «Überfremdung», «Umvolkung» und «Abendland» seit dem Auftauchen von Pegida in Dresden der politischen Rechten zur Mobilisierung dienten. Mit ihrer Hilfe erlangten Vorstellungen, die bis dahin an den äußersten Rand des politischen Spektrums verbannt waren, bis weit in die Mitte der Gesellschaft hinein Akzeptanz. Die neurechte Ideologie, in der die Ablehnung des Europaprojekts, Islamfeindschaft und Xenophobie die Kernelemente bilden, wurde auf diese Weise gesellschaftsfähig.[33] Die Flüchtlingsfrage wurde zum Mobilisierungsthema der politischen Rechten, nicht nur in Deutschland, sondern in ganz Europa – und sie wird das vermutlich für lange Zeit bleiben.[34] Eine Voraussetzung dafür war, dass zunächst die Glaubwürdigkeit der etablierten Medien zerstört, zumindest in Zweifel gezogen werden musste. Wo das gelungen ist, konnten andere Deutungen lanciert werden: So wurden häufig neurechte Vorstellungen in antikapitalistischer Ummantelung und mit einem kräftigen Schuss Antiamerikanismus oder auch Putin-Bewunderung ins Spiel gebracht. Der Ruf «Lügenpresse», wie er auf den Dresdner Montagsdemonstrationen von Pegida erstmals zu hören war, wurde zum Rammbock, mit dem die Deutungshoheit der Qualitätspresse gebrochen und das Feld nicht zuletzt für Verschwörungstheorien geebnet wurde. Eine dieser Verschwörungsobsessionen ist, dass die Aufnahme der Flüchtlinge in Deutschland der entscheidende Bestandteil eines geheimen Plans zur «Umvolkung» der Deutschen sei; die deutsche Agentin dieses in den USA ersonnenen Plans sei Angela Merkel. Über solche Absurdität kann man sich lustig machen; letzten Endes ist es bloß eine Arabeske am Rande des neurechten Projekts, in dem diffuse Ressentiments der Bevölkerung zu einer völkisch-xenophoben Ideologie verschmolzen werden. Diese Ideologie ist durch einen massiven Antiliberalismus gekennzeichnet, und ihre Leitdifferenz ist die Eigen-Fremd-Unterscheidung.

Diese Eigen-Fremd-Unterscheidung wird zu der Vorstellung einer von außen kommenden Bedrohung und einer in den Raum des Eigenen eingedrungenen Invasion des Fremden zugespitzt. Mit anderen Worten: Es wird eine in der Wissenschaft gebräuchliche Unterscheidung (dort häufig im Begriffspaar von Identität und Alterität entwickelt) genutzt, um daraus eine essenzielle Konfrontation zu formen, bei der immer schon klar ist, was das Eigene und was das Fremde ist. Die Komplexität dieser Unterscheidung («fremd im Eigenen»[35]) wird zu ontischer, das heißt wesensmäßiger Eindeutigkeit umgeformt: Das Eigene ist die je eigene Nation, Kultur oder Rasse, und das Fremde ist alles, was nicht dazugehört beziehungsweise dem entgegensteht. Differenzierungen im Fremden gibt es dabei ebenso wenig wie die Vorstellung einer produktiven Verbindung von Fremdem und Eigenem. Nur auf dieser Grundlage lässt sich der Gedanke einer «Überfremdung» überhaupt entwickeln.

Die Auseinandersetzung mit der neurechten Ideologie beginnt mit Differenzierungen in der Vorstellung des Fremden:[36] Danach kann fremd für uns heißen, dass jemand in formaler Hinsicht der Organisation oder Gesellschaft, der wir selbst angehören, nicht zugehörig ist. Dies ist dann eine Form von Fremdheit, die sich durch einen administrativen Vorgang, den Eintritt beziehungsweise die Einbürgerung, überwinden lässt. Zwischen Eigen und Fremd steht hier nur ein Verwaltungsakt. Daneben gibt es aber auch ein Fremdsein im Sinne *kultureller Unvertrautheit*:[37] Jemand ist uns fremd, weil wir seine Bräuche und Gewohnheiten, womöglich auch seine Werte und Normen nicht kennen oder zumindest nicht teilen; im ersten Fall handelt es sich um kognitive, im zweiten um normative Fremdheit, aber in beiden Fällen genügt kein Verwaltungsakt, um sie zu überwinden: Im Fall der kognitiven Unvertrautheit geht es um Lernprozesse, die mühsam und langwierig sein können; im Fall der normativen Fremdheit müssen wir uns entscheiden, ob eine schrittweise Integration des Fremden in die eigenen Werte und Normen möglich ist und angestrebt werden soll, ob Kompromisse denkbar und wünschenswert sind oder ob es auf eine Konfrontation hinausläuft, einen Konflikt, der entweder durch territoriale Trennung (wie beim Augsburger Religionsfrieden von 1555) befriedet werden kann oder durch den Sieg einer Seite über die andere. Bezogen auf die Differenzierung von vertraut und unvertraut bezeichnet «fremd» zunächst das Fehlen habitualisierten, das heißt selbstverständlichen Wissens, und das gilt für beide Seiten gleichermaßen: Dem Fremden fehlt habitualisiertes Wissen über die Fremde, in die er sich bewegt; dem Einheimischen fehlt Wissen über die Fremden, denen er begegnet. So entsteht häufig auf beiden Seiten das Gefühl des Befremdet-Seins. Kognitive und normative Fremdheit sind freilich eng miteinander verbunden: Oft unterscheiden sich die Normen gar nicht so sehr voneinander, wie angenommen wird, weil Unvertrautheit dazu führen kann, dem Anderen zu unterstellen, er folge Normen, die mit den eigenen unvereinbar seien. Die Differenzierung des Begriffs Fremdheit, wie sie hier skizzenhaft vorgenommen wurde, zeigt das Spezifische an der neurechten Ideologie: Sie versteht «fremd» grundsätzlich konfrontativ und kann sich einen Kompromiss nur in Gestalt territorialer Separation vorstellen: Nach ihrer Auffassung haben Muslime, Schwarze und andere mehr in Deutschland nichts zu suchen; sie müssen abgewiesen, ausgewiesen oder abgeschoben werden.

In der Verwandlung der Eigen-Fremd-Unterscheidung zu einer politischen Leitdifferenz zeigt sich zugleich ein zutiefst antiurbaner Affekt. Insofern lässt sich das Vordringen neurechter Ideen bis in die Mitte der Gesellschaft auch als eine Rebellion des Provinziellen gegen das Urbane verstehen, gegen eine Welt, in der eigentlich alle einander mehr oder weniger fremd sind, und, parallel dazu, als Abwehrreflex einer überalterten Gesellschaft gegen die Herausforderungen des Neuen, ein Aufbegehren der Geborgenheitssucher gegen die dynamische Veränderung der modernen Welt. Auf dem «Identitären» zu beharren, ist dann eine gleichsam physiologische Reaktion der Erschöpften und Ermatteten, die das Tempo der modernen Welt nicht mitgehen können oder wollen und stattdessen der Vorstellung anhängen, es gebe Nischen, in die man sich zurückziehen könne – und dann werde alles beim Alten bleiben. Die Anziehungskraft der neurechten Ideologie bis weit in die Mitte der Gesellschaft hinein beruht nicht zuletzt darauf, dass sie Illusionen transportiert, die von den Erschöpften begierig aufgegriffen werden.

Konkret zeigt sich das darin, dass die Flüchtlinge grundsätzlich nur als Gefahr oder Bedrohung wahrgenommen werden, nie als Chance zur gesellschaftlichen Erneuerung. Sie könnten helfen, die wirtschaftliche Dynamik aufrechtzuerhalten und die bürgerschaftliche Tugend wiederzubeleben; Ersteres ist eine eher wirtschaftsliberale, Letzteres eine bürgerrepublikanische Vorstellung, und bei beiden spielt die geschichtstheoretische Annahme zyklischer Prozesse eine Rolle – dem Aufstieg und Höhepunkt einer Gesellschaftsformation folge ein Niedergang, den zu verhindern die große Herausforderung der Politik sei. Die Pointe beider Theorien, die hier mit Blick auf ihre Thematisierung des Fremden kurz vorgestellt werden sollen, besteht darin, dass sich der Begriff der «Überfremdung» unter ihrem Zugriff als eine Fehldiagnose erweist, die den Niedergang gerade nicht aufhält, sondern selbst ein Ausdruck von Dekadenz ist.

Es war ausgerechnet der Wirtschaftshistoriker Werner Sombart, ein Mann, der zumindest im späten Kaiserreich und in der Weimarer Republik mit der politischen Rechten sympathisierte,[38] nachdem er zuvor zeitweilig der Sozialdemokratie nahegestanden hatte,[39] der in seinem Buch *Der Bourgeois* dem Fremden wie überhaupt der Migration eine herausragende Bedeutung für die Entstehung des modernen Kapitalismus zugesprochen hat.[40] Es waren nämlich Fremde, von denen die gewohnten und traditionellen Produktions- und Arbeitsformen aufgebrochen wurden, die Neues mitbrachten und einführten und auf diese Weise zu Beschleunigern des Aufbruchs in die kapitalistische Moderne wurden. Aber die kapitalistische Dynamik hat sich erschöpft, und dementsprechend unterteilt Sombart die Geschichte kapitalistischen Wirtschaftens in Früh-, Hoch- und Spätkapitalismus, wobei Letzterer durch eine «Verfettung» des Unternehmers gekennzeichnet sei, der das Risiko scheue und nur noch auf Sicherheit bedacht sei.[41] Der Unternehmer wird zum Verwalter, und die vordem dynamische, sich permanent revolutionierende Wirtschaftsentwicklung tritt in eine stationäre Phase ein. – Man kann gegen Sombart einwenden, dass die reale Wirtschaftsgeschichte in den letzten Jahrzehnten einen anderen als den vorhergesagten Verlauf genommen hat, aber das ist hier nicht das Thema. Für das hier in Frage Stehende ist wichtig, dass Sombart auf die Bedeutung des Fremden für eine dynamische Wirtschaftsentwicklung hingewiesen hat. In einer globalen Ökonomie, in der nur mithalten kann, wer dem Prozess der «Verfettung» nicht anheimfällt, sondern immer wieder innovativ ist, sind Fremde eine Chance zur Erneuerung. Dagegen mag man einwenden, dass dies auf afghanische Analphabeten weniger zutreffe als auf die Iraner, die in der Schahzeit, vor allem aber unter dem Mullahregime nach Deutschland kamen und inzwischen die bestintegrierte Gruppe aus der islamischen Welt darstellen.[42] Aber auch von den etwa hunderttausend Afghanen, die in Deutschland leben, sind insbesondere die Einwanderer der ersten Generation gut integriert.

Das gilt in ähnlicher Weise für die Verfügbarkeit bürgerschaftlicher Tugend, ohne die eine demokratisch-partizipatorische Ordnung des Politischen nicht bestehen kann. Bürgertugend ist der Antipode des puren Eigeninteresses, und sie steht dafür, dass viele Bürger in ihrem Denken und Handeln stets das Gemeinwohl des Gesamtverbands im Auge behalten, dass sie, mit anderen Worten, bereit sind, ihren persönlichen Vorteil gegenüber dem Nutzen der Gemeinschaft hintanzustellen. In der Geschichte des politischen Denkens ist das nicht für selbstverständlich und auch nie für kontinuierlich abrufbar gehalten worden, sondern auch hier hat man eine Kurve von Aufstieg, Höhepunkt und Niedergang gezeichnet, die das Maß der verfügbaren Bürgertugend darstellen sollte.

Deren Schwinden wurde mit dem Ende einer demokratisch-partizipatorischen Ordnung und ihrer Verwandlung in eine Oligarchie in eins gesetzt. Es kam danach alles darauf an, den Verlust der Bürgertugend abzuwenden, und nicht wenige Politiktheoretiker haben dafür Kriege und Krisen als geeignet angesehen.[43] Das lässt sich auf die Flüchtlingskrise vom Spätsommer / Herbst 2015 übertragen: Tatsächlich hat der schier endlos scheinende Zustrom von Flüchtlingen in Deutschland die Zivilgesellschaft mobilisiert; bürgerschaftliches Engagement und Bürgertugend haben sich in einem Ausmaß gezeigt, wie man das zuvor nicht für möglich gehalten hätte. Es sind in diesem Fall nicht die Fremden selbst, die, wie bei der Stimulierung der wirtschaftlichen Dynamik, zur gesellschaftlichen Erneuerung beitragen, aber sie sind der Anstoß zur sozialmoralischen Selbstertüchtigung der Gesellschaft, die Herausforderung, durch deren Bewältigung sie sich vergewissert, welche Kraft und Leistungsfähigkeit in ihr vorhanden ist, wenn es darauf ankommt. Eine solche Erfahrung kann das politische Selbstbewusstsein einer ganzen Generation prägen und zum Mittelpunkt einer Erzählung werden, die davon handelt, wie man etwas geschafft hat, vor dem die europäischen Nachbarn in die Knie gegangen sind.

Dennoch bleibt die Frage, ob die Herausforderung im Fall der muslimischen Flüchtlinge nicht zu groß ist und ein Scheitern vorhersehbar ist. Zunächst ist jedoch zu klären, ob dem Islam bei der problematischen Integration von Menschen aus islamischen Ländern tatsächlich die Bedeutung zukommt, die ihm in vielen Diskussionen zugemessen wird. Oder präziser gefragt: Ist die kulturelle Prägung durch den Islam die Ursache dafür, dass bei vielen Muslimen die Integration in die Gesellschaft deutlich schlechter gelingt als bei anderen Flüchtlingen? Oder sind es vor allem soziale Akzeptanzprobleme, gepaart mit dem Empfinden der Menschen aus islamischen Ländern, fremd in der Fremde zu sein, die bei ihnen dazu führen, dass sie sich in den Islam, womöglich den Islamismus flüchten? In diesem Fall wäre der Islam für sie ein psychisches Bollwerk gegen Diskriminierungsempfindungen. Es ist jedoch nicht der traditionelle Islam, um den es dabei geht, sondern ein Konvolut von Ideen und Vorschriften, das im Prozess der Wanderung der Menschen aus einem Kulturraum in einen anderen erst entstanden ist und ihnen in Konstellationen, die von Unsicherheit geprägt sind, Gewissheiten verschafft.[44]

Nun wird man die Frage nach der Ursächlichkeit des Sozialen gegenüber dem Kulturellen oder des Kulturellen gegenüber dem Sozialen sicherlich nicht eindeutig und abschließend beantworten können, und in vielen Fällen werden sich vermutlich Wechselwirkungen beobachten lassen, in denen das Eine zur Ursache des Anderen geworden ist: Die Desorientiertheit im neuen Lebensraum führt dazu, dass man sich vor allem an das hält, was man mitgebracht hat, und das ist der Islam. Doch durch die Praktizierung der mit ihm verbundenen Riten, insbesondere des fünfmaligen Gebets am Tag, setzt man sich noch deutlicher von der Kultur des Ankunftslandes ab, wird gewissermaßen sozial auffällig, erfährt die Distanzierung des sozialen Umfelds oder die Ablehnung als Diskriminierung und orientiert sich infolgedessen umso fester am islamischen Glauben oder dem, was man dafür hält. Damit wiederum leistet der Betreffende einen Beitrag zum Gefühl des «Befremdetseins», das sich bei den Einheimischen ausbreitet. Will man die konfrontative Ausgrenzung der Muslime vermeiden, so muss man hier ansetzen, um den eskalatorischen Prozess der Segregation zu vermeiden.[45] Das ist zugegebenermaßen leichter gesagt als getan, doch wenn man hier weiterkommt, leistet man nicht nur einen Beitrag zur besseren Integration von Menschen aus der Türkei und der arabischen Welt in die deutsche Gesellschaft, sondern macht auch einen großen Schritt, um die Selbstblockade der arabischen Welt zu überwinden, die eine der Ursachen für die Flüchtlingsströme nach Europa ist.[46] Dabei ist freilich zu beachten, dass es viele Menschen aus der islamischen Welt in Deutschland gibt, die auf die Erfahrung der Fremde gerade nicht mit einer Flucht in den Islam oder gar Islamismus reagiert haben;[47] es wäre ein schwerwiegender Fehler, wenn man im Umgang mit ihnen den Islam zum Schlüssel der Integrationsfrage machen würde.

Andererseits haben moderne liberale Gesellschaften nur schwach ausgeprägte kollektive Identitäten;[48] die Integration in eine offene Gesellschaft erfolgt über Individuen und nicht über Gruppen. Islamismus ist in dieser Perspektive ein Rückzug in die Gruppe, ein Untertauchen des Individuums in der Gruppe, dem das individuelle Integrationsprojekt zu schwer oder auch schlichtweg aussichtslos zu sein scheint. Man kann auch auf die Begrifflichkeit des Soziologen Ferdinand Tönnies zurückgreifen und sagen, die demonstrative Herausstellung des islamischen Glaubens bei vielen Zuwanderern aus der Türkei und der arabischen Welt sei die Flucht in eine imaginierte Gemeinschaft und die sei auf das Scheitern an den Integrationsmechanismen einer individualisierten Gesellschaft zurückzuführen:[49] Gesellschaften, so Tönnies, funktionieren dadurch, dass sich Individuen als Individuen verhalten und darauf setzen, dass die sozioökonomischen Mechanismen «hinter ihrem Rücken» die Integration zu einem Ganzen bewirken; Gemeinschaften hingegen konsumieren Individualität und konzedieren dem Einzelnen nur insofern eine Bedeutung, als er ein Teil dieser Gemeinschaft ist. Doch der Rückzug von Teilgruppen in eine Gemeinschaft, die Distanz zu der sie umgebenden Gesellschaft hält, bleibt für die liberale Gesellschaft nicht folgenlos: Gerade weil sie zwecks Ermöglichung ihrer pluralen Offenheit auf die Ausbildung starker Kollektividentitäten verzichtet, fühlt sie sich durch die Entstehung einer geschlossenen Gemeinschaft in ihrer Mitte bedroht.[50] Was beide Seiten verbindet, ist die Furcht voreinander, und das ist eine denkbar schlechte Voraussetzung für ein gedeihliches Zusammenleben. Die Vorstellung von einer multikulturellen Gesellschaft[51] hat dieses Problem nicht wahrgenommen oder es zumindest unterschätzt.

Für dieses Phänomen hat der Soziologe Wilhelm Heitmeyer den Begriff der Parallelgesellschaft geprägt;[52] als empirischer Befund steht er für das Scheitern des Multikulti-Konzepts an der sozioökonomischen Realität der europäischen Länder. Parallelgesellschaft heißt, dass sich eine ethnisch oder religiös homogene Gruppe räumlich, sozial und kulturell von der Mehrheitsgesellschaft abschließt und gegen diese abschottet. Bei der Entstehung von Parallelgesellschaften lässt sich das oben beschriebene Zusammenwirken von kulturellen und sozialen Faktoren gut beobachten, und dabei spielen neben den nicht wegzudiskutierenden Diskriminierungserfahrungen auch unbeabsichtigte Effekte des Ausländerrechts eine Rolle. So wurde den aufgrund von Heirat im Rahmen der Familienzusammenführung nach Deutschland kommenden Migrantinnen und Migranten, die nach dem 13. November 1974 in die Bundesrepublik einreisten, die Aufnahme einer Arbeit untersagt beziehungsweise – so eine Gesetzesnovelle vom 4. Juni 1981 – erst nach einer vierjährigen Wartezeit erlaubt.[53] Das führte einerseits zu einer Zunahme illegaler Einreisen, andererseits machte es mehr und mehr Migranten von Sozialhilfe abhängig; auch konnte ihre Einreise so als Einreise in die Sozialhilfesysteme gebrandmarkt werden, wie dies Thilo Sarrazin in einer heftig diskutierten Publikation getan hat.[54] In herablassendem Gestus und mit diskriminierender Wortwahl vertrat er die These: Sozialhilfe plus Kindergeld = viele Kinder. So komme es zur Entstehung einer muslimischen Unterschicht, die sich – im Vergleich zur biologischen Reproduktionsrate der Mehrheitsgesellschaft – deutlich schneller vermehre und dadurch «Überfremdung» und den sozialpolitischen Abstieg Deutschlands verstärke. Auch finde bei dieser Unterschicht keine Rückwanderung in die Herkunftsländer statt, weil das Sozialeinkommen für Arbeitslose in Deutschland höher sei als die dortigen Erwerbschancen. In der Debatte um Islam und Islamismus ist häufig übersehen worden, dass Sarrazin damit keineswegs ausschließlich auf muslimische Migranten zielte, auch wenn er diese in den Mittelpunkt seiner Empörungsrede rückte und dafür auch den größten Beifall rechtskonservativer und rechtspopulistischer Kreise bekam. Sarrazin zielte durchaus auf jede Art von Unterschicht, auch die deutschstämmige. Er betrachtet den Sozialstaat als Integrationshindernis. Mit der nicht nur von ihm geschürten Angst der Mehrheitsgesellschaft vor der Parallelgesellschaft wird auch die Furcht verstärkt, in ihr bilde sich eine Paralleljustiz aus, die mit «Schariagerichten» und eigenen sozialen Regeln das Strafmonopol des Staates unterlaufe.[55] Dass solchen Tendenzen entschieden entgegengetreten werden muss, steht außer Frage. Aber sie treffen keineswegs nur auf einen Teil der muslimischen Migranten zu. Die Vorstellung, das Recht in «die eigene Hand» nehmen und auf diese Weise eine Paralleljustiz ausbilden zu müssen, findet sich ebenso in rechtsnationalen und rechtsradikalen, aber auch in linksradikalen Kreisen, die den demokratischen Rechtsstaat und dessen Justiz mit ihren komplexen Verfahrensregeln ablehnen.

Die auf beiden Seiten wirksamen Mechanismen von Angst und Furcht müssen durchbrochen werden, um Segregation und Ablehnung als Modi des Nichtaufeinanderzugehens zu überwinden. Für die Aufnahmegesellschaft heißt das: Wer seine eigene nationale Staatsbürgerschaft und die zugehörige politische Kultur nicht wertschätzt und diese Wertschätzung den Fremden und Neuankömmlingen nicht entsprechend vermittelt, kann von diesen auch nicht den erforderlichen Respekt davor erwarten.[56] Die durch den Verzicht auf die Ausbildung kollektiver Identitäten leicht zu verunsichernden offenen Gesellschaften (West-)Europas müssen sich einer Paradoxie stellen und auf sie eine Antwort finden: einerseits ihre Offenheit bewahren, um integrationsfähig zu sein, und doch gleichzeitig eine Identität ausbilden, die den Verzicht auf starke kollektive Identitäten nicht als Schwäche oder Verwundbarkeit begreift, sondern als Stärke und Überlegenheit verteidigt. Das ist vor allem dann erforderlich, wenn die Gesellschaft sich mit Gruppen auseinandersetzen muss, die identitäre Panzerungen aufgebaut haben, um sich gegen die Zumutungen der modernen Welt zu wappnen. Das dazu nötige Selbstbewusstsein ist die Voraussetzung dafür, dass Verunsicherung und Angst, die sich in der Mehrheitsgesellschaft breitgemacht haben, auch wieder überwunden werden.

Die EU in der Flüchtlingskrise und der deutsche Versuch, den Schengenraum zu retten

Die Herausforderung, die durch die Flüchtlingsströme auf der Balkanroute entstand, entwickelte sich innerhalb einer Zeitspanne von drei Jahren zur dritten Krise der Europäischen Union. In dieser dritten und schwersten Krise ist deutlich geworden, dass die EU in ihrer gegenwärtigen institutionellen Verfassung politisch keine Zukunft hat. Andererseits ist aber auch klar, dass Europa in Anbetracht des Krisengürtels, der von der gegenüberliegenden Mittelmeerküste über den Vorderen Orient bis ins Schwarzmeergebiet reicht, mit einem einheitlichen Willen auftreten muss; in Anbetracht der zahlreichen Konflikte an seinen Rändern kann es sich den Zerfall oder auch bloß die Handlungsunfähigkeit der Union nicht leisten. Doch diesmal scheint die alte Devise, wonach das Europaprojekt aus allen Krisen gestärkt hervorgegangen sei, nicht mehr zuzutreffen. Entgegen der Erwartung, dass Herausforderungen von außen zu größerer Geschlossenheit im Innern führen, zeigt sich die Europäische Union in jüngster Zeit zerrissener denn je; ihr mangelt es derart offenkundig an Handlungsfähigkeit, dass sie aus der Reihe politisch relevanter Akteure ausgeschieden ist. Die Eurokrise, der Konflikt mit Russland, die sich lang hinziehende Flüchtlingskrise – all dies hat die EU zum Schatten ihrer selbst werden lassen.

In der Eurokrise drohte sich die EU zu spalten: in einen nördlichen Block, der auf eine Politik der Haushaltsdisziplin setzt, und einen Südblock, der aus politischer Schwäche eine Politik der Staatsverschuldung verfolgt. In der Ukrainekrise zeigte sich, dass einige EU-Länder zu einer geschlossenen EU-Politik auf Dauer nicht bereit waren, sondern mit Sonderbeziehungen zu Russland liebäugelten. Und in der Flüchtlingskrise schließlich war eine Dreiteilung der EU zu beobachten: Die Staaten auf der Balkanroute betrieben eine Politik der Grenzschließung und setzten darauf, dass ein Rückstau der Flüchtlinge die griechische Regierung nötigen werde, die EU-Außengrenze rigider zu sichern – und zwar mit Mitteln und Methoden, die sowohl der Genfer Flüchtlingskonvention als auch den gemeinsamen europäischen Werten widersprechen. Polen, Ungarn, Tschechien und die Slowakei, die dieser Gruppe ebenfalls zuzurechnen sind, versuchten über Monate hinweg, eine europäische Lösung bei der Verteilung von Flüchtlingen zu verhindern, und blockierten dadurch die Formulierung einer gemeinsamen Politik. Die meisten anderen Staaten der EU schließlich erklärten, sie seien nicht zuständig für das Flüchtlingsproblem, und sahen zu, wie Deutschland und zeitweise auch Schweden und Österreich – die dritte Gruppe – allein diese Last schulterten.[57]

Zuvor war bereits das System von Dublin III zusammengebrochen, dem zufolge Flüchtlinge dort registriert werden müssen, wo sie erstmals den Boden eines EU-Landes betreten, und dann löste sich wegen der nationalen Grenzschließungen auf der Balkanroute der Schengenraum auf, der für einen freien und ungehinderten Reiseverkehr innerhalb Europas steht. Die transnationalen Institutionen der EU, deren Aufgabe es gewesen wäre, diese Entwicklung zu verhindern, erwiesen sich als machtlos: Die Häufigkeit ihrer Appelle stand in umgekehrtem Verhältnis zu ihrem tatsächlichen Einfluss auf die von den Mitgliedsländern betriebene Politik. Aus der vielbeschworenen Wertegemeinschaft verwandelte sich die EU in einen Verband, in dem nahezu alle Mitgliedstaaten ihre eigenen Interessen verfolgten und bewusst in Kauf nahmen, dass das Europaprojekt dadurch immer weiter ausgehöhlt wurde. In dieser Situation droht der Zerfall, zumindest eine erhebliche Rückentwicklung der EU.

Um diese dritte und schwerste Krise der EU zu verstehen, die mit den Flüchtlingsströmen auf der Balkanroute begann und in der demonstrativen Solidaritätsverweigerung der Ungarn und Slowaken ihren Höhepunkt erreichte, ist ein Blick auf die beiden tragenden Säulen des europäischen Binnenraums erforderlich: das Abkommen von Schengen aus dem Jahr 1985 und die Verträge von Dublin (Dublin II aus dem Jahr 2003 sowie Dublin III von 2013). Die Bildung des Schengenraums, der einen kontrollfreien Personenverkehr in einem Großteil des EU-Raumes (Rumänien und Bulgarien ausgenommen) sowie in Norwegen, Island, Liechtenstein und der Schweiz ermöglicht, war ein großer Schritt hin zur Vollendung des europäischen Binnenmarkts. Auch machte der Verzicht auf Personenkontrollen an den Staatsgrenzen das Projekt Europa für die Bürger erfahrbar; die vor allem in der Urlaubszeit spürbare Erleichterung des Reisens sollte ihm zusätzliche Unterstützung durch die Bevölkerung verschaffen.[58] Der Verzicht auf die nationalen Grenzkontrollen hatte jedoch zur Voraussetzung, dass die Außengrenzen der Europäischen Union zuverlässig kontrolliert wurden – die dafür erforderlichen Modalitäten wurden in den Dublin-Verträgen festgelegt. Es war also klar, dass der Schengenraum nur Bestand haben konnte, wenn das Dublin-Abkommen funktionierte, und das wiederum konnte nur funktionieren, wenn die Länder an den EU-Außengrenzen die damit verbundenen Verpflichtungen ernst nahmen und umsetzten. Bei Spanien war das der Fall, bei Italien schon deutlich weniger, und schon bald war klar, dass Griechenland aus geographischen wie politischen Gründen die Schwachstelle der EU-Außengrenzen bildete.[59]

In der Diskussion über die Flüchtlingskrise ist der EU immer wieder zum Vorwurf gemacht worden, sie betreibe eine bigotte Politik, weil sie zwar im Innern Grenzen aufhebe, aber dafür unüberwindliche Grenzregime nach außen errichte. Die europäische Grenzschutzagentur Frontex wurde zum Symbol für das, was von Kritikern als «Festung Europa» bezeichnet wurde. Man kann diesen Versuch der Abschottung aus humanitären Gründen kritisieren, man kann der EU vorwerfen, sie hätte mehr Möglichkeiten der legalen Zuwanderung schaffen müssen oder zumindest die Chance, Asyl in den Botschaften der europäischen Länder im arabisch-afrikanischen Raum beantragen zu können[60] – aber bigott oder auch widersprüchlich war die europäische Politik keineswegs: Es ging um eine Politik des gleichzeitigen Entgrenzens und Begrenzens, um ein Neuarrangement von Grenzen und Strömen innerhalb Europas, das die Wirtschaftskraft der EU im globalen Zusammenhang ebenso stärken sollte wie das Zusammengehörigkeitsempfinden der EU-Bürger. Es ging nicht darum, Grenzen generell abzuschaffen, und keineswegs war in Vergessenheit geraten, dass politische Räume erst durch das Ziehen von Grenzen entstehen.[61] Das ist in der Kritik an der Entscheidung der Bundesregierung vom 5. September 2015, die auf der Balkanroute nach Deutschland drängenden Flüchtlinge aufzunehmen, regelmäßig übersehen worden: Sie wollte nicht die Grenzen aufheben, sondern den Schengenraum aufrechterhalten, in dem sich die Flüchtlinge vom Bahnhof Keleti, um die es zu diesem Zeitpunkt konkret ging, ja bereits befanden. Insofern war die Politik der deutschen Regierung von ihrer Anlage her durchaus konservativ, nämlich darauf bedacht, das erreichte Niveau der europäischen Integration zu erhalten; keineswegs folgte sie einem Konzept der grundlegenden Veränderung, wie man ihr verschiedentlich vorgehalten hat.[62]

Die Konsequenz daraus konnte nur sein, dass man die Blockierung des Schengenraumes durch Ungarn verhinderte und die Menschen ins Land ließ. Das war am 5. September 2015 die Politik der Bundesregierung. Dazu musste zunächst jedoch das Ziel einer besseren Sicherung der EU-Außengrenzen erreicht werden, und das war offensichtlich nur möglich, wenn man mit den Ländern, die in der Nähe dieser Außengrenzen liegen, Absprachen traf, die zweierlei verhindern sollten: die massenhafte Flucht auf lebensgefährlichen Seewegen, bei der immer wieder Flüchtlinge den Tod finden, und die Ansammlung Tausender von Flüchtlingen an den Grenzzäunen der EU, die nur mit Gewalt an deren Überwindung gehindert werden können. Dieses Projekt hatte zwei Komponenten, die nicht ohne weiteres miteinander vereinbar waren: Dass die Aufnahme von Flüchtlingen keine einmalige Episode blieb, sondern von der Kanzlerin unter schwerstem Druck von innen und außen über Monate hinweg durchgehalten wurde, war die Folge einer humanitären Verpflichtung und einer strategischen Überlegung. Bei der Verpflichtung ging es mehr um die Flüchtlinge, bei der Überlegung mehr um Europa.

Das strategische Projekt, das die Bundesregierung mit der Aufnahme der Flüchtlinge in Deutschland verfolgte, zielte auf den «Kauf von Zeit», um erstens eine Sicherung der europäischen Außengrenzen zu gewährleisten; zweitens mit den Staaten an der europäischen Peripherie, namentlich mit der Türkei, Regelungen zu treffen, die den Druck der Flüchtlinge auf die Außengrenzen der EU herabminderten; und drittens ging es darum, legale Zugangswege nach Europa zu schaffen, die einerseits den Vorgaben der Genfer Flüchtlingskonvention entsprachen und andererseits den Staaten der EU – unter ihnen an erster Stelle Deutschland – wieder die Kontrolle über den Zustrom von Flüchtlingen gaben. Letzteres war unter dem Eindruck der Terroranschläge von Paris und Brüssel ein Gebot der inneren Sicherheit. Die Eröffnung legaler Zugangswege nach Europa aber hatte zur Voraussetzung, dass die meisten EU-Länder bereit sein mussten, auf Dauer Flüchtlingskontingente aufzunehmen und dafür zu sorgen, dass die jeweiligen Personen in dem ihnen zugewiesenen Land der Union blieben.[63] Damit sollten kurzfristig der Schengenraum offen gehalten und mittelfristig die Regeln des Dublin-Abkommens wiederhergestellt werden. Die deutsche Regierung agierte in der Flüchtlingskrise als «Macht in der Mitte», der eine gesteigerte Verantwortung für den Erhalt der Europäischen Union oblag und die sich dessen bewusst war.[64] Deutschland übernahm eine Verantwortung für das Europaprojekt, die weit über die aller anderen europäischen Länder hinausging.

Von Anfang an war klar, dass diese dreiteilige Strategie zur Rettung des Schengenraums und damit der EU einige Zeit kosten würde: um in Griechenland eine Grenzsicherung ins Werk zu setzen, die diesen Namen verdient; um die Türkei, die relativ bald gespürt hat, welchen Druck die Flüchtlingsströme auf die Europäer ausübten und in welch politisch komfortable Lage sie dadurch gekommen war, für ein Mitwirken an der europäischen Grenzsicherung zu gewinnen; und schließlich, um die anderen EU-Länder davon zu überzeugen, dass sie in europäischer Solidarität gefordert waren und das Problem der Flüchtlinge nicht den Ländern an den Außengrenzen der EU beziehungsweise der für sie eingesprungenen Bundesrepublik Deutschland überlassen konnten. Zum Nachteil der deutschen Regierung kostete dieses Projekt sehr viel mehr Zeit, als ihr aus innenpolitischen Gründen zur Verfügung stand. Unter dem Anschein ihrer Erfolglosigkeit verlor die Bundesregierung viel an politischer Unterstützung im Innern, und die beiden sie tragenden Parteien mussten für die Rettung Europas und eine humanitäre Flüchtlingspolitik bei den Wahlen in Deutschland einen hohen Preis bezahlen.

Strategisch betrachtet lief die Entscheidung der Regierung, die über die Balkanroute kommenden Flüchtlinge aufzunehmen, darauf hinaus, Raum gegen Zeit zu tauschen: Das Territorium der Bundesrepublik sollte zu deren einstweiliger Unterbringung genutzt werden, um die erforderliche Zeit für die Aushandlung einer gesamteuropäischen Lösung zu gewinnen. Politisch war dies erheblich riskanter, als man sich das Anfang September wohl vorgestellt hat. Man ging damals nämlich davon aus, dass die Flüchtlingskrise eine Gesamteuropa betreffende Herausforderung sei und dass dies den europäischen Regierungen bewusst sei, während eine Reihe anderer EU-Staaten sie als ein spezifisch deutsches Problem ansahen – sei es wegen der sozialen Attraktivität Deutschlands für die Flüchtlinge, von denen die große Mehrheit ja auch tatsächlich nach Deutschland wollte, sei es wegen der deutschen Entscheidung, die Flüchtlinge aufzunehmen, durch die, so das Argument vor allem der osteuropäischen Länder, eine Sogwirkung entstanden sei, die noch mehr Menschen zur Flucht nach Europa veranlasst habe. Der irische Historiker Brendan Simms und der britische Publizist Benjamin Zeeb haben diese unterschiedlichen Sichtweisen als Teil des «deutschen Problems» in Europa folgendermaßen beschrieben: «Wenn Deutschland arm wäre, würde es nicht so viele Flüchtlinge anziehen, und wenn es reich wäre, aber an der EU-Peripherie liegen würde, könnten die Immigranten direkt in das Land einreisen; weil es aber reich ist, in der Mitte Europas liegt und mächtig ist, beeinflusst sein Umgang mit diesem Problem eine ganze Reihe von dazwischenliegenden Staaten (und potenziell den gesamten Schengen-Raum). All dies zeigt, dass es nicht in erster Linie darum geht, was Deutschland tut, sondern was Deutschland ist.»[65]

Simms' und Zeebs Problembeschreibung ist zutreffend, wenn man die Flüchtlingsbewegungen allein unter dem Aspekt der Pull-Faktoren betrachtet und all das, was den Push-Faktoren zuzurechnen ist, außer Acht lässt.[66] Man beschreibt die Ereignisse auf der Balkanroute im Herbst 2015 dann allein im Hinblick auf die Arbeitsmigration und nicht unter dem Aspekt einer Flucht vor Krieg und Gewalt. Sicherlich lässt sich beides nicht immer präzise voneinander trennen, und mancher, der aus Syrien in die Türkei geflohen ist, um der Gewalt des Assad-Regimes oder des IS zu entgehen, hat sich nach einem Zwischenaufenthalt in der Türkei auf den Weg nach Deutschland gemacht, weil er sich dort bessere Chancen für sein zukünftiges Leben erhoffte. Aber es ist falsch, die Instabilität der europäischen Peripherie gänzlich aus der Betrachtung der Flüchtlingskrise herauszunehmen, wie das der Fall ist, wenn man nur über die Attraktivität Deutschlands spricht; die überwiegende Anzahl der Flüchtlinge kam aus Syrien, dem Irak und Afghanistan, und man kann nicht bestreiten, dass dies Bürgerkriegsländer sind. Anders ist es bei Migranten aus dem Westbalkan und der Maghrebregion, die sich zeitweilig in den Strom der Bürgerkriegsflüchtlinge gemischt haben; bei ihnen handelt es sich, sieht man von spezifischen Problemen, wie der Diskriminierung Homosexueller, einmal ab, um Arbeitsmigration oder eine zeitweilige Einwanderung in die deutschen Sozialsysteme. Das ist tatsächlich ein speziell deutsches Problem, durch das einige EU-Länder ohne eigenes Zutun in Mitleidenschaft gezogen werden. Das Problem der Bürgerkriegsflüchtlinge jedoch ist ein gesamteuropäisches Problem, und es wird von deutscher Seite zu Recht erwartet, dass sich alle EU-Länder gemäß ihren Möglichkeiten an einer Lösung beteiligen.

Natürlich divergieren die Möglichkeiten von Land zu Land, und die jeweilige Wirtschaftskraft spielt eine entscheidende Rolle. Politisch inakzeptabel ist dagegen der Verweis einiger Regierungen auf die ethnisch-religiöse Identität ihrer Länder, wegen der sie keine muslimischen Flüchtlinge aufnehmen könnten. Gilt dies für ein Land, so können sich auch alle anderen darauf berufen, und das wäre nicht nur das Ende jeder einheitlichen europäischen Flüchtlingspolitik, sondern auch das der Freizügigkeit innerhalb des EU-Raums. Bei restriktiver Auslegung könnten die ethnisch-religiösen Identitätskriterien nämlich auch für die Bürger aus anderen EU-Staaten gelten. Die Eliten in den Visegrád-Staaten greifen mit ihrer Politik auf fremdenfeindliche Vorurteile und ein ethnisch geprägtes Wir-Gefühl zurück, die beide mit dem Europaprojekt unvereinbar sind.[67] Sie setzen auf eine rhetorische Profilierung gegen Brüssel, indem sie gegen die liberale Moderne den Kitt ethnischer Solidarität ins Spiel bringen; «Brüssel» als Symbol für die Europäische Union wird zum Feindbild, und damit werden die ohnehin starken Zentrifugalkräfte in der EU weiter verstärkt – freilich in einer zutiefst verlogenen Weise, denn dieselben Politiker, die sich zu Hause als Männer und Frauen des Volkes inszenieren, treten bei den Brüsseler Verhandlungen eher zurückhaltend auf, um den Zugriff auf die europäischen Finanztöpfe zu behalten.

Die faktische Entsolidarisierung Europas ist aber nur das eine Problem, mit dem sich Deutschland auseinanderzusetzen hat; das andere ist der Vorwurf, mit der besseren Sicherung der EU-Außengrenzen, die den Schengenraum retten soll, werde Europa noch weiter zu einer «Festung» ausgebaut, und das habe eine «Schutzkrise an den Grenzen Europas» zur Folge, der Jahr für Jahr Tausende von Flüchtlingen zum Opfer fielen.[68] Die «Macht in der Mitte» hat sich also an zwei Fronten gegen Angriffe zu wehren: gegen die aus dem Innern der EU-Machtzirkel, wonach man zu viel für die Flüchtlinge tue und stattdessen durch eine verringerte Attraktivität den Zustrom eindämmen solle; und gegen die Angriffe aus Teilen der Zivilgesellschaft, wonach man zu wenig für die Flüchtlinge tue und eigentlich nur an einer verbesserten Grenzsicherung sowie an Verträgen mit den Peripherieländern interessiert sei, um den Zugang für Flüchtlinge nach Europa möglichst effektiv zu blockieren. In diesem argumentativen «Zweifrontenkrieg» hat die deutsche Regierung einen ausgesprochen schweren Stand, da alle Argumente, mit denen sie gegenüber der einen Seite Spielraum gewinnt, den Druck von der anderen Seite erhöhen. Die Schwierigkeiten, die mit der Austragung eines solchen Konflikts verbunden sind, lassen sich seit einem Jahr gut beobachten. Und ebenso beobachten lässt sich, dass die Regierung, namentlich die Kanzlerin, zunächst eine humanitäre Argumentation wählte, um ihre Politik zu verteidigen – und die strategische Argumentation in den Hintergrund stellte. Das hatte eine Reihe von Vorzügen, wenn es darum ging, die politische Unterstützung der eigenen Bevölkerung zu mobilisieren, aber es hatte auch zur Folge, dass der strategische Plan, wie die Flüchtlingskrise denn eigentlich zu bewältigen sei, weitgehend im Dunkeln blieb. Nach dem ersten Überschwang und der ersten Welle der Hilfsbereitschaft kam die Regierung im Innern des Landes in Bedrängnis – umso mehr, je schwieriger und kostspieliger sich eine europäische Lösung gestaltete.

Derweil ist die politische Unterstützung für die Bundesregierung durch die eigene Bevölkerung zunehmend schmaler geworden; viele traditionelle Wähler der die Regierung tragenden Parteien CDU/CSU und SPD haben sich wegen deren Flüchtlingspolitik abgewandt und bei demoskopischen Umfragen Sympathie für Parteien bekundet, die der Aufnahme und Integration der Flüchtlinge ablehnend gegenüberstehen. Bei manchen von ihnen mögen dafür latent fremdenfeindliche Grundeinstellungen ausschlaggebend gewesen sein, bei anderen die Sorge um ihre eigene soziale Position, aber bei vielen auch die Verärgerung darüber, dass seitens der Kanzlerin zwar erklärt wurde «Wir schaffen das!», aber nicht erläutert wurde, wie es gelingen soll und was die Voraussetzungen dafür sind. Es wurde und wird bemängelt, dass die Regierung die

Probleme und Kosten der Entscheidung vom September 2015 nicht offenlegt und sich des Weiteren auch nicht, nachdem es keineswegs mehr nur um eine zeitlich begrenzte Notlösung ging, einer Grundsatzdebatte im Parlament gestellt oder in geeigneter Weise die Bürger in das Projekt eingebunden hat. Die erste Begründung für Unbehagen und Missmut war eher kommunikationspolitischer Art, während die zweite auf die Prinzipien der Demokratie zielte und die Entscheidungs- wie Handlungsbefugnis der Regierung sehr viel enger sah als die Regierung selbst. In manchen Fällen mögen diese Einwände nur vorgeschoben sein, und der eigentliche Grund, warum sie ins Spiel gebracht werden, ist die grundsätzliche Ablehnung der Flüchtlinge; in anderen Fällen aber wird man denen, die sie vorbringen, durchaus aufrichtige Besorgnis um die politische Ordnung der Landes zugestehen müssen.[69]

Ganz offensichtlich ist die kommunikative Herausforderung, die mit der Aufnahme von mehr als einer Million Flüchtlinge verbunden ist, und deren politische Dynamik von der Regierung lange Zeit unterschätzt worden. Angela Merkels Formel «Wir schaffen das!» wurde nicht als eine Aufforderung an die Gesellschaft verstanden, die Mut und Zuversicht vermitteln sollte, sondern als ein Dekret, dass «wir» das zu schaffen haben. So war die Formel nicht gemeint, aber das haben viele aus ihr herausgehört – nicht zuletzt deswegen, weil Merkels «Wir schaffen das!» nicht in den Kontext von Obamas «Yes, we can!» gestellt wurde, sondern sich wie eine Variation ihrer Feststellung anhörte, die von ihr verfolgte Politik sei alternativlos. So verwandelte sich der aufmunternde Zuruf, dass das Land diese Herausforderung bestehen werde, in eine politische Zumutung, bei der sich die Bürger dem Willen der Regierung zu fügen hatten. Der zunächst eher vorsichtige Einwand, man sei aber doch gar nicht gefragt worden, wurde nun zum Protest, hier werde über «das Volk», über «den Souverän» hinweg Politik gemacht.

Vermutlich hätte eine längere Bundestagsdebatte, bei der auch skeptische bis ablehnende Stimmen zur Flüchtlingspolitik zu Wort gekommen wären, viel Druck aus dem Kessel nehmen können, zumal die Regierung sich in einer solchen Debatte nicht nur auf die Verpflichtung zu humanitärer Hilfe hätte berufen können, sondern ihre Pläne zur Bewältigung der Flüchtlingskrise umfassend hätte darlegen und begründen müssen. Indem sie darauf verzichtete, hat sie den Eindruck befördert, sie habe gar keinen Plan, handle ohne Konzept und reagiere eigentlich nur. Als der Zustrom der Flüchtlinge dann nicht enden wollte und alle Maßnahmen, um die Lage in der Ägäis und auf der Balkanroute zu stabilisieren, nicht griffen, bröckelte die Unterstützung für die Regierung beziehungsweise die sie tragenden Parteien immer mehr, und diejenigen, die in der Flüchtlingspolitik eine Chance sahen, die politische Grundstimmung in Deutschland zu verändern, bekamen Oberwasser. Die politische Kommunikation der Flüchtlingspolitik war, um es zurückhaltend zu formulieren, defizitär, und das hatte zur Folge, dass die Alternativen zu ihr nie wirklich ausgeleuchtet wurden. Auf diese Weise entstand der Eindruck, das Problem wäre gar nicht vorhanden, wenn man sich für die Grenzschließung entschieden hätte – es hätte keine Flüchtlinge auf der Balkanroute gegeben beziehungsweise diejenigen, die man an den reaktivierten nationalen Grenzen gestoppt hätte, hätten kehrtgemacht und wären in ihre Herkunftsgebiete zurückgekehrt. Die Regierung hat das Bedürfnis der Bevölkerung nach Erklärungen und Begründungen unterschätzt, und als sie schließlich das Ruder herumreißen und ihre Politik ausführlich erklären wollte, war es bereits zu spät, um die Erosion der Zustimmung zu stoppen.[70]

Man darf sich indes nicht der Illusion hingeben, mit einer besseren Kommunikationspolitik der Regierung hätten sich die tektonischen Verschiebungen in der deutschen Parteienlandschaft gänzlich vermeiden lassen. Aber der deutliche Schwund des politischen Vertrauens in die Regierung hätte vermutlich begrenzt werden können. Daraus kann und muss man lernen, und das gilt gerade für das Projekt, die Neuankömmlinge, die bleiben wollen und bleiben werden, in die deutsche Gesellschaft zu integrieren. Je offener dabei die Probleme und Kosten, aber auch die Chancen und Aussichten dargestellt werden, desto mehr ist das Integrationsprojekt gegen Rückschläge und Enttäuschungen gefeit. Oder anders formuliert: Die Integration eines erheblichen Teils der Flüchtlinge in die deutsche Gesellschaft ist als ein politisches Projekt und nicht bloß als eine administrative Maßnahme anzusehen.

5. Aus Fremden «Deutsche» machen

Vorüberlegungen zu einer erfolgversprechenden Integrationspolitik

Schon jetzt steht fest, dass von den mehr als eine Million Menschen, die 2015 nach Deutschland gekommen sind, nicht alle hier bleiben werden: einige, weil sie nicht wollen, andere, weil sie nicht dürfen. Sehen wir uns zunächst die an, die nicht dürfen: Das werden vor allem jene sein, deren Antrag auf Asyl in Deutschland abgelehnt worden ist. Zu ihnen kommen noch die Migranten, die in Anbetracht ihrer Chancenlosigkeit von vornherein keinen Asylantrag gestellt haben, sondern «untergetaucht» sind und sich «illegal» in Deutschland aufhalten. Auf den Asylantrag haben sie verzichtet, um von den deutschen Behörden nicht erfasst zu werden und dadurch die Aufenthaltsdauer hierzulande zu verlängern. Diese «Illegalen» bewegen sich häufig im Umfeld und in Abhängigkeit von Schlepperorganisationen oder Clans, die ihnen Unterkunft bieten und das zur Verfügung stellen, was sie anders nicht erlangen können, weil man dafür registriert sein müsste. Um die damit eingegangenen Verpflichtungen zu bezahlen und überhaupt an Geld zu kommen, rutschen viele der «Illegalen» in die Kleinkriminellenszene ab, was es wiederum wahrscheinlich macht, dass sie irgendwann in eine Polizeikontrolle geraten und festgenommen werden. Danach ist der weitere Weg klar: Strafverfahren, Verurteilung, Strafverbüßung, Abschiebung oder, wenn die Delikte dies zulassen, auch umgehende Abschiebung.

Aber was, wenn die Betreffenden keine Identitätspapiere besitzen, kein Herkunftsland oder auch wechselnde Herkunftsländer angeben und diese bei entsprechender Nachfrage erklären, die Person sei unbekannt und stamme gar nicht von dort? Der Rechtsstaat steht dann vor einem Problem, das mit den ihm eigenen Mitteln nicht zu lösen ist: Er kann weder die «Illegalen» zwingen, ihr Herkunftsland preiszugeben, noch das vermutete Herkunftsland, die wahrscheinlich von dort Gekommenen «zurückzunehmen». Das betrifft nicht nur die «Illegalen», sondern auch alle, deren Asylantrag abgelehnt wurde, deren Herkunftsland jedoch nicht zweifelsfrei feststeht oder die Rücknahme verweigert. Also bleiben sie in Deutschland.[1] Das ist mehr als eine bloß unbefriedigende Situation, denn dieses Dilemma des Rechtsstaats kann zu einer regelrechten Zugangstür werden, über die eine wachsende Zahl von Migranten sich einen de facto unbegrenzten Aufenthalt in Deutschland verschafft. Man muss damit rechnen, dass vor allem Migranten, die keine Aussicht haben, anerkannt zu werden, diesen Weg systematisch beschreiten. Da sie aufgrund ihres prekären Rechtsstatus so gut wie keinen Zugang zum Arbeitsmarkt haben, ist es naheliegend, dass sie sich auf die Sphäre des Kriminellen einlassen – sei es als illegale Arbeitskräfte, sei es, dass sie sich in der kleinkriminellen Szene bewegen, Drogen «verticken», Diebstähle und Einbrüche begehen und so weiter.

Eine solche Konstellation kann der Rechtsstaat unter keinen Umständen wollen: nicht nur wegen der Paradoxie, dass Menschen durch rechtsstaatliche Verfahren in die Illegalität und Kriminalität gezwungen werden, sondern auch wegen der negativen Effekte, die das für die innere Sicherheit des Landes hat.[2] Es sind nämlich vor allem die «Illegalen», die abgelehnten und nicht abgeschobenen Asylbewerber, sowie die in den Großstädten in die Kleinkriminellenszene (und in einigen Fällen auch in die Schwerkriminalität) abgerutschten «Ausländer», die bei vielen in Deutschland das Bild der ins Land gekommenen Flüchtlinge prägen; das hat eine Stimmung hervorgerufen, die von Ablehnung bis Feindseligkeit reicht. Diese Stimmungslage wiederum vermindert die Chancen für eine erfolgreiche Integration aller anderen Neuankömmlinge, und so ist nicht auszuschließen, dass das, was zunächst lediglich ein Problem der Aufnahme und juristischen Einstufung der Flüchtlinge ist, das gesamte Integrationsprojekt misslingen lässt. Es ist darum angezeigt, das faktische Hineinzwingen der Flüchtlinge in Illegalität und Kriminalität so schnell wie möglich zu beenden. Eine vorausschauende Integrationspolitik, die zudem von dem Ziel angeleitet wird, die politische Spaltung Deutschlands in der Flüchtlingsfrage zu überwinden, muss hier den Hebel ansetzen. Wenn sie dabei versagt, läuft sie Gefahr, auf der ganzen Linie zu scheitern.

Zwei alternative Optionen bieten sich an: den Zuzug von Migranten, die über keine Identitätspapiere verfügen und bei denen nicht zweifelsfrei geklärt werden kann, woher sie kommen und welches Land sie im Fall der Ablehnung ihres Asylantrags wieder aufnehmen würde, zu verhindern oder zumindest zu reduzieren; oder aber in Anbetracht ihrer Unabschiebbarkeit ihren Aufenthaltsstatus zu legalisieren, womit den Migranten nicht nur der Zugang zum regulären Arbeitsmarkt, sondern auch die Chance einer umfassenden Integration in die deutsche Gesellschaft eröffnet würde. Es ist klar, dass von der zweiten Option nur in Ausnahmefällen Gebrauch gemacht werden kann, um zu vermeiden, dass daraus ein Zugangsweg zum legalen Aufenthaltsstatus wird. Ausnahmen könnten umso eher gemacht werden, je zuverlässiger die erste Option funktioniert, also gewährleistet ist, dass nur diejenigen nach Deutschland kommen, die im Fall einer Ablehnung ihres Asylantrags in das jeweilige Herkunftsland abgeschoben werden können. Auf diese Weise würde ein Migrationsregime entstehen, bei dem die potenzielle Abschiebbarkeit eines Flüchtlings Eintrittsvoraussetzung für das Territorium der Bundesrepublik Deutschland beziehungsweise den Schengenraum ist; so kann, wenn einem Asylantrag nicht entsprochen werden kann und eine Abschiebung in das Herkunftsland des Betreffenden – aus welchen Gründen auch immer – nicht in Frage kommt, von der Ausnahmeregelung Gebrauch gemacht werden, ohne dass damit ein größeres Zugangstor nach Deutschland geöffnet würde. Die Leitidee dieses Migrationsregimes besteht darin, die Aufnahme von Flüchtlingen mit der Perspektive ihrer Integrierbarkeit in die deutsche Gesellschaft zu verkoppeln. Das wiederum ist die Voraussetzung dafür, dass sie von der überwiegenden Mehrheit der deutschen Gesellschaft akzeptiert werden. Ohne diese Akzeptanz kann es kein langfristig angelegtes Migrations- und Integrationsregime geben.

Das heikelste Element dieses Regimes ist die Verknüpfung von Abschiebbarkeit und Zugangserlaubnis; sie muss rechtlich so gestaltet sein, dass sie mit den völkerrechtlichen Verpflichtungen und der grundgesetzlichen Selbstbindung Deutschlands zu vereinbaren ist. Diese Koppelung hat den Vorzug, dass sie die zuletzt gang und gäbe gewordene Praxis unattraktiv macht, vor der Einreise nach Deutschland alle Identitätspapiere zu vernichten, um so eine Abschiebung zu verhindern. Vermutlich würde das auch zu einer größeren Akzeptanz von Flüchtlingen und Migranten in Deutschland führen und so die Möglichkeiten verbessern, sie zu integrieren. Eine gelingende Integration der Neuankömmlinge in die Gesellschaft wiederum hätte wahrscheinlich zur Folge, dass eine im Kern liberale und weltoffene Flüchtlings- und Einwanderungspolitik stärker unterstützt würde: Wenn für eine große Mehrheit der Menschen in Deutschland erkennbar ist, dass die Flüchtlinge nicht nur eine Belastung, sondern auch einen Gewinn für die hiesige Gesellschaft darstellen, wird die Angst vor den Flüchtlingen, die zuletzt stark um sich gegriffen hat, schwinden, und an ihre Stelle wird das Interesse an kontinuierlicher, geregelter Zuwanderung treten. Flüchtlings- und Migrationspolitik auf der einen und Integrationspolitik auf der anderen Seite sind also nicht länger getrennt zu behandeln, sondern im Zusammenhang zu sehen, da keine von ihnen ohne die andere längerfristig erfolgreich sein kann.

Nach denen, die nicht bleiben können, sind zunächst die ins Auge zu fassen, die nicht bleiben wollen – sei es, weil sie den Aufenthalt in Deutschland nur als zeitweiliges Exil ansehen, um nach dem Ende des Bürgerkriegs in ihr Herkunftsland zurückzukehren, sei es, weil Deutschland für sie nur eine Durchgangsstation ist, um bei nächster Gelegenheit weiterzuziehen, nach Skandinavien, nach Großbritannien oder in die USA. Bei denen, die es in ihre Heimat zurückzieht, dürfte es sich überwiegend um Syrer handeln; bei denen, die in die skandinavische oder englischsprachige Welt weiterwollen, um solche, die sich dort einen schnelleren und leichteren Einstieg in den Arbeitsmarkt versprechen. Beide Gruppierungen sind integrationspolitisch ein Problem: zunächst, weil man sie nicht zuverlässig identifizieren kann, und sodann, weil sie die Frage aufwerfen, ob man in sie integrationspolitisch investieren soll oder nicht. Wenn sie ohnehin nicht bleiben, so der auf den ersten Blick naheliegende Einwand, dann sei es eine «Fehlinvestition», sie an Sprachkursen und Ausbildungsmaßnahmen teilnehmen zu lassen. Das Problem, Flüchtlinge generell von der Befähigung auszuschließen (die zweifellos einiges kostet und vom deutschen Steuerzahler finanziert wird), besteht allerdings darin, dass man nicht von vornherein weiß, wer bleibt und wer wieder geht. Und nicht nur die deutschen Entscheider, sondern zumeist auch die Flüchtlinge selbst wissen das nicht.[3] Die Entscheidung darüber, ob Deutschland zur neuen Heimat wird, ob man in sein Herkunftsland zurückkehrt oder in ein anderes Land weiterzieht, hängt bei vielen nicht nur von unvorhersehbaren Entwicklungen im Herkunftsland ab, sondern auch vom Verlauf des Integrationsprozesses, von Arbeitsmarktchancen, von der sozialen Akzeptanz in der Wohnumgebung, von alternativen Perspektiven und vielem anderen mehr.

Generell kann man sagen: Ein mit Blick auf mögliche «Fehlinvestitionen» erfolgter Ausschluss einer Flüchtlingsgruppe von Integrationsmaßnahmen dürfte sich, wenn die Betroffenen dann doch für längere Zeit in Deutschland bleiben, als überaus kostspielig erweisen. Weil diese Flüchtlinge nicht zur Integration in den Arbeitsmarkt befähigt worden sind, bleiben sie auf finanzielle Hilfsleistungen angewiesen; sie aus dieser Abhängigkeit zu einem späteren Zeitpunkt wieder herauszuholen, ist ein schwieriger und für beide Seiten fast immer frustrierender Vorgang. Entgegen der bestehenden Praxis, die Integrationsmaßnahmen nach den Vorgaben der juristischen Einstufungsmaschine selektiv zu vergeben, ist es darum sinnvoll, *sämtliche* in Deutschland angekommenen Migranten (allenfalls mit Ausnahme derer, bei denen feststeht, dass sie innerhalb weniger Wochen Deutschland wieder verlassen werden) so zu behandeln, *als ob* sie auf Dauer bleiben würden. Und wenn dann einige von denen, in deren Sprachkompetenz und berufliche Ausbildung investiert worden ist, in ihre Heimat zurückkehren, so lässt sich das als deutsche Aufbauhilfe für ein zerstörtes Land rubrizieren – wobei nicht auszuschließen ist, dass sich diese «Aufbauhilfe» für Deutschland durchaus bezahlt macht. Dieses Plädoyer für ein generelles «Empowerment», für eine generelle Befähigung der Neuankömmlinge, gründet sich nicht auf eine humanitäre Argumentation, sondern auf die Abwägung von Kosten- und Nutzenaspekten, wenn es darum geht, Ressourcen zum Zwecke der Integration einzusetzen.

Das ist die Seite der deutschen Gesellschaft, die aus wohlverstandenem Eigeninteresse heraus großzügiger sein sollte, als sie es tatsächlich ist, weil sie immer wieder unter populistischem Einfluss in eine Kleinlichkeit verfällt, die dem Integrationsvorhaben mehr schadet als nutzt.[4] Ein Beispiel dafür ist die stets aufs Neue aufkommende Debatte über eine Integrationspflicht für Migranten, die gesetzlich festgeschrieben und mit Sanktionen versehen sein soll. Dieser Vorschlag ist nicht wesentlich durch die Erfordernisse von Integration bestimmt, sondern an «die Besorgten» im Lande gerichtet, die am Erfolg der Integration zweifeln, wobei einige sogar bestreiten, dass Integration überhaupt möglich sei, und viele meinen, dass die Kosten der Integrationsmaßnahmen begrenzt werden müssten. Sicherlich gibt es Fälle, in denen diese Sorge berechtigt und das Misstrauen begründet ist. Aber ein allgemeines Misstrauen, das sogleich mit Sanktionen droht, ist eher ein Integrationshindernis, als dass es geeignet wäre, Integrationserfolge wahrscheinlicher zu machen. Lässt sich ein Effekt dieser Integrationspflicht vorhersagen, dann der, dass sie diejenigen, die für den deutschen Arbeitsmarkt besonders interessant sind, dazu veranlassen wird, über ein Weiterziehen nachzudenken, während es die Integration bei denen, die sich mit der neuen Umgebung schwertun, gewiss nicht befördert. Vielmehr treibt man sie mit Verpflichtungserklärungen, die nichts anderes als Misstrauen kommunizieren, geradezu in die Integrationsverweigerung hinein.

Eine kluge Integrationspolitik sollte zunächst über die zu Integrierenden nachdenken und nicht über jene Teile der deutschen Bevölkerung, die der Integration skeptisch gegenüberstehen. Und bei den zu Integrierenden setzt sie, zumal dann, wenn die Ressourcen knapp sind, als Erstes auf die, die integriert werden wollen, und fasst an zweiter Stelle die ins Auge, denen die Integration in Deutschland erkennbar kein vorrangiges Anliegen ist. Sie erzeugt auf diese Weise eine Sogdynamik, einen Pull-Effekt, und denkt erst dann über jene nach, die sich diesem Sog entziehen oder widersetzen. Sie baut mithin darauf, dass Gratifikationen fast immer effektiver und durchweg kostengünstiger sind als Sanktionen, die gegen die Betreffenden durchgesetzt werden müssen. Nicht selten erzeugen Integrationserfolge Vorbilder und einen sozialen Druck in den Reihen der Migranten, der wirksamer ist als alle Pressionen seitens der deutschen Behörden. Die Klügeren in der politischen Klasse wissen das, aber unglücklicherweise machen die weniger Klugen häufig mehr Lärm. Bevor über einen «muskulären Liberalismus» nachzudenken ist, der auf die Integrationsbereitschaft der Neuankömmlinge drängt und ihnen eine schriftliche Zustimmung zu den westlichen Werten abverlangt,[5] sollte zunächst das ureigene Interesse der Neuankömmlinge an einer erfolgreichen Integration beachtet werden.

Den Problemen, die eine Aufnahmegesellschaft damit hat, sich auf eine kluge, langfristig angelegte Integrationspolitik einzulassen, stehen die Probleme gegenüber, die Migranten mit der von ihnen erwarteten Integration haben.[6] Sie sind einer Veränderungs- und Lernerwartung ausgesetzt wie noch nie zuvor in ihrem Leben, von der Sprachkompetenz über die beruflichen Fähigkeiten und die Anerkennung von Bildungs- und Ausbildungszertifikaten bis zur Anpassung an eine sozial und kulturell neue Umgebung. Die meisten Neuankömmlinge treffen in dieser Lage intuitiv eine Präferenzentscheidung, in der die Sprachfähigkeit und der Arbeitsplatz voran- und die soziale sowie kulturelle Eingewöhnung hintangestellt werden. Diese Präferenz kollidiert jedoch mit der in der deutschen Öffentlichkeit zirkulierenden Erwartung, bei der das Misstrauen gegenüber dem Islam eine zentrale Rolle spielt: Ein Teil der deutschen Gesellschaft ist erst dann bereit, die Integration der Flüchtlinge in den Arbeitsmarkt zu akzeptieren und den erforderlichen Unterstützungs- und Vorbereitungsmaßnahmen zuzustimmen, wenn diese eine entsprechende kulturelle Anpassungsbereitschaft nicht bloß bekundet, sondern auch schon unter Beweis gestellt haben. Vermutlich ist die intuitive Präferenz der Flüchtlinge für den Arbeitsmarkt integrationspolitisch die effektivere, denn hat die Integration in den Arbeitsmarkt erst einmal stattgefunden, fällt die Integration ins soziale und kulturelle Umfeld umso leichter, andersherum ist das nicht der Fall. Und zweifellos ist eine Integration in den deutschen Arbeitsmarkt erst *nach* einer kulturellen Anpassung an die deutsche Gesellschaft eine teure Zeitverschwendung, die selbst von den Kleinlichen unter den Deutschen nicht gewollt werden kann.

Andererseits ist die Akzeptanz der Neuankömmlinge durch die große Mehrheit der Deutschen die unabdingbare Voraussetzung einer erfolgreichen Integration, und da der Islam nun einmal, zu Recht oder Unrecht, als das Haupthindernis für die Integration der Muslime in die deutsche Gesellschaft gilt, wird eine erfolgsorientierte Integrationspolitik diesen Aspekt nicht gänzlich außer Acht lassen können. Das heißt freilich nicht, dass man alle Dimensionen der Integration gleichzeitig und gleichmäßig angehen kann und angehen soll. Keine noch so gut durchdachte und ausgearbeitete Integrationspolitik kommt um Schwerpunktsetzungen und zeitliche Abfolgen herum, und vieles spricht dafür, die Integration in den Arbeitsmarkt an die erste Stelle zu setzen und dem alle weiteren Schritte systematisch nachzuordnen. Damit soll nicht gesagt sein, dass diese Schritte unbedeutend wären und man auf sie auch verzichten könnte. Zu einer gelungenen Integration gehören sie ebenso dazu wie der Arbeitsplatz und die mit ihm verbundene Fähigkeit, für sich und seine Familie zu sorgen. Wo eine schnelle Integration in den Arbeitsmarkt möglich ist, ist sie anzustreben, und die anderen Integrationsschritte haben dann zu folgen, während dort, wo zunächst eine längere Befähigung der Flüchtlinge vonnöten ist, damit sie auf dem Arbeitsmarkt eine Vermittlungschance haben, neben der Berufsausbildung auch an der sozialen und kulturellen Integration zu arbeiten ist. Um einen derart flexiblen Integrationsprozess verwaltungstechnisch handhaben zu können, sollten je nach Integrationsfeld Angebotspakete verfügbar sein, die von Fall zu Fall zu kombinieren oder einzeln umzusetzen sind. Bei ihnen ist aber durchgängig – vorwiegend im Modus der Gratifikation und nicht in dem der Sanktion – darauf zu achten, dass sie, wenngleich sukzessiv, auch in Anspruch genommen werden.

Das ist in jedem Fall ein geschickteres Vorgehen als eine mit Unterschrift besiegelte Selbstverpflichtung der Migranten zur Integration, wie sie von einigen Akteuren aus der Politik immer wieder ins Gespräch gebracht wird. Ein solcher «Integrationsvertrag» wäre ein Missverständnis oder eine stupide Auslegung der Vorstellung vom Gesellschaftsvertrag, der in der politischen Theorie als Grundlage einer liberalen Gesellschaft angesehen wird: Solche Verträge sind implizite Annahmen über Rechte und Pflichten und nicht Unterschriftsakte, mit denen man in ein bestimmtes Rechtsverhältnis eintritt. Die Integration der Neuankömmlinge ist kein einmaliger Rechtsakt, sondern ein längerer Prozess, der rückblickend vielleicht als Rechtsakt gedeutet werden kann. Freilich kann ein solcher Prozess nur gelingen, wenn die Zivilgesellschaft bereit ist, sich auf ihn auch einzulassen und zu seinem Gelingen beizutragen. Man muss den Neuankömmlingen die Türen öffnen, wenn man möchte, dass sie sich integrieren. Der Staat kann Ressourcen für die Integration, wie etwa Sprachkurse, berufsorientierende Praktika, Ausbildungsplätze oder Studienzugänge, zur Verfügung stellen. Aber die Integration selbst ist eine gesellschaftliche Aufgabe und zugleich ein Erfahrungsraum für alle – die Neuankömmlinge wie die Alteingesessenen.

Parallelgesellschaften: Durchgangsschleusen der Integration oder Räume dauerhafter Trennung?

Ursprünglich war der Begriff «Parallelgesellschaft»[7] ein Einspruch gegen die sozialromantisch aufgeladene «Multikulti»-Formel. Die spielerische Leichtigkeit, mit der sich die hinter dem Projekt des Multikulturalismus Stehenden das Zusammenleben von Menschen aus verschiedenen Kulturen vorgestellt haben, fand ihren Niederschlag im eingängigen Binnenreim von *multi* und *kulti*. Die Hereinnahme von Ausländern, so die Suggestion, würde die triste Gleichförmigkeit der deutschen Gesellschaft auflockern, ihr Buntheit und Abwechslung verschaffen und einen Zugewinn darstellen, für den man keine größeren Mühen und Lasten auf sich nehmen müsste. Der Gegenbegriff «Parallelgesellschaft» stellte dagegen heraus, dass es keineswegs zu dem munteren Zusammenklang des Unterschiedlichen gekommen ist, dass die Zugezogenen unter sich blieben, sich – teilweise jedenfalls – gegen die deutsche Gesellschaft abschotteten, während diese wiederum kein wirkliches Interesse an einem regen Austausch oder räumlichen Zusammenleben mit den Fremden hatte. Die Fremden entwickelten eigene Strukturen des Zusammenlebens und beschränkten den Kontakt mit den Alteingesessenen auf das Nötigste. So entstanden Stadtviertel, in denen nach einiger Zeit überwiegend Türken lebten; sie hatten ihre eigenen Geschäfte, die Kindergärten und Schulen wurden mehrheitlich von Kindern türkischer Herkunft besucht, und schließlich wurde in diesen Vierteln nicht nur meist türkisch gesprochen, sondern auch die Namen der Läden und ihres Angebots wurden auf Türkisch angeschrieben. Solche Viertel heißen umgangssprachlich häufig «Klein-Istanbul». Parallelgesellschaften sind sozialräumlich erkennbare Segregationen von kulturell Fremden, was zur Folge hat, dass die Sozialkontakte zwischen Alteingesessenen und Neuankömmlingen begrenzt bleiben und beide nebeneinanderher leben.

Im Begriff «Parallelgesellschaft» bündeln sich unterschiedliche Beobachtungen: Zunächst wird darin festgehalten, dass es zu dem in der Multikulti-Formel annoncierten spielerisch-zwanglosen Zusammenleben der Alteingesessenen mit den Fremden nicht gekommen ist; weiterhin besagt der Begriff, dass eine Integration, in deren Verlauf die Fremdheit der Fremden allmählich verschwindet, nicht stattgefunden hat; dass es andererseits aber auch keine systematische Exklusion gegeben hat, bei der eigene Stadtviertel für die Fremden gebaut worden wären, in denen man sie absichtlich getrennt von der Aufnahmegesellschaft untergebracht hätte. Darin unterscheiden sich Parallelgesellschaften von den französischen Banlieues, die eigens für die Zuwanderer aus Nordafrika errichtet wurden und in denen diese dann gemäß den Plänen der Stadtverwaltung untergebracht wurden. Die Parallelgesellschaften, wie sie in fast allen deutschen Großstädten entstanden sind, sind dagegen nicht das Ergebnis von Stadtplanung, sondern eine Folge des sozialen Agierens sowohl der Neuankömmlinge als auch der Alteingesessenen: Erstere ziehen in die Nähe derer, die schon vor ihnen gekommen sind, weil sie sich davon soziale Kontakte, Orientierungshilfe und Verständigung in der mitgebrachten Sprache erhoffen; Letztere begreifen den immer stärkeren Zuzug von Fremden als unerträgliches Zeichen für den sozialen Abstieg eines Viertels und reagieren darauf mit Wegzug, was wiederum dazu führt, dass weitere Neuankömmlinge zuziehen, was die Wahrnehmung des sozialen Abstiegs bei den noch dagebliebenen Alteingesessenen weiter verstärkt, und so weiter. So kommt es zur sozialräumlichen Trennung zwischen Alteingesessenen und Neuankömmlingen, weil jede Seite am liebsten unter sich sein will. Parallelgesellschaft heißt, dass Multikulti gerade nicht stattfindet.

Nun bleibt es aber nicht dabei, dass jede Seite sich auf das jeweils Eigene zurückzieht und das je Fremde fremd sein lässt, sondern in diese Prozesse der kulturellen Separation sind auch solche des sozialen Auf- und Abstiegs verwoben. Letzteres findet in jeder Gesellschaft ständig statt und wäre nicht der Hervorhebung wert, wenn im Fall der Parallelgesellschaften der soziale Abstieg eines Viertels, in der Regel verbunden mit einem baulichen Herunterwirtschaften, nicht mit dessen schrittweise erfolgender Ethnisierung verbunden wäre. Parallelgesellschaften sind auch dadurch gekennzeichnet, dass sich in ihnen soziale Probleme ballen, allen voran Arbeitslosigkeit und Kriminalität, dazu Drogenabhängigkeit und Prostitution, sodass «Parallelgesellschaft» nicht nur für eine Ansammlung von Fremden, sondern zugleich für die Zusammenballung sozialer Probleme steht. Das Wort «Parallelgesellschaft» bezeichnet städtische Räume, in denen es aus der Perspektive der ihr nicht Angehörenden schlecht läuft, in denen es entweder keine Ordnung gibt oder aber eine, die andere Regeln hat als die sonst geltenden, in denen Leute das Sagen haben, denen man misstraut, zumal wenn man deren Sprache nicht versteht, und die auch darum bedrohlich sind, weil diese sozialen Räume wachsen und sich immer weiter ausdehnen. Die Parallelgesellschaft steht im Fokus des Misstrauens gegenüber den Fremden; die in ihr zu beobachtenden sozialen Verwerfungen lösen Angst in der Umgebung aus. Sie ist das Gegenteil der Sicherheitserwartung, die von den Bürgern an das soziale System und die politische Ordnung gerichtet ist. Die Parallelgesellschaft ist der Inbegriff dessen, was die meisten Einheimischen ablehnen.

In der Vorstellung von der Parallelgesellschaft verbinden sich somit sachliche Problembeschreibungen und überzeichnete Schreckensbilder, und insofern steht der Begriff für das Gegenteil einer gelungenen Integration; er signalisiert nicht nur das Scheitern von Multikulti, sondern auch die Probleme der Integration, und nicht selten dient «Parallelgesellschaft» als ein politischer Kampfbegriff, der gebraucht wird, um die Unmöglichkeit zu annoncieren, Fremde in die Mehrheitsgesellschaft zu integrieren. Das ist der Grund, warum der Begriff «Parallelgesellschaft» in der Sozialwissenschaft umstritten ist und viele Integrationsforscher ihn entweder ablehnen oder nur unter Vorbehalt benutzen. Andererseits führt es aber auch nicht weiter, einen Begriff, der aus der Wissenschaft in den allgemeinen Sprachgebrauch eingewandert ist, deswegen zu meiden, weil in ihm beschreibende und bewertende Aspekte miteinander verbunden sind. Gerade in dieser Vermischung bilden sich gesellschaftliche Wahrnehmungen ab, denen man nicht beikommt, wenn man sie mit Hilfe einer strengeren wissenschaftlichen Terminologie dekonstruiert.

Weiterführend dürften stattdessen Herangehensweisen sein, die den Begriff «Parallelgesellschaft» nutzen, indem sie ihn multiperspektivisch erweitern. So hat der Soziologe Heinz Bude in einigen Studien die Perspektive jener jungen Männer eingenommen, die aus der «Parallelgesellschaft» heraus die «Leitgesellschaft» beobachten und dabei Schlussfolgerungen hinsichtlich ihres eigenen sozialen Status anstellen: Sie nehmen sich als «Ausgeschlossene», «Ausgegrenzte», «Entbehrliche», schließlich als «Überflüssige» wahr.[8] Diese Wahrnehmung ist die Grundlage für die Wut auf eine Gesellschaft, die sie in diese Position gebracht hat, und das kann dann zu Gewaltausbrüchen führen, wie es sie in den französischen Banlieues im Herbst 2005 gegeben hat. Das Empfinden der eigenen Überflüssigkeit, das mit struktureller Arbeitslosigkeit beginnt und in einer trostlosen Wohnsituation endet, hat hier «sinnlose Gewalt» hervorgebracht; sie ist ein verzweifeltes Lebenszeichen derer, die offenkundig für nichts gebraucht werden. Der *erste Imperativ* einer jeden Integrationspolitik ist, darauf zu achten, dass eine solche Situation gar nicht erst entsteht. Die wichtigste Maßnahme, um eine solche Erfahrung des Überflüssigseins zu verhindern, ist die Integration der Jugendlichen in den Arbeitsmarkt und der Versuch, sie dort dauerhaft in Beschäftigungsverhältnissen zu halten. Und daran schließt sich das längerfristig angelegte Projekt an, die Kumulation solcher Erfahrungen durch die soziale Zusammenballung junger Menschen in einer derartigen Situation zu vermeiden und dafür Sorge zu tragen, dass die Parallelgesellschaft eine biographische Durchgangsstation bleibt und nicht zum dauernden Aufenthaltsort wird.

Der Sozialanthropologe Werner Schiffauer hat Parallelgesellschaften nicht als eine prinzipielle Gegeninstanz zur Integration, sondern als deren möglichen Vorbereiter, Begleiter und Einschleuser beschrieben, sozusagen als «Durchlauferhitzer», den man passieren muss, um die Betriebstemperatur für die Gesellschaft zu bekommen, in der man sich fürderhin aufhalten und bewegen wird. In der Parallelgesellschaft wird danach Fremdheit abgebaut, ohne dass sogleich die Verhaltensweisen und Wertmuster der Mehrheitsgesellschaft gänzlich und in jeder Hinsicht übernommen werden.[9] Das Problem, so Schiffauer, bestehe freilich darin, dass diese spezifische Integrationsleistung der Parallelgesellschaft von der Mehrheitsgesellschaft nicht als solche wahrgenommen werde, sondern man darin eine Stabilisierung und Verstetigung des Fremden im Raum des Eigenen sehe. Das sei jedoch eine Fehlwahrnehmung, die daraus erwachse, dass Integration von vielen als vollständige und vorbehaltlose Anpassung an die Gepflogenheiten der Mehrheitsgesellschaft beziehungsweise des Aufnahmelandes missverstanden werde, während sie doch ein langsamer und nur schrittweise erfolgender Prozess der Annäherung sei, bei dem das Neue nie völlig im Alten aufgehe, weil das Alte sich im Prozess der Integration des Neuen ebenfalls verändere.

Schiffauer wendet sich somit dagegen, Parallelgesellschaften als Blockadeinstanzen der Integration zu verstehen, und er weist darauf hin, dass es auch in der Vergangenheit überall dort, wo Einwanderung stattgefunden habe, zur Bildung von Parallelgesellschaften gekommen sei. Vor allem in den USA hat sich im 19. Jahrhundert aufgrund ethnischer Herkunft und religiöser Identität eine Fülle von Parallelgesellschaften formiert, die gleichwohl zu Bestandteilen der amerikanischen Gesellschaft geworden sind. Bis heute kann man in den USA und Kanada folklorisierte Elemente der deutschen Herkunft entdecken (zumeist drehen sie sich um Wurst, Bier und Weihnachten), die von denselben, die hierzulande gegen die Parallelgesellschaften polemisieren, als ein Zeichen von Anhänglichkeit an die alte Heimat begriffen werden.

Es sind also Differenzierungen angezeigt, was das Verständnis von Parallelgesellschaft anlangt, und für die Integration der auf Dauer oder für lange Zeit in Deutschland bleibenden Migranten sind folgende Fragen wichtig: Handelt es sich um Parallelgesellschaften, die sich zur Aufnahmegesellschaft hin öffnen, oder um solche, die sich gegen sie abschließen? Wirken sie, auch wenn sie sich selbst nicht so begreifen, von ihren funktionalen Effekten her als Durchgangsschleusen in die deutsche Gesellschaft, oder sind es Räume dauerhafter Separation, in denen das Fremde eine abweisende bis feindselige Haltung gegenüber der deutschen Mehrheitsgesellschaft einnimmt? Mit welcher Art von Parallelgesellschaft man es zu tun hat, ist nur empirisch zu klären, der Begriff selbst hilft da nicht weiter. Das ist der Grund, warum viele Integrationsforscher am liebsten auf ihn verzichten würden: Mit ihm werden strukturell und funktional unterschiedliche Formen des Zusammenlebens bezeichnet, die, was den Zugang zur Mehrheitsgesellschaft betrifft, diametral unterschiedliche Effekte haben.

Wenn nachfolgend von Parallelgesellschaft die Rede ist, so wird darunter ein Sozialraum verstanden, in dem sich neben den gerade erst eingetroffenen Neuankömmlingen auch solche aufhalten, die schon lange in Deutschland sind, aber den Zugang zur Mehrheitsgesellschaft noch nicht gefunden haben: einige, weil sie ihn nicht aktiv gesucht haben, andere, weil sie ihn nicht suchen wollen, und wieder andere, weil sie von der Mehrheitsgesellschaft Ablehnung erfahren und sich in der relativen Sicherheit der Parallelgesellschaft mehr oder weniger resigniert eingerichtet haben. Einige von ihnen kennen die Werte und Gepflogenheiten der Mehrheitsgesellschaft sehr gut und können den Neuankömmlingen, die Zugang zu ihr suchen, die Wege dorthin zeigen – während andere davor warnen, einen dieser Wege zu gehen, und damit beschäftigt sind, die Parallel- gegen die Mehrheitsgesellschaft weiter abzuschotten. Der Begriff «Parallelgesellschaft» besagt darum für sich genommen nichts über den Verlauf der Integration. Er umschreibt bloß ein Feld, auf dem Integration ebenso gelingen wie misslingen kann.

Auch die italienischen «Gastarbeiter», die seit den frühen 1960er Jahren in die Bundesrepublik kamen, haben hier eine Parallelgesellschaft ausgebildet, die anfänglich von den Deutschen kritisch betrachtet wurde. Aber dann stellte sich gerade das, was seitens der Mehrheitsgesellschaft als Abgrenzungsmerkmal herausgestellt wurde, nämlich eine unterschiedliche Ernährung («Spaghettifresser»), als Integrationsbrücke heraus: Es wurden zunächst sehr einfache italienische Gaststätten eröffnet, in denen Pizza und Pasta angeboten wurde, und schon bald waren diese Osterien keine Refugien italienischer Gastarbeiter mehr, sondern Treffpunkte der deutschen Gesellschaft, die das mediterrane Essen als willkommene Abwechslung von der heimischen Küche annahm. Das ermöglichte ein schrittweises *Upgrading* der italienischen Gaststätten von der einfachen Pizzeria zum anspruchsvollen Ristorante. Auf dem von den Italienern als «Pfadfindern» beschrittenen Weg sind später Spanier und Portugiesen, Jugoslawen und Griechen sowie schließlich Türken und Libanesen, also die ostmittelmeerische Küche, gefolgt. Die deutsche Speisekarte und Esskultur ist im Verlauf dieser Entwicklung bunter und abwechslungsreicher geworden, und das war möglich, weil sich die Neuankömmlinge aus Süd- und Südosteuropa in ihrem Speiseangebot gerade nicht an die hiesige Küche angepasst, sondern an den mitgebrachten Ernährungsgewohnheiten festgehalten haben.[10] Die Integration der mittelmeerischen Küche in die Gastronomie der Bundesrepublik war ein Prozess der beiderseitigen Annährung: Die Südländer boten keineswegs die gesamte Speisekarte ihrer Herkunftsländer an, sondern richteten sich nach den Vorlieben der Deutschen, und die wiederum ließen sich auf die neuen Speisen in einer Weise ein, dass man erstmals nach dem Krieg den Eindruck haben konnte, Deutschland sei ein weltoffenes Land geworden beziehungsweise befinde sich auf dem Weg dorthin.

Am Beispiel der Integration von italienischer und mediterraner Speisekultur lässt sich beobachten, wie das, was anfänglich eine Parallelgesellschaft mit allen Voraussetzungen zur Abschottung war, sich zur Mehrheitsgesellschaft geöffnet hat und zu deren Bestandteil geworden ist. Das Parallele ist über eine Durchgangsschleuse in die deutsche Gesellschaft eingewandert und nun nicht mehr wegzudenken. In der Folge ist es schließlich zu einer Vermischung gekommen, Deutsche wurden als Kellner oder Pizzabäcker in der italienischen Gastronomie beschäftigt etc.; und mit dem Reüssieren der italienischen Gastronomie insgesamt entwickelten sich die einfachen Pizzerien und Osterien zu Eingangsschleusen für Albaner und Türken in die deutsche Gastronomie, indem sie die Betriebe, an denen Italiener kein Interesse mehr hatten, übernahmen und unter italienischem Label weiterführten. Es dürfte vor allem diese gastronomische Entwicklung gewesen sein, die bei der Entstehung der Multikulti-Vorstellungen Pate gestanden und dazu geführt hat, dass die Mühen und Beschwerlichkeiten von Integration in der deutschen Gesellschaft lange Zeit unterschätzt oder nicht wahrgenommen wurden: Man imaginierte im Modell der Multikulturalität eine gesellschaftliche Ordnung, in der das Zusammenleben von weltoffener Neugierde, attraktivem Angebot und der Neigung zur Vielfalt geprägt war.

Das war jedoch, wie sich nach einiger Zeit herausstellte, ebenso eine vereinfachende Generalisierung von spezifischen Entwicklungen, wie dies bei der Vorstellung von der prinzipiell integrationsfeindlichen Struktur jedweder Parallelgesellschaft zu beobachten ist. In beiden Fällen haben wir es mit schematischen Verallgemeinerungen zu tun, die im einen Fall dazu führen, dass die Herausforderungen der Integration unterschätzt und auf die leichte Schulter genommen werden, während sie im anderen Fall zur Folge haben, dass Probleme dramatisiert und einzelne Fälle des Scheiterns generalisiert werden.[11] Dennoch ist die gastronomische Entwicklung Deutschlands als Beispiel für eine als Bereicherung wahrgenommene Integration des Fremden ins Eigene instruktiv. In der politischen Debatte über den Umgang mit dem Fremden und die Bewahrung des Eigenen zeigt sie nämlich, dass Inklusion keineswegs generell auf Ordnungsverlust hinausläuft, wie die neurechte Bewegung der Identitären und ihre Theorie des Ethnopluralismus behauptet. Die dafür maßgebliche Referenztheorie ist der Zweite Hauptsatz der Thermodynamik, wonach Entropie, der Ausgleich von Temperaturunterschieden, einen irreversiblen Ordnungsverlust darstellt, woraus dann geschlussfolgert wird, dass die Separation des Eigenen und des Fremden, die strikte Trennung von Identität und Alterität bei den ethnischen Prägungen des Menschengeschlechts, die zwingend gebotene Erhaltung von Ordnung sei; alle Varianten von Multikulturalität würden dagegen auf Ordnungsverlust hinauslaufen. Die Inklusion des gastronomisch Fremden in die deutsche Küche (und nicht nur das nach ethnopluralistischer Auffassung zulässige Aufsuchen italienischer Restaurants in Italien) hat gerade nicht zu Vereinheitlichung und «Mischmasch», sondern zu größerer Vielfalt geführt, und wenn im Zweiten Hauptsatz der Thermodynamik Ordnung als die Kontinuität von Unterschieden verstanden wird, so handelt es sich bei dieser Inklusion des Fremden um einen Ordnungsgewinn, wenn nicht gar um eine Erhöhung des Ordnungsniveaus.

Bevor diese Perspektive aber mit leichter Hand auf Döner, Falafel und andere Speisen der ostmittelmeerischen, türkischen und arabischen Küche ausgeweitet und zum bequemen Passepartout von Integrationsprojekten gemacht wird, ist bei der Betrachtung von Parallelgesellschaften neben dem Aspekt des sozialen Aufstiegs auch der Umgang mit Genderfragen und die prinzipielle Verweigerung von Integration gemäß den Vorgaben religiöser Identität in Rechnung zu stellen. Die italienischen «Gastarbeiter» der 1960er Jahre, um noch einmal auf sie zurückzukommen, kamen ohne Familie; fast alle hatten einen Arbeitsplatz, über den die Integration erfolgen konnte. Das war indes alles andere als eine vollständige Integration in die deutsche Gesellschaft; bei der Sprachkompetenz war sie rudimentär, und von einer umfänglichen Teilhabe an den öffentlichen Gütern der Gesellschaft und deren kulturellen Angeboten konnte keine Rede sein. Die Arbeitsplatzintegration wurde zunächst nur durch beschränkte Bereiche der Freizeitgestaltung ergänzt, und hier dürfte bei Männern dem Besuch von Fußballspielen und der Einreihung in die Anhängerschaft bestimmter Clubs eine besondere Rolle zugefallen sein. Was zur Ausbildung einer in sich geschlossenen Parallelgesellschaft fehlte, war die Familienbildung, und die wenigen Frauen, die damals nach Deutschland kamen, taten dies nicht um der Familiengründung willen, sondern weil sie ebenso wie die Männer Arbeit suchten und sie in Deutschland fanden. Der Arbeitsplatz als Ort von Integration hatte zwar nur begrenzte Reichweite, aber es gab auch keine sozialen Strukturen, die dem entgegenarbeiteten.

Das änderte sich in dem Maße, wie sich Familien bildeten, bei denen es üblich war, dass die Frauen in Deutschland keiner Erwerbsarbeit nachgingen, sondern sich auf häusliche Tätigkeiten und die Versorgung der Kinder beschränkten. Das wurde, wie oben bereits angemerkt, durch ein Migrationsregime begünstigt, das nachziehenden Ehefrauen die Aufnahme einer Erwerbstätigkeit nahezu unmöglich machte.[12] An die Stelle der Einzelpersonen, die kamen und für lange Zeit blieben, von denen aber die meisten wieder in ihr Herkunftsland zurückgingen, traten Familien, die auf Dauer blieben, sodass irgendwann von einer zweiten und dritten Generation der Migranten die Rede war. Damit änderten sich aber auch die strukturellen Bedingungen für das Gelingen von Integration – und das Problem war, dass die deutsche Politik das nicht merkte, jedenfalls darauf nicht reagierte. Jetzt nämlich genügten Arbeitsplatz und Fußballverein nicht mehr, nun wurden auch die Binnenstrukturen und Werteordnungen der sich schärfer herausbildenden Parallelgesellschaft relevant. An ihnen entschied sich, ob die Parallelgesellschaft eine Durchgangsschleuse in die Mehrheitsgesellschaft war oder ob sie sich zu einer stabilen Struktur der Abgrenzung entwickelte. Der Arbeitsplatz, der nach wie vor erhebliche Bedeutung für den Verlauf von Integrationsprozessen hat, war nicht länger die dafür allein ausschlaggebende Instanz.

Das Problem des relativen Ausschlusses der Frauen von der Integrationsinstanz Arbeitsplatz hat zweifellos dazu beigetragen, Parallelgesellschaften zu stabilisieren. Als Faustregel formuliert: Wo die Frauen über längere Zeit auf dem Arbeitsmarkt präsent sind und nur zeitweilig wegen Geburt und Kinderbetreuung pausieren, funktioniert die Parallelgesellschaft eher als Durchgangsschleuse zur Mehrheitsgesellschaft; während sie dort, wo die Frauen dauerhaft vom Erwerbsleben ausgeschlossen, somit in den Strukturen der Parallelgesellschaft eingeschlossen sind, einer Abschottung gleichkommt. Das ist der *zweite Imperativ* einer erfolgversprechenden Integrationspolitik: dass sie aufmerksam ist für die Frauen der Arbeitsmigranten und Bürgerkriegsflüchtlinge und diese, wenn sie nicht auf Arbeitssuche gehen und auch kein Beschäftigungsförderungsprogramm in Anspruch nehmen, sich nicht selbst überlässt. Es sind dementsprechend eigene Integrations- und Teilhabeprojekte für nicht berufstätige Frauen zu entwickeln, die ihre Kontakte mit der deutschen Mehrheitsgesellschaft erhöhen und ihr Interesse an dieser wecken. Wo die Gesellschaft das nicht tut, läuft sie Gefahr, nicht nur widerständige Parallelgesellschaften hervorzubringen, sondern auch große Probleme mit der Integration der zweiten und dritten Generation von Migranten zu bekommen. Nicht integrierte Mütter sozialisieren die Kinder in die Parallelgesellschaft hinein und öffnen keine Türen in die Mehrheitsgesellschaft.

Hier taucht das Problem von Zuwanderung aus zutiefst traditionalen Gesellschaften auf, das mit der Befestigung dieser Traditionalität durch religiöse Vorschriften und Erwartungen verbunden ist, konkret: mit der Rolle der Frau im Islam. Es sind nämlich nicht irgendwelche Migrantenfamilien, bei denen Integrationsdefizite durch die Nichtteilnahme der Frauen am Erwerbsleben auftreten; es handelt sich dabei überwiegend um solche muslimischen Familien, in denen ein traditionelles Frauenbild vorherrscht, dem zufolge die Frau sich im Hause aufzuhalten und, wenn sie dieses verlässt, sich so zu kleiden hat, dass sie nicht die Aufmerksamkeit anderer Männer auf sich zieht. Die Verschleierung in ihren unterschiedlichen Formen markiert Fremdheit, und zwar eine Fremdheit, die bleibt und nicht nach längerem Aufenthalt in Europa allmählich verschwindet. Es nimmt insofern nicht wunder, dass in Westeuropa alles, was über ein als modisches Accessoire getragenes Kopftuch hinausgeht, Missfallen erregt. In der Regel werden diese Bekleidungsregeln umstandslos dem Islam zugerechnet, der nicht zuletzt dadurch zum Kernelement einer Parallelgesellschaft avanciert, die sich besonders hartnäckig gegen jede Annäherung an die Mehrheitsgesellschaft zur Wehr setzt. Eine genauere Betrachtung jedoch zeigt, dass es erhebliche Unterschiede im Bekleidungsverhalten muslimischer Frauen gibt; Art und Ausmaß ihrer Abgrenzung von der Mehrheitsgesellschaft hängen oft mehr mit dem früheren sozialen Status der Betreffenden und ihrer Herkunft aus ländlichen oder städtischen Räumen zusammen, als dass sie auf «den» Islam zurückzuführen ist. Mit Blick auf die Bürgerkriegsflüchtlinge, die im Herbst 2015 nach Deutschland gekommen sind, heißt das, dass die Integration syrischer Familien aus urbanen Räumen um einiges leichter fallen dürfte als die afghanischer Familien, die aus abgelegenen Dörfern hierher aufgebrochen sind. Eine kluge Integrationspolitik, so der *dritte Imperativ*, weiß um diese Unterschiede und stellt sich auf sie ein. Damit freilich geht sie an die Grenzen dessen, was in einem bürokratischen Verfahren regelbar ist, und vermutlich ist die Politik gut beraten, wenn sie in diesem Bereich die Entscheidungsspielräume der Betreuer und Sozialarbeiter weiter fasst, als das sonst üblich ist.

Eine sozialwissenschaftlich interessante Kontrollgruppe bei der Evaluierung von Parallelgesellschaften sind die Iraner in Deutschland, von denen einige bereits in der Zeit der Schahherrschaft, die meisten aber erst nach der islamischen

Revolution und der Errichtung des Mullahregimes gekommen sind. Sie gelten als die bei weitem am besten integrierte Gruppe aus einem islamischen Herkunftsland, und das heißt, dass sich bei ihnen keine Parallelgesellschaftsbildung beobachten lässt. Als Erklärung dafür werden drei Gründe angeführt: erstens, dass sie vor einem islamistischen Politikprojekt geflohen sind, sodass für die meisten von ihnen der Islam als Faktor der Traditionsverstärkung keine Rolle spielt;[13] sodann – zweitens – war und ist die Gruppe der Immigranten zahlenmäßig nicht groß genug, um eine in sich geschlossene Parallelgesellschaft bilden zu können, und sich einer arabisch geprägten Parallelgesellschaft anzuschließen, war infolge der kulturellen und religiösen Differenzen zwischen Iranern und Arabern keine Option für sie; schließlich handelte es sich – drittens – um eine Elitenmigration, die auf eine Durchgangsschleuse zur deutschen Gesellschaft kaum angewiesen war.[14]

Eine im Auftrag der Deutschen Islam Konferenz 2008 durchgeführte repräsentative Befragung von Zuwanderern aus islamisch geprägten Ländern hat bemerkenswerte Daten zutage gefördert: Danach tragen nur 28 Prozent der Musliminnen in Deutschland ein Kopftuch; bei den Iranerinnen sind es 2,2 Prozent, bei den Musliminnen aus Südosteuropa 4,5 Prozent, bei den Türkinnen und Nordafrikanerinnen dagegen 31,4 beziehungsweise 34,9 Prozent.[15] Das verkleinert die Zahl derer, bei denen eine Disposition angenommen werden kann, dauerhaft in einer Parallelgesellschaft verbleiben zu wollen, und widerlegt all jene, die im Islam *generell* und in den muslimischen Frauen im Besonderen ein grundsätzliches Integrationshindernis sehen. Es sind vielmehr spezifische Gruppen, bei denen Vorbehalte und Widerstände gegen die Integration zu beobachten sind, und auch hier ist das Tragen eines Kopftuchs nicht umstandslos mit einer Ablehnung von Integration gleichzusetzen. Freilich gibt es eine auffällige Korrelation zwischen dem Tragen des Kopftuchs und der Selbsteinschätzung der Frauen, dass ihre Deutschkenntnisse nicht besonders gut seien und sie nur wenige Sozialkontakte mit Deutschen hätten. Hinzu kommt, dass Frauen mit Kopftuch seltener erwerbstätig sind als solche ohne und dass sie häufiger in mehrheitlich von Ausländern bewohnten Stadtteilen leben. Wer in Deutschland Kopftuch trägt, gehört zu der am wenigsten in die deutsche Gesellschaft integrierten Gruppe.[16] Das Kopftuch ist ein Indiz für Integrationsprobleme, aber nicht ihre Ursache, und selbst als Indiz ist es keineswegs untrüglich.

Das Kopftuch ist ein mehrdeutiger Gegenstand. Einerseits kann es ein religiöses Bekenntnis sein, und als solches ist es nicht zu beanstanden; andererseits steht es für eine Grenzziehung zwischen innen und außen, die Mädchen und Frauen den Innenraum des Hauses zuweist. Dieser Innenraum ist Schutz- und Einschränkungsraum zugleich. Er macht die Frauen zu Objekten der Ehre ihrer Familien, weil an ihnen die Verletzung eines beschützenden und geschützten Innenraums als eine Verletzung der Ehre erscheint. Das Kopftuch, sehr viel mehr noch der Niqab und die Burka, sorgt dafür, dass sie diesen Innenraum stets mit sich tragen, wenn sie sich im Außenraum bewegen. Gleichzeitig muss man verstehen, dass es für die Frauen oft schwierig ist, das Kopftuch abzulegen, und das keineswegs nur deswegen, weil sie gezwungen würden, es zu tragen. Das Ablegen des Kopftuchs ist vielmehr häufig mit intensiver Scham verbunden. Scham ist kulturell bedingt: Das, wofür man sich schämt, ist nicht in allen Kulturen gleich. Für eine Frau, die außerhalb des Hauses ihr Haar stets bedeckt hat, ist das Ablegen des Kopftuchs ein schwieriger Prozess.[17]

Ein weiterer Integrationsindikator ist die Teilnahme am gemischtgeschlechtlichen Sportunterricht. Gemäß den Ergebnissen der von der Deutschen Islam Konferenz in Auftrag gegebenen Studie nehmen 87 Prozent der Schüler und noch etwas mehr der Schülerinnen an diesem Unterricht teil; vom Schwimmunterricht bleiben nur sieben Prozent muslimischer Mädchen fern, während es bei Klassenfahrten zehn Prozent sind – was auch finanzielle Gründe haben kann.[18] Das sind jedenfalls keine besorgniserregenden Zahlen, und was die Neigung anbetrifft, ein Kopftuch zu tragen, geht die Untersuchung, deren Datenbasis freilich inzwischen schon acht Jahre alt ist, von einem leichten Rückgang bei der zweiten Generation aus.

Hier könnten sich zwischenzeitlich Veränderungen ergeben haben, in deren Folge sich die Ausgangslage nicht verbessert, sondern verschlechtert hat, und dabei dürften nicht nur die Neuankömmlinge eine Rolle spielen, sondern auch und gerade die schon zuvor in Teilen der deutschen Bevölkerung hochgekommene Aversion gegen Zuwanderer aus der islamischen Welt. Bei der bereits mehrfach erwähnten Segregation von Zuwanderern vor allem aus muslimischen Herkunftsländern handelt es sich nämlich um einen komplexen Prozess des Sich-in-die-vertraute-Gruppe-Zurückziehens, in dem eigene Unsicherheit und fehlende Vertrautheit mit der Aufnahmegesellschaft, aber auch die vermehrt gemachte Erfahrung der Ablehnung und des Zurückgewiesenwerdens zusammenspielen. Bei den Pegida-Anhängern und den Nationalkonservativen wird man davon ausgehen dürfen, dass sie genau diese Trennung erreichen wollen. Ihr politisches Feindbild ist die gut in die deutsche Gesellschaft integrierte Türkin, während die auf Distanz gebliebene vollverschleierte Frau aus der islamischen Welt vorzüglich in ihr politisches

Weltbild passt. Die Integrationskritiker sind geradezu auf die abgeschottete Parallelgesellschaft angewiesen. Das ist anders bei den tatsächlich besorgten Bürgern, die freilich durch die Dramatisierung von Integrationsdefiziten und die Herausstellung einzelner Fälle von Integrationsverweigerung genau das befördern, was ihnen Sorge macht.

Insgesamt lässt sich feststellen, dass die ethnische Segregation als das Kernelement von Parallelgesellschaften in Deutschland weniger ausgeprägt ist als in den USA oder in Frankreich; die türkischstämmige Bevölkerung hat jedoch eine stärker ausgeprägte Neigung dazu und damit zur Bildung von Parallelgesellschaften als andere Zuwanderergruppen. Aber das ist, wie die Befragung von in Deutschland lebenden Muslimen zeigt, nicht nur die Folge ihrer eigenen Entscheidung, sondern auch ein Ergebnis des Wohnungsmarkts, auf dem die Zuwanderer gelenkt und zusammengeführt werden. So geben 62 Prozent der Befragten an, ihnen sei die ethnische Zusammensetzung ihrer Nachbarschaft gleichgültig, 36 Prozent würden dagegen ein deutsches Umfeld bevorzugen, also lieber in ethnisch gemischten Stadtvierteln leben, und nur drei Prozent legen eindeutig Wert darauf, dass Ausländer in ihrem Wohnumfeld in der Mehrheit sind.[19] Interpretiert man diese Präferenzen unter integrationspolitischen Gesichtspunkten, so bekunden damit 36 Prozent ein deutliches Interesse daran, stärker in die deutsche Mehrheitsgesellschaft integriert zu sein, während nur drei Prozent dies dezidiert ablehnen. Die Gleichgültigkeit der 62 Prozent dürfte vor allem der resignativen Sicht hinsichtlich der Chancen sozialen Aufstiegs geschuldet sein, während die 36 Prozent, die lieber in einer stärker deutschen Umgebung leben würden, also nicht in einer Parallelgesellschaft, damit gerade ihren Wunsch nach sozialem Aufstieg zum Ausdruck bringen.

Eine Integrationspolitik, die Parallelgesellschaften vielleicht nicht auflösen, aber doch stärker aus einem Raum dauerhafter Separation in eine integrationsbegleitende Durchgangsschleuse verwandeln will, erhält von diesen Zahlen Hinweise, wo und wie sie anzusetzen hat; die beiden entscheidenden Bereiche sind die Wohnungspolitik, insbesondere in städtischen Ballungszentren, und die Schulpolitik. Die räumliche Trennung und die schulische Trennung sind die Kernelemente von Parallelgesellschaften, und beide hängen eng miteinander zusammen: Wenn in einem Stadtviertel überwiegend türkischstämmige Zuwanderer wohnen, wird der Anteil türkischstämmiger Kinder in den Schulen dieser Stadtteile sehr schnell über 50 Prozent liegen; dann ist es kaum noch möglich, dass die Schule als Integrationsagentur in die deutsche Gesellschaft wirkt. Sie wird vielmehr selbst zum Ort der Trennung. Das ist der *vierte Imperativ* einer erfolgsorientierten Integrationspolitik: die Schulen und deren Umfeld sind so zu gestalten, dass sie Räume der Integration und nicht der Segregation sind; dass sie der im familialen Umfeld erfahrenen Segregation entgegenwirken und die Kontaktflächen (die auch Reibungs- und Konfliktflächen sein können) mit der deutschen Mehrheitsgesellschaft erweitern und vermehren.

Die effektivste Integrationsschleuse ist die Aussicht auf sozialen Aufstieg, und die Chancen dazu hängen meist an Bildungs- und Ausbildungszertifikaten. Wenn inzwischen zwei von fünf jungen Männern mit «Migrationshintergrund» Abitur haben, dann kann man mit der Soziologin Annette Treibel von einer «stillen Integration» sprechen, in deren Folge Parallelgesellschaften porös geworden sind.[20] Diese Zahlen dürfen aber nicht überbewertet werden, denn die türkischstämmigen Schüler sind in einer besonderen Situation: In der

Zeit von 1985 bis 2006 wechselten 78,2 Prozent der Kinder mit türkischem Migrationshintergrund von der Grund- auf die Hauptschule, und nur 5,7 Prozent von ihnen gelang der Sprung aufs Gymnasium. Zum Vergleich: bei Kindern aus dem ehemaligen Jugoslawien waren es 63,3 Prozent, die von der Grund- auf die Hauptschule wechselten.[21] Die Differenz von etwa 15 Prozent ist zwar nicht dramatisch, zeigt aber deutliche Unterschiede im Aufstiegswillen, der aus dem Zusammenspiel von häuslichen Bildungsressourcen und längerfristigen Orientierungen erwächst. Es spricht vieles dafür, dass Parallelgesellschaften in dieser Frage ausgesprochen negative Effekte haben. Heinz Bude hat die von einem spezifischen sozialen Umfeld ausgehenden Suggestionen prägnant beschrieben: «In den Vorstellungen dieser Jugendlichen spielt Bildung keine oder nur eine untergeordnete Rolle. Es steht das schnelle Geld, das auf der Straße winkt, gegen den bescheidenen Erfolg, den die Schule verspricht. Wie überall in den Grenzzonen der Gegenwartsgesellschaft träumen insbesondere die Jungmänner aus den prekären Milieus von einem spektakulären Leben in der erweiterten Drogenökonomie, das ihrem Wunsch nach sozialer Größe entgegenkommt. Eine schöne Braut, ein großes Auto und ein Auftritt im Club sind mehr wert als die Aussicht auf eine Lehrstelle, wo man Kaffee holen muss, auf einen Bus, der zu spät kommt, und einen Samstagabend, wo man rumhängt. Ist es in der Tat nicht schlauer, einen Spätkauf zu betreiben oder mit Kokain zu dealen? Bildung heißt Schule und Ausbildungsplatz, woran immer Beurteilungen, Zeugnisse und Dokumente hängen. Die Straße ist dagegen ein Schauplatz von Geschichten, in denen noch Wunder vorkommen.»[22]

Es ist die Kurzfristigkeit der Perspektive, die nach Bude für die falsche Entscheidung an der Weggabelung in der Biographie verantwortlich ist. Diejenigen, die ihr Leben auf längere Sicht planen beziehungsweise deren soziale Umgebung längerfristige Lebensperspektiven fördert, legen dagegen den Grundstein für ihren künftigen sozialen Aufstieg. Das ist zunächst kein spezifisches Problem von Migrantenkindern, sondern unterscheidet grundsätzlich die Lebensführung der unteren und der mittleren Schichten voneinander. Da aber Parallelgesellschaften einen sozialen Sog in Richtung Kurzfristigkeit ausüben, tritt das Problem hier verstärkt auf. Das ist somit der *fünfte Imperativ* einer erfolgsorientierten Integrationspolitik: geeignete Einwirkungsmöglichkeiten zu schaffen und zu nutzen, die für Jugendliche eine längerfristige Lebensplanung erstrebenswert machen. Mit einer unmittelbaren Konsequenz: Solange den Neuankömmlingen ein zeitlich eng begrenzter Aufenthaltsstatus in Deutschland zugewiesen wird, läuft das auf eine Blockierung von Bildungskarrieren hinaus. Hier muss sich die Politik entscheiden, was ihr wichtiger ist: bürokratische Ordnung oder integrative Erfolge.

In der Debatte der letzten Monate ist der Begriff «Parallelgesellschaft» fast immer als Beweisstück für das Scheitern von Integration verwandt worden. Das ist in dieser pauschalen Form schlichtweg falsch. Zweifellos gibt es Formen der Parallelgesellschaft, die sich nicht nur gegen die deutsche Mehrheitsgesellschaft abschotten, sondern in denen auch ein Widerwille gegen die hier übliche Art zu leben entstanden ist, in dem sich Ablehnung und Verachtung mischen. Das sind dann die sozialen Räume, in denen muslimische Friedensrichter als Streitschlichter auftreten; sie fällen auch Urteile, die eigenen Ehrenkodizes folgen, und eine sich selbst so bezeichnende «Scharia-Polizei» versucht, eine eigene Rechtsordnung durchzusetzen, die mit dem deutschen Recht nicht übereinstimmt. Gegen solche Entwicklungen muss entschieden vorgegangen werden, und wo das bislang nicht der Fall war, ist es umgehend nachzuholen.

Aber solche Fälle von Parallelgesellschaft sind die Ausnahme und keineswegs die Regel. In der überwiegenden Mehrzahl der Fälle sind die Parallelgesellschaften durch Entwicklungen des Wohnungsmarkts entstanden, und dabei ist häufig Wohnraum, der sonst kaum noch vermietbar war, von entsprechend geschäftstüchtigen Eigentümern «restverwertet» worden. Dabei haben sich Strukturen entwickelt, die zunächst für eine Übergangsphase gedacht waren und sich dann verfestigt haben. Wo sie für kurze Zeit genutzt werden, um Zugang zur deutschen Gesellschaft zu finden, sind sie eher integrationsfördernd als integrationsblockierend. Die meisten Parallelgesellschaften sind aufgrund eines sozialen Problems entstanden und im Lauf der Jahre zum kulturellen Fremdkörper geworden – auch deswegen, weil die Migranten, die die Chancen zum sozialen Aufstieg in der deutschen Gesellschaft genutzt haben, weggezogen und nur die zurückgeblieben sind, denen sich solche Chancen nicht geboten oder die sie nicht genutzt haben. Solche Parallelgesellschaften sind eher als soziales Problemgebiet anzusehen, nicht als Zentrum einer fremden Kultur, die sich einer Integration in die deutsche Mehrheitsgesellschaft widersetzt.

Was der französische Soziologe Loïc Wacquant für die Banlieues im Umfeld der Großstädte beschrieben hat, gilt mit gewissen Modifikationen auch für einige Parallelgesellschaften in Deutschland: «In der Vergangenheit war Armut in den westlichen Metropolen entweder ein Rückstand oder konjunkturbedingt. Sie war ein auf die Arbeiterklasse beschränktes Phänomen ohne besondere geographische Verteilung und schien durch weiteres Wirtschaftswachstum überwindbar. Heute dagegen haben wir es allem Anschein nach mit einer immer langfristigeren, wenn nicht gar bleibenden Armut zu tun, die von allen makroökonomischen Trends abgekoppelt ist. Sie hat sich in jenen berüchtigten ‹Verbanntenvierteln› festgefressen, in denen sich soziale Isolation und Entfremdung gegenseitig verstärken, während die Kluft zwischen der dort deponierten Bevölkerung und dem Rest der Gesellschaft wächst.»[23]

Im Umgang mit dem Begriff «Parallelgesellschaft» und den verschiedenen Typen sozialkultureller Segregation, die so bezeichnet werden, zeigt sich oft die fatale Neigung, Problemfelder, die primär durch eine Zusammenballung sozialer Verwerfungen entstanden sind, auf den Islam zurückzuführen.[24] Dabei tritt die Religion als Ursache an jene Stelle, an der tatsächlich Arbeitslosigkeit und eine «Resteverwertung» von Wohnraum stehen. Indem sie religionskulturelle Prägungen ins Feld führt, spricht sich eine Gesellschaft, die die Entstehung sozialer Problemzonen über Jahrzehnte achselzuckend hingenommen hat, selbst frei; dabei haben viele aus der islamischen Welt Gekommene, die hier in Konstellationen der Armut und der fehlenden Anerkennung feststecken, erst in Reaktion darauf eine religiöse Identität ausgebildet, über die sie ihre Selbstachtung zurückgewannen. Der *sechste Imperativ* einer klugen Integrationspolitik lautet daher, den Verweis auf eine religiöse Identität, zumal auf den Islam, nicht sofort als das letzte Wort zu nehmen, sondern zunächst nach den sozialen Faktoren zu suchen, die neben der religiösen Identität wirksam sind und womöglich zu deren Herausbildung und Verhärtung beigetragen haben. Wenn eine Partei explizit in ihr Programm schreibt, der Islam gehöre nicht zu Deutschland, so ist das eine gezielte Ankündigung, die Chance auf Integration zu verweigern, eine entschiedene Zurückweisung der Neuankömmlinge aus muslimischen Ländern, die diese in ihrem Fremdsein und Fremdbleiben einkerkern soll. Anstatt der Separation gerade islamisch geprägter Parallelgesellschaften entgegenzuwirken und an den sozialen Problemen zu arbeiten, die die islamische Identitätszuweisung womöglich begünstigen, wird das Islam-Labeling auf diese Weise noch verstärkt. Anders gesagt: Die sozialen Probleme, die zu lösen wären, werden für unlösbar erklärt, indem man sie zu einer Folge von angeblich unauslöschlichen religiösen Prägungen stilisiert. Es geht also gar nicht um die Frage, ob und in welchem Maße der Islam tatsächlich die west- und mitteleuropäische Kultur geprägt hat, sondern um einen performativen Akt: Der Islam soll aus Europa ausgeschlossen werden, weil die Integration von aus muslimisch geprägten Ländern Zugewanderten nicht gewollt wird und deswegen unmöglich gemacht werden soll.

Aus der Entstehung und Verfestigung von Parallelgesellschaften sind einige Schlussfolgerungen mit Blick auf die Integration der im Herbst und Winter 2015 in Deutschland Angekommenen zu ziehen. Zunächst ist zu vermeiden, dass die Menschen nach Erteilung einer längeren Aufenthaltserlaubnis in den Wohngegenden deutscher Großstädte untergebracht werden, in denen sich vor langem schon Parallelgesellschaften gebildet und verfestigt haben. Das zu erreichen, ist nicht einfach, denn selbstverständlich haben viele die starke Neigung, dort Unterkunft zu suchen, wo bereits Landsleute leben, wo ihnen die Verständigung leichtfällt und wo sie sich in bestehende Strukturen einklinken können. Die Folge ist jedoch, dass die Kontakte mit der deutschen Mehrheitsgesellschaft auf ein Minimum beschränkt bleiben und die Ankömmlinge sich eher in die Parallelgesellschaft als in die deutsche Gesellschaft integrieren. Man wird das nicht gänzlich verhindern können und auch nicht völlig verhindern müssen, zumal Parallelgesellschaften, wie beschrieben, ja durchaus auch als Durchgangsschleusen auf dem Weg einer Integration in die deutsche Gesellschaft wirken können, aber man sollte hier große Aufmerksamkeit für dysfunktionale Entwicklungen haben und diesen nicht mit solcher Ignoranz begegnen wie in der Vergangenheit. Zweifellos sind Kleinstädte, zumindest dann, wenn die Zahl der Neuankömmlinge in einem vertretbaren Verhältnis zur vorhandenen Einwohnerschaft steht, sehr viel effektivere Integrationsagenturen als jene Viertel von Großstädten, in denen der Ausländeranteil über fünfzig Prozent liegt. Außerdem erlauben Klein- und Mittelstädte häufig eine Wohnraumversorgung, bei der nicht auf Blocks mit hundert und mehr Wohneinheiten zurückgegriffen werden muss. Im Rahmen seiner Befugnisse und Möglichkeiten sollte der Staat hier lenkend eingreifen und die Verteilung der Neuankömmlinge nicht der Dynamik des Marktes beziehungsweise dem Handeln von Wohnungsunternehmern überlassen, die mehr an ihrem eigenen Profit als an der Schaffung guter Integrationsvoraussetzungen interessiert sind.

Auch wenn bei der Wohnraumbeschaffung für die Neuankömmlinge vorhandene Reserven genutzt und der Leerstand von Wohnungen in einigen Teilen Deutschlands reduziert werden kann, so wird eine zufriedenstellende Unterbringung der Menschen, zumal in Anbetracht des oftmals noch ausstehenden Familiennachzugs, nicht ohne entsprechende Wohnungsbauprogramme möglich sein. Bei diesen Bauten ist darauf zu achten, dass es nicht zu der immer wieder kritisierten «Verknastung des Wohnungsbaus» kommt, bei der die Gebäude das Erscheinungsbild von Gefängnissen haben und die Flure der Häuser sich wie Gefängnisgänge ausnehmen, von denen die Türen zu den einzelnen Wohnzellen abgehen.[25] Der Wohnungsneubau für die Migranten und Flüchtlinge ist so zu gestalten, dass er zu einem sorgfältigen und pfleglichen Umgang einlädt und weder Aggression noch Zerstörungslust provoziert, wie man das von den Betonburgen der Vergangenheit durchweg sagen kann. In jedem Fall ist sicherzustellen, dass es nicht zu den kaskadenförmigen Prozessen der Verwahrlosung kommt, bei denen kleine Sachbeschädigungen, die nicht umgehend beseitigt werden, immer weitere Sachbeschädigungen nach sich ziehen. Formen des Respekts sind früh einzuüben, von beiden Seiten im Übrigen, und ein sorgsamer Umgang mit öffentlichen Gütern erleichtert die Integration in eine Gesellschaft, die diese Güter bereitgestellt hat. Die für Integration unverzichtbaren Identifikationen beginnen hier, und wenn sie hier erfolgreich sind, hat das positive Effekte für die Identifikation mit der Gesellschaft in ihrer Gesamtheit. Durch diese Art von Achtsamkeit wird verhindert, dass gleichsam unmerklich ein Eintritt in die Szene der Kleinkriminalität erfolgt und dass die Einwandererviertel infolgedessen als «Brutstätten der Kleinkriminalität, der Bettelei und Prostitution dargestellt» werden können.[26] Auch wenn es kaum sinnvoll und zielführend sein dürfte, im Hinblick auf die ethnischen Bevölkerungsanteile in den Stadtvierteln Obergrenzen festzulegen, so lässt sich doch festhalten, dass eine Marge von nicht mehr als 25 bis 30 Prozent Zugewanderten in einem Stadtviertel deren Integration erleichtert und die Bildung und Verhärtung von Parallelgesellschaften unwahrscheinlich macht. Die in der Vergangenheit begangenen Fehler werden sich nicht schlagartig rückgängig machen lassen, aber es wäre schon hilfreich, wenn man darauf achten würde, sie bei den Neuankömmlingen vom Herbst 2015 nicht zu wiederholen und dafür zu sorgen, dass die bekannten Problembezirke vieler Großstädte nicht noch schwieriger werden.

Eine der größten Herausforderungen in ethnisierten und pauperisierten Stadtteilen ist die Beschulung der Kinder aus Migrantenfamilien. Wenn das sicherlich sehr hoch gesteckte Ziel erreicht werden soll, Zuwandererkindern dieselben Aufstiegschancen und Teilhabemöglichkeiten zu bieten wie Kindern aus seit langem hier ansässigen deutschen Familien,[27] dann wird man Klassen, in denen der Anteil von Kindern mit Deutsch als Muttersprache unter 70 Prozent beträgt, nicht akzeptieren können. Das ist aber längst der Fall: Während nur 31,2 Prozent der deutschen Jugendlichen in Klassen unterrichtet werden, in denen der Migrantenanteil über dem Durchschnittswert der betreffenden Stadt liegt, ist das bei 82,6 Prozent der türkischstämmigen Jugendlichen der Fall.[28] Wir haben es hier also mit einer systemischen Benachteiligung der Zuwandererkinder zu tun; es muss jede Anstrengung unternommen werden, dies zu beenden beziehungsweise für die neu angekommenen Kinder und Jugendlichen erst gar nicht entstehen zu lassen. Für sie sollten im ersten Jahr aber Vorklassen eingerichtet werden, in denen nahezu ausschließlich Deutsch unterrichtet wird, damit sie in der Regelschule dem Unterricht folgen und sich mit ihren deutschsprachigen Mitschülern verständigen können. Das wird in der Regel darauf hinauslaufen, dass längere Schulwege in Kauf genommen und zu deren Bewältigung eigene Schulbusse zur Verfügung gestellt werden müssen; und es setzt weiterhin voraus, dass man die Eltern der Kinder in den Stadtvierteln, in deren Schulen die Kinder mit Migrationshintergrund «exportiert» werden, für dieses Projekt gewinnt, was nicht leichtfallen dürfte. Das «Apartheidsregime», das sich in Deutschland im Gefolge der getrennten Wohngebiete entwickelt hat, muss zurückgestutzt werden, wenn sich daraus nicht über kurz oder lang Konstellationen entwickeln sollen, wie sie in den französischen

Banlieues anzutreffen sind.[29] Die Schule ist seit jeher der Hebel, mit dem Parallelgesellschaften zur Mehrheitsgesellschaft hin geöffnet werden können. Man muss aber wissen, wie der Hebel funktioniert, und den Mut sowie die Entschlossenheit haben, sich seiner zu bedienen. Das ist der *siebte Imperativ* einer erfolgsorientierten Integration von Zugewanderten in die deutsche Gesellschaft.

Staat, Arbeitsmarkt und Zivilgesellschaft: die Imperative vorausschauender Integrationspolitik

Sowohl Deutschland als auch Frankreich folgen in ihrem Staatsangehörigkeitsrecht dem *ius sanguinis*, während Großbritannien und insbesondere die Vereinigten Staaten das *ius soli* anwenden. Das *ius sanguinis* (Recht des Blutes) lässt als Angehörige eines Staates nur diejenigen gelten, deren Vorfahren ihm bereits angehörten, während nach dem *ius soli* (Recht des Bodens) jeder auf dem Territorium eines Staates Geborene dessen Staatsbürger ist.[30] Allerdings unterscheiden sich Deutschland und Frankreich darin, wie viele Elemente des *ius soli* sie in das *ius sanguinis* aufgenommen haben.[31] So erhält jedes in Frankreich zur Welt gekommene Kind automatisch die französische Staatsbürgerschaft, wenn mindestens ein Elternteil in Frankreich geboren worden ist – einschließlich Algerien und der französischen Kolonien vor ihrer Unabhängigkeit. Außerdem erhalten alle in Frankreich geborenen Kinder ausländischer Eltern, die mindestens fünf Jahre in Frankreich gelebt haben und nicht vorbestraft sind, bei Vollendung des achtzehnten Lebensjahres automatisch die französische Staatsbürgerschaft.

Das deutsche Staatsangehörigkeitsrecht hat sich dagegen

bis zu einer Novellierung im Jahr 1995 größtenteils auf das Abstammungsrecht gestützt, weshalb selbst Angehörige der dritten Generation von Migranten, deren Eltern schon in Deutschland zur Welt kamen, nicht automatisch zu deutschen Staatsbürgern wurden. Von daher sah es, oberflächlich betrachtet, so aus, als folge Frankreich dem *ius soli* und schließe seine Zuwanderer ein, während die Bundesrepublik hartnäckig am *ius sanguinis* festhalte und ihnen die Inklusion verweigere. In der während der 1990er Jahre in Deutschland geführten Debatte über das Staatsbürgerrecht, vor allem über die Frage, ob man dieses vom herkömmlich deutschen *ius sanguinis* auf das in Frankreich angeblich geltende *ius soli* umstellen solle, ging es um Integration vor allem in Form einer staatsbürgerlichen Inklusion. Angesichts der damals in größerem Umfang konstatierten Integrationsdefizite schaute man mit einer Mischung aus Neid und Bewunderung auf den französischen Nachbarn; man hatte den Eindruck, dass die Integration der aus den Maghrebstaaten und dem subsaharischen Afrika Zugewanderten sehr viel besser gelungen sei als die der aus Anatolien gekommenen Türken und Kurden in Deutschland. Das Bemerkenswerte an dieser Diskussion war, dass sie sich auf eine administrative Maßnahme und deren staatsrechtliche Regularien fokussierte und die sozioökonomische Dimension von Integration weitgehend ausblendete. Es kam im Gefolge dieser Debatte zu einer Reform des Staatsbürgerrechts, die den Erwerb der deutschen Staatsbürgerschaft erheblich vereinfachte, ohne dass man sich völlig dem französischen Modell angeschlossen hätte.

Verführerisch war am französischen Modell offenbar die Vorstellung, man könne das Problem der Integration mit einer Maßnahme, nämlich dem Verwaltungsakt der Einbürgerung, seiner Lösung näherbringen. Dabei wurde das deutsche Staatsbürgerschaftsrecht als Integrationsblockade identifiziert, und dementsprechend war es naheliegend, durch eine grundlegende Reform diese Blockade zu beseitigen und so die Integrationschancen deutlich zu verbessern. Der Ort der Veränderung war der Staat, der Hebel das Recht und der Aufwand eine Maßnahme, die einen Akt der rechtlichen Inklusion darstellte. Ohne die Bedeutung des Staatsbürgerrechts geringschätzen und den Reformbedarf, der sich damals in Deutschland aufgebaut hatte, abstreiten zu wollen, lässt sich im Rückblick festhalten, dass man sich damit die Integration recht einfach vorgestellt hatte: Der Arbeitsmarkt, also die sozioökonomische Dimension, kam nicht vor oder wurde als abhängige Größe der Einbürgerung angesehen, und von der Zivilgesellschaft, also der Integration von Fremden ins gesellschaftliche Leben, war kaum die Rede. Man tat so, als sei Integration allein eine Frage von Pass und Personalausweis. Der Aufstand maghrebinischer Jugendlicher in den französischen Banlieues belehrte diejenigen, die das Problem der Integration als bloße Angelegenheit eines Verwaltungsakts ansahen, eines Besseren. Vergleichende Studien zeigen, dass die Integration der muslimischen Zuwanderer, legt man sozioökonomische Daten zugrunde, in Deutschland relativ erfolgreicher war als in Frankreich.[32]

Diese Beobachtung ist überraschend, weil bei den Franzosen mit «Migrationshintergrund» das in der deutschen Diskussion immer wieder geltend gemachte Integrationshindernis einer fehlenden oder unzureichenden Sprachkompetenz zumeist wegfällt. Die Muttersprache der Jugendlichen aus den Banlieues ist Französisch, das sie vielleicht in einer weniger anspruchsvollen Form sprechen als ihre Altersgenossen ohne Migrationshintergrund, aber das hat soziale und nicht ethnische oder religiöse Gründe. Die tendenziell gleiche Sprachkompetenz bei den alteingesessenen und den zugewanderten

Franzosen hat zur Folge, dass die Erwartung einer erfolgreichen Integration in den Arbeitsmarkt und die Gesellschaft bei jungen Franzosen aus Migrantenfamilien sehr viel größer ist als bei ihren gleichaltrigen Pendants in Deutschland. Das bedeutet umgekehrt, dass die subjektive Wahrnehmung von Diskriminierung bei den Jugendlichen in Frankreich früher einsetzt und sehr viel stärker ist als bei den jungen Leuten in Deutschland. Ein Teil der Zugewanderten kann sich Benachteiligungen auf dem Arbeitsmarkt zumindest damit erklären (oder auch schönreden), dass die eigene Sprachkompetenz womöglich noch nicht ausreicht. Wohlgemerkt: Hier geht es nicht um tatsächliche Gründe, sondern um subjektive Wahrnehmung und die Möglichkeit, Diskriminierungserfahrungen individuell zu verarbeiten. Dass Diskriminierung in Frankreich wegen der staatsbürgerrechtlichen Inklusion und der muttersprachlichen Kompetenz sehr viel deutlicher wahrgenommen wird als in Deutschland, ist eine der Erklärungen dafür, warum es in Frankreich zu dem Aufstand der Jugendlichen in den Banlieues gekommen ist, während etwas Vergleichbares in Deutschland zurzeit unwahrscheinlich ist – unwahrscheinlich auch deshalb, weil die Integration von Jugendlichen mit Migrationshintergrund in den deutschen Arbeitsmarkt sehr viel besser gelingt als in Frankreich.[33]

Daraus lassen sich in integrationspolitischer Hinsicht mehrere Schlussfolgerungen ziehen: zunächst die, dass die Diskriminierungssensibilität von zugewanderten Jugendlichen auch in Deutschland mit deren zunehmender Sprachkompetenz wachsen wird. Es gibt in Deutschland also ein größeres Zeitfenster, um Diskriminierung zu beseitigen, aber dieses Zeitfenster ist nicht sehr groß und wird sich in absehbarer Zeit schließen. Bei den türkischstämmigen Jugendlichen, die in Deutschland geboren sind und das deutsche

Schulsystem durchlaufen haben, ist das aus nachvollziehbaren Gründen längst nicht mehr der Fall, und die hier gemachten Fehler sollten bei den Syrern und Afghanen, die erst jüngst nach Deutschland gekommen sind, nicht wiederholt werden. Flüchtlinge, die mit ihrer Familie migrieren oder diese im Anschluss an ihre Flucht nachholen, haben in der Regel eine relativ große Frustrationstoleranz, was die eigene berufliche Integration angeht, und finden sich häufig damit ab, dass ihr eigenes, durch die Ausbildung im Herkunftsland aufgebautes soziales Kapital nicht wirklich übertragen werden kann. Sie richten ihre Hoffnung vorwiegend auf die Zukunft ihrer Kinder. Aber auch sie werden spätestens in der zweiten oder dritten Generation die Benachteiligung infolge ihrer Herkunft als ungerecht erleben, und wenn diese Ungerechtigkeitserfahrung massiv wird, weil sie sich etwa nicht mehr durch beschränkte Sprachkompetenz erklären lässt, kann sie zur Infragestellung der gesellschaftlichen Ordnung führen.[34]

Das «Gefühl der Ungerechtigkeit» ist freilich, sobald es bei größeren Gruppen ausgemacht und nicht bloß individuell betrachtet wird, keine rein subjektive Größe. Es entwickelt sich mit Blick auf das tatsächliche Maß an Integration und auf die Chancen des sozialen Aufstiegs, und beides korrespondiert mit der Durchlässigkeit der Mehrheitsgesellschaft für diejenigen, die aus der Parallelgesellschaft in sie überwechseln wollen. Geht man davon aus, dass am Anfang dieser schrittweise erfolgenden Integration die Aufnahme eines regulären Beschäftigungsverhältnisses steht, aus dem sich dann alles Weitere entwickelt, so gibt es in Deutschland dafür strukturell gute Voraussetzungen – jedenfalls sehr viel bessere als in Frankreich: Aufgrund der Dynamik der deutschen Wirtschaft, die eine ständige Nachfrage nach Arbeitskräften zur Folge hat, und aufgrund der im Vergleich mit den Südstaaten der

EU geringeren Regulation des deutschen Arbeitsmarkts haben Neuankömmlinge bessere Einstiegschancen, auch wenn aus integrationspolitischer Perspektive zusätzliche Deregulationsmaßnahmen sinnvoll wären. In politischen Aushandlungsprozessen, die in tragfähigen Kompromissen enden sollen, sind die integrationspolitischen Erfordernisse mit dem gesellschaftlich verbreiteten Bedürfnis nach sozialer Sicherheit, das heißt der Regulation des Arbeitsmarkts, zum Ausgleich zu bringen. Es ist klar, dass nicht die gesamte gesellschaftliche Ordnung nach den Erfordernissen der Integration umgestaltet werden kann, aber diese müssen auch in Deutschland stärker als früher ein zentraler Faktor im Kräftespiel der politischen Interessen sein. Das also ist der *achte Imperativ* einer erfolgsorientierten Integrationspolitik: dass die Regulation des Arbeitsmarktes begrenzt bleibt, da jede Form von Regulation die «Alteingesessenen» bevorzugt und die Neuankömmlinge benachteiligt.

Dies enthebt jedoch nicht von der politischen Notwendigkeit, immer wieder gegen ethnische, religiöse oder geschlechtsbezogene Diskriminierungen vorzugehen. Das belegt auch die deutsche Erwerbsbeteiligungsstatistik: Die für den Zeitraum von 2005 bis 2010 erhobenen Daten zeigen, dass Migranten der ersten und zweiten Generation, also Personen mit eigener oder elterlicher Migrationserfahrung, im Vergleich zur Erwerbstätigkeit der Bevölkerung ohne Migrationshintergrund im Jahr 2005 eine Beschäftigungslücke von 11,9 Prozent aufwiesen, die sich im Jahr 2010 auf 12,3 Prozent vergrößert hat. Diese Beschäftigungslücke lässt sich im Übrigen für alle Qualifikationsstufen konstatieren, vom ungelernten Erwerbsfähigen bis zum Erwerbsfähigen mit Hochschulabschluss.[35] Der Anteil der Erwerbslosen mit Migrationshintergrund ist sowohl bei den Kurzzeit- als auch bei den

Langzeitarbeitslosen höher als bei den Erwerbsfähigen ohne Migrationshintergrund.[36]

Man könnte aus diesem statistischen Befund in der Nachfolge von Thilo Sarrazin herauslesen, dass Ausländer und Deutsche mit Migrationshintergrund «fauler» seien als die deutschen Erwerbsfähigen, dass sie also, wie häufig behauptet wird, in das deutsche Sozialsystem eingewandert seien und sich dort über Generationen hinweg eingerichtet hätten. Untersuchungen zu den Erfolgschancen bei Bewerbungen von Jugendlichen und jungen Erwachsenen mit ausländisch klingenden Namen zeigen jedoch, dass Diskriminierung hier ein ausschlaggebender Faktor ist: Bewerber mit fremd anmutenden Nachnamen wurden bei gleicher Ausgangslage und gleichen Qualifikationen signifikant seltener zu Vorstellungsgesprächen eingeladen als Bewerber mit deutsch klingenden Nachnamen.[37] Die geringere Erwerbsquote von Personen mit Migrationshintergrund ist somit – zumindest auch – die Folge einer Diskriminierung, bei der Personen mit türkisch oder arabisch anmutenden Nachnamen bei der Aufnahme einer Erwerbstätigkeit systematisch benachteiligt werden. Wenn sich solche Erfahrungen über einen längeren Zeitraum regelmäßig wiederholen, entsteht zwangsläufig ein «Gefühl von Ungerechtigkeit», das bei den einen zu Resignation und bei den anderen dazu führt, dass sie versuchen, in anderen Ländern eine Beschäftigung zu finden. Keine der beiden Möglichkeiten kann im deutschen Interesse sein, und deswegen sollte die deutsche Politik darauf achten, dass solche Erfahrungen nach Möglichkeit ausbleiben. Das ist der *neunte Imperativ* einer erfolgsorientierten Integrationspolitik: dass Diskriminierungserfahrungen, wenn sie sich schon nicht ganz verhindern lassen, auf wenige Einzel- und Ausnahmefälle beschränkt bleiben.[38]

Für die Erklärung der niedrigeren Beschäftigungsquote bei Personen mit im Vergleich zu Personen ohne Migrationshintergrund spielt auch eine Rolle, dass seit den 1970er Jahren im Rahmen des Familiennachzugs viele Frauen von türkischen «Gastarbeitern» nach Deutschland kamen, die nicht die Absicht hatten, hier eine Erwerbstätigkeit aufzunehmen, und die, selbst wenn sie dazu bereit waren, das über längere Zeit nicht durften. Arbeitsverbote und der Aufbau von Hürden, die den Zugang zum Arbeitsmarkt für Nichtdeutsche erschwerten, waren das Ergebnis einer Politik, die deutsche Staatsbürger bei der Suche nach einem Arbeitsplatz erheblich privilegierte. Die deutsche Politik hat das traditionelle Familienbild, das sie heute bei Zuwanderern aus der islamischen Welt als Integrationshindernis kritisiert und das einigen Politikern und Publizisten als Ausweis angeblicher Arbeitsscheu gilt, über mehrere Jahrzehnte gepflegt und bestärkt, da es gut zu der Politik eines privilegierten Zugangs zum Arbeitsmarkt für alteingesessene Deutsche passte. Sie hat, um es zusammenzufassen, über mehrere Jahrzehnte hinweg alles dafür getan, dass dieses traditionelle Familienbild aufrechterhalten und nicht durch die Lebenswelt der deutschen Mehrheitsgesellschaft in Frage gestellt wurde. Unbestreitbar entsprach das den Vorstellungen vieler Männer und Frauen, die aus Anatolien nach Deutschland gekommen sind; das ändert aber nichts daran, dass die deutsche Arbeitsmarktpolitik über die Jahrzehnte den Effekt hatte, türkische Familien gegen die Veränderungsdynamiken und Anpassungserwartungen aus dem deutschen Umfeld zu immunisieren und auf diese Weise genau die Parallelgesellschaften zu stabilisieren, die heute als Ausweis von Integrationsunwilligkeit, wenn nicht Integrationsverweigerung gelten.

Nun ist das die verschüttete Milch von gestern: Sie lässt

sich nicht mehr in die Kanne zurückbringen und muss als Verlust abgeschrieben werden. Man kann auf die Unaufrichtigkeit einiger Politiker und Publizisten hinweisen, ansonsten lohnt es sich nicht, darüber länger zu lamentieren. Immerhin lässt sich daraus einiges für die heutige Integrationspolitik lernen, die mit Relikten der damaligen Abschottungsstrategie zu kämpfen hat. Ein Beispiel dafür ist der Umstand, dass Asylbewerber für fünfzehn Monate nach Antragstellung einen nachrangigen Zugang zum deutschen Arbeitsmarkt haben, was heißt, dass sie einen Arbeitsplatz nur dann antreten können, wenn sich dafür kein deutscher Bewerber findet. Den Arbeitsmarktdaten folgend gibt es eine Fülle solcher Stellen, nur dauert das mit der Nachrangigkeitsregelung verbundene Prüfverfahren so lange, dass daraus de facto ein Ausschluss vom deutschen Arbeitsmarkt wird. Die Konsequenz ist, dass gerade die dynamischsten und aktivsten Neuankömmlinge gezwungen werden, abzuwarten und auszuharren, was sozial- wie individualpsychologisch verheerende Folgen haben kann – unter anderem die, dass bei Flüchtlingen der Eindruck entsteht, die Deutschen wollten sie in Passivität halten.

Der *zehnte Imperativ* einer erfolgsorientierten Integrationspolitik lautet deshalb, dass arbeitsmarktpolitische Maßnahmen nicht unabhängig von ihren zivilgesellschaftlichen Effekten betrachtet werden dürfen. Ein Beispiel für das Gegenteil ist der staatlich subventionierte Traditionalismus türkischer Einwandererfamilien, der diesen später zum Vorwurf gemacht worden ist und der zweifellos ein Kernelement bei der Entstehung von Parallelgesellschaften war und nach wie vor ist. Das war vermutlich nicht das, was die Konstrukteure der Arbeitsmarktpolitik in den 1970ern und 1980ern vor Augen hatten, aber es hat sich schon sehr früh als einer der funktionalen Effekte dieser Politik gezeigt. Eine klügere Planung hätte das rechtzeitig vorhersehen können; auf jeden Fall wäre es in den 1980er Jahren angezeigt gewesen, umzusteuern und auf eine höhere Erwerbsquote bei den Zuwandererfamilien zu setzen. Doch dann kamen die deutsche Vereinigung und mit dem Kollaps der Wirtschaft in den neuen Bundesländern ein jäher Anstieg der Arbeitslosenzahlen – und unter diesen Umständen war eine stärkere arbeitsmarktpolitische Integration von Migrantenfamilien wirtschaftlich nicht erforderlich und politisch nicht gewollt. Der richtige Zeitpunkt war verpasst, und zu Beginn der 1990er Jahre war klar, dass er für mindestens ein Jahrzehnt nicht wiederkommen würde. Daraus sind (mindestens) zwei Schlussfolgerungen zu ziehen: Zuallererst die, dass es falsch ist, sich bei der Konzeption einer *policy* nur auf deren unmittelbares Umfeld zu konzentrieren und nicht von vornherein deren Auswirkungen auf andere, angrenzende wie ferner liegende Politikfelder im Auge zu haben. Und sodann die, dass man umgehend reagieren muss, wenn sich bei der politischen Bearbeitung eines Problemfeldes unbeabsichtigte Effekte zeigen: Wenn man sie in Kauf nehmen will, wofür es Gründe geben kann, sollte man über Maßnahmen nachdenken, wie sich ihre negativen Auswirkungen begrenzen lassen;[39] wenn man hingegen eine Häufung dysfunktionaler Effekte beobachten kann, wie dies der Fall war, als man Frauen aus Zuwandererfamilien den Zugang zum Arbeitsmarkt verwehrte, dann muss man das schnell und entschlossen korrigieren, um zu vermeiden, dass aus Fehlentwicklungen Mentalitäten erwachsen, die dann zu «Gefängnissen der langen Dauer» werden.[40]

Nun mag man der Ansicht sein, die heutige Situation sei eine ganz andere als die der Arbeitsmigration in den 1970er und 1980er Jahren. Die 2015 in großer Zahl nach Deutschland Gekommenen haben mehrheitlich die Flucht vor Krieg und Terror angetreten. Ein Teil von ihnen ist nach Deutschland gekommen, um eine Arbeit aufzunehmen und so ihre Familien in den syrischen, türkischen oder jordanischen Flüchtlingscamps versorgen zu können. Das sind jene jungen Männer, deren Ankunft zunächst misstrauisch beäugt, dann mit angstschürenden Parolen begleitet und vehement abgelehnt worden ist. Dabei zeigt die große Zahl dieser jungen Männer nur, dass die zurückgebliebenen Familien versuchen, sich selbst zu versorgen, und dazu ihre Söhne losschicken – was angesichts der Versorgungsprobleme in Bürgerkriegsgebieten und der Unterversorgung in den bürgerkriegsnahen Flüchtlingscamps nicht verwundern und auch nicht illegitim erscheinen kann. Europäer, zumal konservative, würden das wohl kaum anders handhaben.

Es gibt daher allen Grund zu der Annahme, dass die zugewanderten jungen Männer möglichst schnell Geld verdienen wollen, um ihre zurückgebliebenen Familien zu unterstützen. Nicht zuletzt deshalb ist es von zentraler Bedeutung, ihre sprachliche Integration bedingungslos zu fördern und ihre Integration in den Arbeitsmarkt zu beschleunigen. Neben der langen «Aussperrung vom Arbeitsmarkt» ist der sich hinziehende Aufenthalt von Flüchtlingen in den Erstaufnahmelagern der Länder und den kommunalen Nachfolgeeinrichtungen ein Problem. Hier kann sich, zumal dann, wenn sich weitere die Aktivität der Flüchtlinge einschränkende Aufenthalte anschließen, eine Mentalität des Passiven ausbilden, die über kurz oder lang dazu führt, dass sich die Betroffenen in den deutschen Sozialsystemen einrichten – und das ist gleichbedeutend mit einem Fehlschlag der Integrationspolitik. Auch hier gibt es lebenszeitliche *windows of opportunity*, in denen Weichen gestellt werden, und solche Weichenstellungen sind, um im Bild zu bleiben, irreversibel, wenn sie von den Betreffenden passiert wurden. Daraus folgt der *elfte Imperativ* einer vorausschauenden Integrationspolitik, und der lautet ganz allgemein, derartige Weichenstellungen so weit wie möglich hinauszuschieben und das Zeitfenster des Reversiblen, des Spurwechsels und des Neuanfangs, so lange wie möglich offenzuhalten. Das Problem dabei ist, dass vieles von dem, was faktisch auf eine lebenspraktische Weichenstellung hinausläuft, als solches nur schwer zu erkennen ist, wie sich bei Menschen zeigt, die in den Asylunterkünften zur Passivität gezwungen sind. Auf den ersten Blick nimmt sich das aus wie ein Offenhalten von Entscheidungen, aber tatsächlich werden infolge der fortschreitenden Lebenszeit und der Ausprägung von Mentalitäten gerade hier «Weichen gestellt». Der Imperativ des Offenhaltens verlangt also mehr als das bloße Aufschieben von Entscheidungen, und auch in diesem Fall muss das Handeln oder Nichthandeln der Verwaltung von den tatsächlichen Auswirkungen auf die Flüchtlinge und nicht von der administrativen Selbstwahrnehmung her beurteilt werden. Erfahrungsgemäß ist das nur möglich, wenn Verwaltungsvorgänge von außen beobachtet werden. Solche durchaus kostspieligen Evaluationen sind aber nur sinnvoll, wenn sie auch zur Kenntnis genommen werden und dazu führen, dass das Verwaltungshandeln nachjustiert wird.

Der Aufenthalt in den Erstaufnahmeeinrichtungen stellt für die Flüchtlinge eine große Belastung dar und sollte darum nicht länger dauern als unbedingt erforderlich. Anschließend sollten die Neuankömmlinge in eigenen Wohnungen oder in kleineren Wohnheimen untergebracht werden, wo es unwahrscheinlich ist, dass sie unter sich bleiben. Tatsächlich bevorzugen die Kommunen aber aus finanziellen und organisatorischen Gründen eine Unterbringung und Betreuung in Großeinrichtungen.[41] Das war auf dem Höhepunkt des Flüchtlingszustroms unvermeidlich, doch inzwischen sollte es möglich sein, eine Revision der Unterbringungspolitik nach den Vorgaben erfolgversprechender Integration vorzunehmen. Eine solche «Optimierung bei sich bietender Gelegenheit» fällt aber schwer, wenn sich erst einmal administrative Verfahrensweisen entwickelt haben, denn dazu müsste man die Routinen aufgeben, die die Bearbeitung der Vorgänge erleichtern und beschleunigen, und womöglich wieder von vorne anfangen. Dazu haben Verwaltungen in der Regel keine Neigung, und im Kern widerspricht das auch ihrer Betriebsrationalität. Der Entwicklung einer passiven Mentalität bei den Migranten entspricht bei den Verwaltungen das Beibehalten routinierter Vorgehensweisen, die als «bewährt» rubriziert worden sind. Wie in anderen Politikfeldern ist dies auch bei der Integrationspolitik ein Problem. Wenn dieses Problem übersehen oder ignoriert wird, kann das den Erfolg der Integrationspolitik gefährden, zumindest erheblich verzögern.

Aber wie kann eine «Entpassivierung» der Flüchtlinge in der Zeit ihres laufenden Asylverfahrens erreicht werden? Hier lässt sich eine Reihe von Versäumnissen und Fehlern beobachten, zu denen der Handlungsdruck nach der Entscheidung vom 5. September 2015 geführt hat. Das größte Problem war sicherlich, dass man nicht genug Personal hatte, um die wachsende Zahl von Asylverfahren zügig zu bearbeiten, und die Verfahrensdauer sich immer weiter verlängerte. Die Politik hat hier eine Entwicklung nicht vorhergesehen, die eigentlich vorhersehbar war und die von allen kompetenten Beobachtern auch vorhergesagt worden ist. Der Staat hatte keine ausreichende Vorsorge getroffen, und die Verwaltungen haben, als die Flüchtlingszahlen in die Höhe schnellten, zunächst eher träge und gleichgültig reagiert und die gewohnten Abläufe beibehalten. Auf diese Weise sind Phasen des Wartens entstanden, die das Integrationsprojekt belasten. Auch nachdem die Probleme offensichtlich wurden, hat man nicht etwa kompensatorische Aktivitäts- beziehungsweise Reaktivierungsprojekte entwickelt, durch die das Warten unterbrochen und die Flüchtlinge auf ein Leben in der deutschen Gesellschaft vorbereitet worden wären. Es waren Initiativen aus der Zivilgesellschaft, die auf dieses Problem reagierten, was jedoch bedeutete, dass sie nicht systematisch und flächendeckend sein konnten, sondern nur dort griffen, wo einige Helfer auf die Idee kamen, aktiv zu werden. So bot man Sprachkurse, gemeinsame Aktivitäten oder handwerkliche Tätigkeiten an, um den deprimierenden Stillstand in den Unterkünften zu unterbrechen. Das funktionierte an manchen Orten gut, während andernorts nichts dieser Art zustande kam; teilweise, weil die Einheimischen den angesiedelten Flüchtlingen feindselig gegenüberstanden, aber auch, weil die wenigen Freiwilligen vollauf damit beschäftigt waren, bei der Erstunterbringung der Menschen zu helfen und sich um ihre Versorgung zu kümmern. Die Zivilgesellschaft ist dabei als Nothelfer einer überforderten Verwaltung tätig geworden, was vom Grundsatz her zum westlichen Modell einer lebendigen Gesellschaft gehört. Aber es hätte vieles besser laufen können, wenn die notorisch anarchischen zivilgesellschaftlichen Initiativen durch die staatliche Administration stärker unterstützt worden wären.[42] Das ändert nichts daran, dass zivilgesellschaftliche Akteure immer wieder staatliche Defizite ausgeglichen haben.

Eine aktive Zivilgesellschaft, die immer wieder spontane Initiativen aus sich heraus hervorbringt, ist ein unverzichtbares Element gelingender Integration, und vermutlich wird sie bei diesem schrittweise erfolgenden Prozess der Integration in den kommenden Jahren sogar noch an Bedeutung gewinnen. Dabei muss die Zivilgesellschaft jedoch etwas entwickeln, was nicht unbedingt zu ihren herausstechenden Eigenschaften gehört: einen langen Atem sowie eine gehörige Portion Frustrationstoleranz. Im Prinzip erfolgen zivilgesellschaftliche Initiativen spontan, sie reagieren auf ein Problem, das erst kurze Zeit vorher entstanden oder wahrgenommen worden ist, und versickern dann allmählich wieder, wenn das Problem gelöst ist, sich als unlösbar erwiesen hat oder die Initiatoren in die Jahre gekommen sind. Unkonventionalität, schnelle Reaktionsfähigkeit, Unbekümmertheit gegenüber administrativen Einwänden und rechtlichen Bedenken sind die Stärken zivilgesellschaftlicher Initiativen, die auch bei der Integration der Neuankömmlinge in die deutsche Gesellschaft gefragt sind. Diese Stärken können sich aber angesichts der Größe des Problems und der Dauer seiner Bearbeitung auch schnell als Schwächen erweisen. Man kann von der Zivilgesellschaft nicht erwarten, dass sie den Integrationsprozess kontinuierlich begleitet und für die regelmäßige Verfügbarkeit der erforderlichen Ressourcen sorgt. Man darf darauf bauen, dass sie, wenn «Not am Mann» ist, einspringt und Initiativen startet, die dem Integrationsprozess immer wieder neuen Schwung verleihen.

Ein europäisch vergleichender Blick

Bei der Suche nach einem optimalen Zusammenwirken von Staat und Verwaltung, Wirtschaft, Arbeitsmarkt und Zivilgesellschaft ist ein Blick auf europäische Nachbarn hilfreich – sowohl um erfolgreiche Modelle und Praktiken zu übernehmen als auch um Irrwege und Selbsttäuschungen zu vermeiden. Von der zeitweiligen Euphorie für die staatszentrierte französische Lösung der rechtlichen Inklusion war bereits die Rede;[43] ergänzend dazu sollen hier noch das schwedische Integrationsmodell und die niederländische Debatte um das dort lange gepflegte Multikulti-Modell betrachtet werden.

In Schweden gibt es im Unterschied zu Deutschland die Möglichkeit eines «Spurwechsels», womit die Umstellung des Verfahrens zur Erlangung des Bleiberechts gemeint ist: vom Asylverfahren zu einer Aufenthaltserlaubnis zu Erwerbszwecken (bei einem Mindestverdienst von 1390 Euro im Monat).[44] Wer in Schweden um eine Aufenthaltserlaubnis nachsucht, kann dazu also eine neue Begründung liefern, wenn sich aufgrund der persönlichen Qualifikation und der Nachfrage auf dem Arbeitsmarkt die Chance eines Beschäftigungsverhältnisses bietet. Der Zugewanderte wechselt damit gewissermaßen seine Identität vom politischen Flüchtling zum Arbeitsmigranten, und diese Flexibilität im Verfahren der Aufenthaltsbewilligung war – neben den bereits entstandenen syrischen und afghanischen Diasporagemeinden im Land – einer der ausschlaggebenden Gründe dafür, dass im Spätsommer und Herbst 2015 viele auf der Balkanroute nach Europa kommende Flüchtlinge Schweden als Zielland wählten. Zu dieser Flexibilität und Liberalität gehört schließlich auch, dass es in Schweden keine Pflicht gibt, während des Anerkennungsverfahrens in einer Gemeinschaftsunterkunft zu wohnen; fast ein Drittel der Asylbewerber, die im Sommer 2015 gekommen sind, haben sich unabhängig von den Behörden eine Wohnung besorgt oder leben bei Verwandten und Freunden, was sich als eine erhebliche Entlastung der Behörden erwiesen hat. Ausgesprochen großzügig sind auch die Regelungen, die den «Zugang zum Gesundheitswesen, zur Sozialversicherung und anderen wohlfahrtsstaatlichen Leistungen» festlegen: Für «alle legalen Migranten, die mindestens ein Jahr in Schweden leben», ist der Zugang derselbe, den auch alle schwedischen Staatsangehörigen haben.[45] Unter diesen Umständen kann es nicht überraschen, dass von allen europäischen Ländern Schweden im Verhältnis zur Bevölkerung die meisten Flüchtlinge aufgenommen hat: 2014 waren es 8,4 pro Tausend Einwohner, während es in Deutschland nur 2,5 waren.[46]

Nun wäre eigentlich zu erwarten, dass die Integration der Flüchtlinge in die schwedische Gesellschaft schneller und reibungsloser verläuft als in vergleichbaren europäischen Ländern, doch das Gegenteil ist der Fall: «Wie ein Bericht einer schwedischen Regierungskommission für Migrationsstudien kürzlich zeigte, hatten unter allen Einwanderern, die in den Jahren 1997 bis 1999 als Flüchtlinge gekommen waren, zwei Jahre nach ihrer Ankunft in Schweden nur rund 30 Prozent einen Job. Zehn Jahre nach der Ankunft hatten 65 Prozent eine Stelle. An dem Problem, dass ein Großteil der Flüchtlinge über Jahre hinweg ohne Job bleibt, hat sich bis heute wenig geändert. Der Unterschied zwischen der Erwerbsbeteiligung derer, die im Inland geboren, und derer, die aus dem Ausland zugewandert sind, ist in kaum einem anderen EU-Land so groß wie in Schweden.»[47] Über die Gründe für die unbefriedigende Langzeitbilanz ist viel spekuliert worden; sie dürften vielfältig sein. Unbestreitbar ist, dass ein liberales Integrationsregime mit einer hohen Verfahrensflexibilität kein Garant für eine erfolgreiche Integration ist und dass die Integration in den Arbeitsmarkt durch vergleichsweise hohe Sozialstandards nicht befördert, sondern eher verzögert wird. Wer in der deutschen Debatte für erhöhte Sozialbezüge und einen schnelleren und leichteren Zugang zum Gesundheitswesen plädiert, wird sich dabei nicht auf Schweden berufen können. Ausschlaggebend für die Integration in den Arbeitsmarkt scheint letzten Endes die wirtschaftliche Dynamik eines Landes zu sein; demgegenüber spielen die staatsbürgerliche Inklusion, wie in Frankreich, oder ein erleichterter Zugang zum Sozialsystem, wie in Schweden, offenbar eine deutlich geringere Rolle.

Etwas anders gelagert sind die Verhältnisse in den Niederlanden, dem Mutter- und Musterland des sich multikulturalistisch verstehenden Integrationsmodells. Hier hatte man darauf gesetzt, dass in einer seit jeher auf unterschiedlichen politischen und konfessionellen «Säulen» fußenden Gesellschaft die Neuankömmlinge eine weitere Säule (oder auch mehrere Säulen) bilden und sich auf diese Weise integrieren würden. Aber das war eine zu optimistische Erwartung: zu optimistisch im Hinblick auf die Bereitschaft der Niederländer, dies zu akzeptieren, und zu optimistisch hinsichtlich der Fähigkeit der Neuankömmlinge, die kooperativen Voraussetzungen für die Errichtung einer tragfähigen Säule zu schaffen. Die Niederländer haben ihre eigene Liberalität im Umgang mit Fremden, jedenfalls mit Fremden in großer Zahl, und die Eingliederungsbereitschaft der Neuankömmlinge überfordert, und so stehen die Niederlande heute für das politische Scheitern eines Integrationsmodells, das sich im Wesentlichen auf die Gesellschaft gestützt und dem staatlichen Regulationssystem einen deutlich nachgeordneten Auftrag zugewiesen hat. Es ist darum nicht verwunderlich, dass die Konzeption eines «muskulären Liberalismus», also eines Liberalismus, der seine Werte und Voraussetzungen notfalls auch gegen Widerstände durchzusetzen bereit ist, in den Niederlanden entstanden ist.[48] Wenn «Parallelgesellschaft» in der Empirie der Gegenbegriff zu Multikulturalität ist, so ist «muskulärer Liberalismus» der Gegenbegriff zu Multikulti in einem vor allem normativ angelegten Integrationskonzept.

Im Vergleich mit anderen Integrationsmodellen in Europa, dem administrativ-staatszentrierten Frankreichs, dem ausgeprägt sozialstaatlichen Schwedens und dem dezidiert multikulturell-liberalen der Niederlande,[49] erweist sich das eher naturwüchsig entstandene deutsche Integrationsmodell, das sich weder einem bestimmten Entwicklungspfad noch einer vorherrschenden politisch-kulturellen Werthaltung verdankt, als erstaunlich leistungsfähig. Das heißt nicht, dass es nicht verbesserungsbedürftig wäre, aber genau hier liegt ein weiterer seiner Vorzüge: dass es nämlich verbesserungsfähig ist, ohne dass dazu seine Grundarchitektur verändert werden muss. Gerade weil es nicht «aus einem Guss» entstanden ist und ihm weder ein Plan noch eine politische Ideologie zugrunde liegen, sondern es sich eher in einem «Challenge-and-Response-Prozess», einer Abfolge von Herausforderungen und darauf bezogenen Lösungsansätzen, entwickelt hat, weist es eine große Anpassungsfähigkeit auf. Das deutsche Modell verbindet eine Reihe staatlicher Regulationen, ein großes Vertrauen in den Arbeitsmarkt und in eine dynamische Wirtschaft sowie eine zu Engagement bereite Zivilgesellschaft. Das eröffnet die Möglichkeit, je nach Erfordernis die Schwerpunkte der Integration zu verschieben, und diese Flexibilität ist nicht auf zeitlich begrenzte Herausforderungen beschränkt, sondern kann auch für bestimmte Etappen des Integrationsprozesses und für unterschiedliche Gruppen von Zuwanderern fruchtbar gemacht werden.

Das größte Problem ist hierbei, dass sich unter der Hand «Zuständigkeiten» entwickeln und verfestigen, die zu einer «Verholzung» des Modells führen. Es kommt also darauf an, seine strukturelle «Gelenkigkeit» zu bewahren und immer wieder davon Gebrauch zu machen. Dazu bedarf es des Selbstbewusstseins einer pluralistischen und offenen Gesellschaft, die weiß, dass sie auf soziale Reproduktion, also auf kontinuierliche Zuwanderung, angewiesen ist, und dies als Bedingung für die Aufrechterhaltung ihres Wohlstands akzeptiert. Diese Gesellschaft muss auf ihre Attraktivität vertrauen, die die Neuankömmlinge im besten Fall dazu bringt, sich mit der Zeit von selbst den neuen Gepflogenheiten und Werten anzupassen und so zu Angehörigen der Gesellschaft zu werden, zu Gesellschaftsmitgliedern, die für sich einstehen, als würden sie schon immer dazugehören. Gleichzeitig muss die Mehrheitsgesellschaft aber auch akzeptieren, dass die Neuankömmlinge nicht alle ihre Gewohnheiten übernehmen und dass die Vorstellung, ein Deutscher zu sein, komplex und anspruchsvoll ist und nicht im regelmäßigen Verzehr von Schweinefleisch und Kartoffeln besteht. Kurzum: Eine erfolgreiche Integration derer, die gekommen sind und auf Dauer bleiben werden, wird umso leichter und schneller möglich sein, je mehr sich diese Gesellschaft zutraut, aus den Neuankömmlingen «Deutsche» zu machen, ohne dabei aufdringlich und nötigend zu sein. Somit stellt sich abschließend die Frage, was es heißt, aus Fremden «Deutsche» zu machen.[50]

Aus Fremden «Deutsche» machen

Im Anschluss an das oben Gesagte ist klar, dass das ambitionierte Projekt, aus Fremden «Deutsche» zu machen, auf den drei Ebenen von Staat, Wirtschaft und Zivilgesellschaft gleichermaßen stattfinden und erfolgreich sein muss, um als gelungen bezeichnet werden zu können. Es genügt also kein Verwaltungsakt, in dem einem Syrer oder Afghanen ein deutscher Pass ausgehändigt wird. Die hier vertretene Vorstellung vom Deutsch-Werden ist um einiges anspruchsvoller, dementsprechend ist sie nicht auf der Ebene staatlichen Handelns allein umzusetzen, sondern bedarf einer Gesellschaft, die in den Zuwanderern «ihre» neuen Deutschen erkennt und anerkennt. Aus Fremden Deutsche zu machen, ist ein langwieriger und mühsamer Prozess, in dem Staat, Arbeitsgesellschaft und Bürgergesellschaft zusammenwirken.

Der Staat ist an diesem Prozess im administrativen Sinn beteiligt, als regelsetzende und regeldurchsetzende Instanz. Hier wird dafür gesorgt, dass die Flüchtlinge aufgenommen und registriert sowie untergebracht und versorgt werden, zudem bekommen diese eine erste Vorstellung von den Werten und Normen unserer sozialen und politischen Ordnung. Die administrative Ebene des Staates ist es auch, auf der, wenn gewünscht, die nach Deutschland gekommenen Ausländer zu deutschen Staatsbürgern werden können. Aber die Pointe der hier angestellten Überlegungen liegt darin, dass dieser Verwaltungsakt nicht dafür entscheidend ist, ob aus einem Fremden ein «Deutscher» geworden ist. Für eine gelungene Integration ist ein Prozess wechselseitiger Ent-Fremdung wichtiger, an dessen Ende die Feststellung steht, dass Neuankömmlinge und Alteingesessene mehr miteinander verbindet als voneinander trennt – dazu bedarf es weit mehr als nur der Vorlage eines deutschen Passes.

Deswegen tritt an die Seite administrativen Staatshandelns zwingend die Ebene der Arbeitsgesellschaft und des Wirtschaftslebens, auf der die zunächst oft mittellosen Unterhaltsempfänger, die auf staatliche Transferleistungen angewiesen sind, sich in selbstversorgende Wirtschaftsbürger verwandeln. Hier geht es um die Bestätigung oder Förderung eines Arbeitsethos, das als Normalfall vorsieht, dass man für sich und seine Familie sorgt und dabei nicht auf die Hilfe anderer angewiesen ist. Das schließt Notlagen und zeitweilige Ausnahmen nicht aus, steht aber einer Lebensperspektive entgegen, in der die Notlagen zum Regelfall werden und die Menschen sich in den Sozialsystemen einrichten. Dieses Arbeitsethos gehört zu den identifikatorischen Selbstbeschreibungen der Deutschen (auch wenn diese Selbstbeschreibung keineswegs auf alle tatsächlich zutrifft), und die Aufnahmegesellschaft sollte selbstbewusst genug sein, die entsprechende Lebensweise auch als deutsch zu vermitteln. Sie sollte das jedoch nicht fordernd tun, etwa in Form einer Integrationsverpflichtung, sondern unterstellen, dass die nach Deutschland Geflüchteten unter anderem auch wegen dieses Arbeitsethos und der mit ihm verbundenen Chance, relativen Wohlstand zu erlangen und ein abgesichertes Leben zu führen, nach Deutschland gekommen sind. Das mag in einigen Fällen eine bloße Unterstellung sein, was aber nichts daran ändern muss, dass die Integration in die Arbeitsgesellschaft und das Wirtschaftsleben auf dieser Grundlage voranschreitet. Im Übrigen geht damit die Verpflichtung der Alteingesessenen einher, die Neuen in diesem Sinne zu behandeln. Das dürfte manchen von ihnen schwerer fallen, als es den Neuankömmlingen fällt, sich das «deutsche» Arbeitsethos anzueignen und danach zu leben.

Zur Integration in die Arbeitsgesellschaft kommt als dritte Ebene die Integration in die Zivil- beziehungsweise Bürgergesellschaft. Hier geht es um das soziale Leben, das von Nachbarschaftskontakten bis zum Engagement in den Vereinen reicht und in dem sich entscheidet, ob die nach Deutschland Gekommenen sich mit diesem Land identifizieren oder ob sie auf Distanz bleiben, weil sie das Gefühl haben, bloß geduldet und nicht wirklich «angekommen» zu sein. Mit Blick auf das Deutsch-Werden ist die Integration in die Zivilgesellschaft die höchste und anspruchsvollste Ebene, und erst wenn sie erreicht ist, kann von einer wirklich gelungenen Integration die Rede sein. Auf dieser Ebene geht es dann auch nicht mehr wesentlich um die Integrationsbereitschaft und Integrationsfähigkeit der Neugekommenen, sondern um deren Akzeptanz in der Mehrheitsgesellschaft der Alteingesessenen; letzten Endes entscheidet sich hier auch die Frage, ob die Parallelgesellschaften Durchgangsschleusen in die deutsche Gesellschaft sind oder abgeschottete Bereiche, die kaum etwas mit der Mehrheitsgesellschaft zu tun haben.

Zweifellos wird die hier vorgeschlagene Definition des Deutschseins bei vielen auf Skepsis stoßen und bei einigen auch entschiedenen Widerspruch hervorrufen. Oftmals wird die Integrationswilligkeit und -fähigkeit der Migranten generell in Abrede gestellt, und als «Argument» dafür wird in der Regel der Islam als deren bestimmendes Identitätsmerkmal angeführt. Die jetzt wieder gebräuchlich gewordene Formel vom «christlichen Abendland»[51] ist eines der Zeichen, die die Unmöglichkeit besiegeln sollen, dass Zuwanderer aus dem Nahen und Mittleren Osten jemals zu «Deutschen» werden. Sobald diese Position argumentativ herausgefordert wird, müssen ihre Vertreter indes eingestehen, dass es selbstverständlich Zuwanderer aus dem Nahen und Mittleren Osten gibt, die sämtlichen der aufgeführten Kriterien entsprechen – aber das seien, so wird sogleich hinzugefügt, absolute Ausnahmen, die Regel sehe anders aus. Mit diesem Eingeständnis sind diejenigen, die die Möglichkeit des Deutsch-Werdens generell in Abrede stellen, jedoch gezwungen zu erläutern, was es ihrem eigenen Verständnis nach bedeutet, deutsch zu sein, und was die Voraussetzungen für eine gelingende Integration sind. Zumeist heißt es dann, dass Deutscher nur sein kann, wer hier geboren ist und wessen Vorfahren schon seit Generationen hier gelebt haben. Das aber ist nichts anderes als eine Behauptung, mit der die Alteingesessenen gegenüber den Tüchtigen und Leistungsfähigen privilegiert werden. Sie sagen «deutsch», aber sie meinen Selbstprivilegierung. Die Vorstellung des Deutschseins dient hier dem Selbstschutz derer, die sich vor einem Leistungsvergleich scheuen und keinerlei Konkurrenz ausgesetzt sein wollen. Es ist die Schließungskategorie einer gealterten, erschöpften und müden Gesellschaft, die es sich in irgendeiner Nische bequem machen und nicht gestört werden will.

Im Unterschied dazu sind die nachfolgend aufgeführten fünf Merkmale des Deutschseins alles andere als eine Minimaldefinition, der jeder genügt, dessen Vorfahren seit längerem auf dem im Verlauf der Geschichte mehrfach verschobenen Gebiet leben, das Deutschland heißt. Als Deutscher soll hier vielmehr ein jeder verstanden werden, der davon überzeugt ist, dass er für sich und seine Familie durch Arbeit (gegebenenfalls auch durch Vermögen) selbst sorgen kann und nur in Not- und Ausnahmefällen auf Unterstützung durch die Solidargemeinschaft angewiesen ist. Für diesen Deutschen gilt weiterhin, dass er Grund hat, davon auszugehen, dass er durch eigene Anstrengung die angestrebte persönliche Anerkennung und einen gewissen sozialen Aufstieg erreichen kann. Wird im ersten Identitätsmerkmal die Bereitschaft zur Selbstsorge herausgestellt sowie der Leistungswille in Bezug auf die Gesellschaft, der er angehört, so hebt das zweite Identitätsmerkmal auf das Vertrauen ab, das er gegenüber der Gemeinschaft hat, ihm im Notfall beizuspringen und zur Seite zu stehen. Das sind die zwei Identitätsmarker, die für die sozioökonomische Dimension stehen.

Sie werden durch zwei eher soziokulturelle Identitätsmarker ergänzt. Der erste davon steht für die Überzeugung, dass religiöser Glaube und seine Ausübung eine Privatangelegenheit sind, die im gesellschaftlichen Leben eine nachgeordnete Rolle zu spielen hat und bei der Bearbeitung von Anträgen durch die Verwaltung sowie bei der Bewerbung um Arbeitsplätze und Positionen ohne Bedeutung ist. Zudem, so der zweite soziokulturelle Identitätsmarker, hält sich der als deutsch Bestimmte daran, dass die Entscheidung für eine bestimmte Lebensform und die Wahl des Lebenspartners in das individuelle Ermessen eines jeden Einzelnen fällt und nicht von der Familie vorgegeben wird.

Der fünfte und entscheidende Identitätsmarker der Deutschen soll und muss das Bekenntnis zum Grundgesetz der Bundesrepublik Deutschland sein. Eine Verfassung, die errichtet wurde, um die so furchtbaren, von Deutschen verübten Verbrechen nie wieder geschehen zu lassen, die dazu gedacht war, ein Zusammenleben auf rechtlichem Fundament überhaupt erst wieder möglich zu machen und die sich gerade nicht auf die Nation als ethnisch begründete Gemeinschaft bezieht, wenn sie von der Würde des Menschen spricht, die zu schützen Aufgabe aller staatlichen Gewalt ist, sondern dies für jeden dem Geltungsbereich des Grundgesetzes Zugehörenden verbindlich macht, kann hochintegrativ wirken: Sie vermittelt die Überzeugung, dass jeder und jede sich im Hinblick auf die Würde jedes Einzelnen neu zu denken vermag und dass dies zu einem neuen Gemeinwesen führen kann.

Dieses Grundgesetz, das hat die Geschichte der Bundesrepublik gezeigt, kann all jenen als Identitätsanker dienen und bei der Integration in eine freiheitliche Gesellschaft helfen, die sich aus einer Kultur der Ablehnung und der Herabwürdigung anderer herausarbeiten müssen. In diesem Sinn kann tatsächlich jeder, der nach Deutschland gekommen ist, ein Deutscher werden – auch wenn nicht jeder dies wollen und nicht jeder es schaffen wird. Zugleich werden viele von denen, die als Deutsche geboren wurden und fest davon überzeugt sind, Deutsche zu sein, sich anstrengen müssen, selbst diesem Anspruch zu genügen.[52] Deutschsein ist dieser Definition nach kein Merkmal, auf dem man sich ausruhen kann, weil man es qua Geburt bekommen hat und es einem nicht genommen werden kann, wie das in den wesentlich ethnisch geprägten Nationsdefinitionen des 19. und noch des 20. Jahrhunderts der Fall war. Es handelt sich vielmehr um eine normativ angereicherte Identitätszuschreibung, die Anforderungen enthält, denen man sich stellen muss. Eine solche normative Identitätszuschreibung ändert nichts daran, dass diejenigen, die qua Geburt Deutsche sind, dies auch bleiben, wenn sie den Vorgaben dieser Zuschreibung nicht genügen. Aber sie haben dann keine Möglichkeiten mehr, diejenigen, die dieser Zuschreibung genügen und Deutsche werden wollen beziehungsweise es geworden sind, von der Zugehörigkeit auszuschließen. Der staatsbürgerrechtlichen Definition des Deutschen, über die nach wie vor der Staat und seine Verwaltung nach rechtlichen Vorgaben verfügt, ist damit eine Identitätszuschreibung vorgeschaltet, über die nicht die Administration, sondern die Gesellschaft bestimmt. Sie setzt der ethnischen Definition von nationaler Zugehörigkeit, die mit wachsender Mobilität der Menschen und dem Erfordernis von Zuwanderung überholt ist, eine Vorstellung von nationaler Identität entgegen, die offener und flexibler ist, die der veränderten sozialen Realität Rechnung trägt und trotzdem die Nationsvorstellung nicht aufgibt und zu den historischen Akten legt.[53]

Die deutsche Gesellschaft ist eine offene und leistungsorientierte Gesellschaft, die in den kommenden Jahren und Jahrzehnten noch offener und wohl auch noch leistungsorientierter werden muss, wenn sie ihre Position in der Weltwirtschaft und ihren Wohlstand im Innern behalten will. Dabei ist sie auf Zuwanderung angewiesen, und es herrscht durchaus Konkurrenz mit anderen Gesellschaften um die Fähigsten und Leistungsstärksten. Der Wille, diese Tüchtigsten für sich zu gewinnen, schließt nicht aus, dass man aus humanitären Gründen in einer besonderen Notlage auch diejenigen aufnimmt, die aller Wahrscheinlichkeit nach nicht in diese Gruppe gehören und die nur mit erheblichen Anstrengungen aussichtsreich in den deutschen Arbeitsmarkt integriert werden können. Solche humanitären Akte wird man sich freilich umso eher (oder überhaupt nur dann) leisten können, je erfolgreicher man zuvor in der Konkurrenz um die Tüchtigsten und Leistungsfähigsten gewesen ist und je weniger dabei ein ethnisch geprägter Nationsbegriff als Ausschließungsinstrument gedient hat.

Zweifellos kann man die Auffassung vertreten, die Vorstellung der Nation sei in der Welt des 21. Jahrhunderts antiquiert, und deswegen dafür optieren, den Nationsbegriff völlig aufzugeben und nur mit dem Begriffspaar von Staat und Gesellschaft zu operieren. Das hat aber zwei bedenkenswerte Konsequenzen: Erstens überlässt man dann das stark emotional besetzte Nationskonzept anderen, die es politisch nutzen; zweitens verzichtet man auf eine politische Kategorie, die wie kaum eine andere in der Lage ist, Solidarität und gegenseitige Hilfsbereitschaft zu mobilisieren. Tatsächlich ist die Vorstellung von nationaler Zugehörigkeit und Identität das Gegenmittel zu einer Gesellschaft, die allein aus Tauschakten unter gegenseitiger Nutzenerwartung besteht. Dass wir uns in einigen Lebensbereichen weiter in diese Richtung entwickeln werden, ist absehbar. Umso dringlicher brauchen wir jedoch den Solidaritätsgenerator Nation – freilich auch eine Vorstellung von Nation, die hinreichend modernisiert ist, um den Herausforderungen unserer Gegenwart und Zukunft zu begegnen.

Anmerkungen

Einleitung: Pascals Wette

1 Brecht, «Die Landschaft des Exils»; in: ders., *Gesammelte Gedichte*, Frankfurt am Main 1976, Bd. 3, S. 831.

1. Grenzen, Ströme, Kreisläufe – wie ordnet sich eine Gesellschaft?

1 Dazu Herfried Münkler, «Sicherheit und Freiheit», S. 13 ff.

2 Der von Giorgio Agamben in dem Buch *Homo sacer* für die Häftlinge in den Lagern totalitärer Regime neu geprägte römische Begriff des *homo sacer* ist heute auf die Flüchtlinge anzuwenden. Homo sacer wird von Agamben definiert als der Mensch, der getötet werden kann, aber nicht geopfert werden darf, dessen Leben also für die Gemeinschaft keinen Wert hat.

3 Auch wenn Katja Kipping den Titel ihres Buches *Wer flüchtet schon freiwillig* bewusst als Frage ohne Fragezeichen formuliert, ist die Entscheidung, zu fliehen oder zu migrieren, doch eine freie. Andernfalls müsste man von Deportation sprechen.

4 Die mitunter völlig illusionären Vorstellungen, die Migranten am Grenzzaun der spanischen Enklaven Ceuta und Melilla von einem Leben in Europa haben, sind beschrieben bei Hackensberger, «Der Tod als Waffe»: Je größer die Erwartung, was ein gutes Leben in Europa betrifft, desto größer die Bereitschaft, dafür unkalkulierbare Risiken einzugehen, den Tod eingeschlossen.

5 Die historischen Analysen der Migrationsforschung zeigen eine größere Komplexität der Migrationsursachen (vgl. Bade, *Europa in Bewegung*, insbes. S. 85 ff. und 233 ff., Hoerder, *Geschichte der deutschen Migration*, S. 20–32, sowie Oltmer, *Globale Migration*, S. 14–32); für das hier behandelte Problem genügt zunächst jedoch die Unterschei-

dung zwischen einer wesentlich aus freiem Entschluss erfolgenden Migration und einer unter dem «Zwang der Umstände» erfolgenden Flucht.

6 Vgl. Rawlence, *Stadt der Verlorenen*, passim.

7 Scheffer, «Gesucht wird ein neues Wir», S. 65.

8 Vgl. Gerlach, *Der verpasste Frühling*, S. 138 ff.

9 Zu den frühneuzeitlichen Söldnern, etwa Schweizer Reisläufern oder oberdeutschen Landknechten, als transeuropäischen Migranten vgl. Hoerder, *Geschichte der deutschen Migration*, S. 48 f.

10 Zum Begriff des «Pioniermigranten» vgl. Oltmer, *Globale Migration*, S. 22.

11 Zu den «Ruhrpolen» vgl. Bade, *Europa in Bewegung*, S. 78 ff.

12 Schumpeter, «Schöpferisches Reagieren in der Wirtschaftsgeschichte», S. 183 ff.

13 Albert Hirschman hat in seinem Buch *Abwanderung und Widerspruch* die gesellschaftlichen und politischen Effekte der Exit-Option einer gründlichen Analyse unterzogen.

14 Dazu grundsätzlich Münkler, *Kriegssplitter*, S. 301 ff.

15 Zu Irland vgl. Bade, *Europa in Bewegung*, S. 67, und Oltmer, *Globale Migration*, S. 40–49; zu Deutschland im 19. Jahrhundert Hoerder, *Geschichte der deutschen Migration*, S. 56–63; zu Italien Bade, *Europa in Bewegung*, S. 89 ff. und 162 ff.

16 Auf diese Aspekte der Auswanderung hat Paul Collier in seinem kontrovers diskutierten Buch *Exodus*, S. 189–241, aufmerksam gemacht; zu einer kritischen Sicht auf Colliers Buch vgl. Malik, «Europas Gespür für Menschlichkeit», S. 42 f.

17 Bacci, *Kurze Geschichte der Migration*, S. 120 f.

18 Ebd., S. 121.

19 Böllhoff, «In der Altersfalle»; in: *Die Welt*, 23. Januar 2016, S. XIII.

20 Vgl. Münz / Seifert / Ulrich, *Zuwanderung nach Deutschland*, S. 28 ff., 53 ff. und 75 ff.

21 Vgl. unten, S. 225 ff.

22 Dazu Wokart, «Differenzierungen im Begriff ‹Grenze›», S. 275 ff.

23 Vgl. Medick, «Grenzziehungen und die Herstellung des politisch-sozialen Raumes», S. 211 ff.

24 Das Verbot, mit Menschen Handel zu treiben, war im ostafrikanisch-arabischen Raum ungleich schwieriger durchzusetzen, weil der Skla-

venhandel hier größtenteils über Landrouten erfolgte, sodass die britischen Kriegsschiffe, die das Verbot überwachen sollten, keine Rolle spielten.

25 Bauman, *Liquid Modernity*.

26 Kapp, *Vergleichende Allgemeine Erdkunde*, S. 90 ff. Der Begriff potamisch bezieht sich auf griech. *potamos*: Fluss / Strom. Die Theorie Kapps ist von der geographischen Schule Carl Ritters und der Hegel'schen Geschichtsphilosophie geprägt.

27 Diese Überlegungen schließen an die Unterscheidung zwischen dem Glatten und dem Gekerbten bei Deleuze / Guatteri, *Tausend Plateaus*, insbes. S. 657 ff., an, in der das Nomadische dem Glatten zugerechnet wird (S. 481), im Glatten jedoch keine weiteren Differenzierungen vorgenommen werden.

28 Der Begriff thalassisch bezieht sich auf griech. *thalatta*: das Meer, präziser Binnenmeer.

29 Braudel, *Das Mittelmeer und die mediterrane Welt*, insbes. Bd. 1, S. 145–240.

30 Zum Schwarzmeerraum als geoökonomischer Einheit und zu seinem soziokulturellen Zusammenhang vgl. Ascherson, *Schwarzes Meer*, passim; zur Rolle der italienischen Seerepubliken am Schwarzen Meer exemplarisch Pittioni, *Genua – die versteckte Weltmacht*; zum Ostseeraum ist zentral Komlosy / Nolte / Sooman (Hgg.), *Ostsee 700–2000*.

31 Dieser Aspekt ist ausgearbeitet bei Borgolte, «Migrationen als transkulturelle Verflechtungen», insbes. S. 265 f.

32 Für eine Darstellung des niederländischen Seereichs vgl. Boxer, *The Dutch Seaborne Empire*.

33 Dazu Oltmer, *Globale Migration*, S. 72 ff. und 94.

34 Zur deutschen Kriegswirtschaft vgl. Münkler, *Der Große Krieg*, S. 566 ff.; zu den kolonialen Arbeitskräften in Frankreich und Großbritannien Leonhard, *Die Büchse der Pandora*, S. 784 ff.

35 Bauman, «Die Ausgegrenzten der Moderne», S. 77.

36 Zur Geschichte der Grenze zwischen den Staaten – und wie sie mehr und mehr an Bedeutung gewonnen hat – vgl. Medick, «Grenzziehungen», S. 211 ff.

37 Dazu ausführlich und unter Berücksichtigung der verschiedenen Schulen des Merkantilismus: Pribram, *Geschichte des ökonomischen Denkens*, Bd. 1, S. 73–180.

38 Zum grenzüberschreitenden Arbeitskräfteaustausch in Europa vgl.

Bade, *Europa in Bewegung*, S. 17–231; zur Entstehung von Kontrollregimen der Arbeitsmigration vgl. Noiriel, *Die Tyrannei des Nationalen*, S. 140–221.

39 Zur Geschichte der europäischen Integration vgl. Gehler, *Europa*, S. 110–160.

40 *Frankfurter Allgemeine Zeitung*, 4. Februar 2016, S. 17.

41 Dazu Bade, *Europa in Bewegung*, S. 98–180.

42 Ebd., S. 70.

43 Die zirkuläre Arbeitsmigration aus Osteuropa ist komplementär zur Auswanderung west- und mitteleuropäischer Bauern (und seit dem 19. Jahrhundert auch Handwerker) nach Russland; dazu Hoerder, *Geschichte der deutschen Migration*, S. 42 ff.

44 Vgl. Hoerder, *Geschichte der deutschen Migration*, S. 56 ff. und 80–82.

45 Oltmer, *Globale Migration*, S. 51 f.; vgl. auch Bade, *Europa in Bewegung*, S. 29 f.

46 Zum staatlichen Kontroll- und Regulationssystem in Gestalt von Identitätsausweis und Arbeitsgenehmigung vgl. Noiriel, *Die Tyrannei des Nationalen*, S. 140–221.

47 Hoerder, *Geschichte der deutschen Migration*, S. 114.

48 Zur nationalen Zusammensetzung der nach (West-)Deutschland gekommenen Ausländer vgl. Oltmer, *Globale Migration*, S. 111.

49 Vgl. ebd., S. 115 f.

50 Ebd., S. 115.

51 Vgl. Angenendt, «Migration als Entwicklung», S. 197.

52 Zit. nach Michael Mertens, «Staatlich geförderte Auswanderung»; in: *Frankfurter Allgemeine Zeitung*, 10. Februar 2016, S. 2.

53 Oltmer, *Globale Migration*, S. 115.

54 «Städte waren angesichts schlechter sanitärer Verhältnisse und entsprechend hoher Sterblichkeit von kontinuierlicher Zuwanderung abhängig.» Hoerder, *Geschichte der deutschen Migration*, S. 24.

55 Häußermann / Oswald (Hgg.), *Zuwanderung und Stadtentwicklung*, S. 9; mit Differenzierungen Bade, *Europa in Bewegung*, S. 71 ff.

56 Zur Geschichte der Seuchen vgl. vor allem die monumentale Arbeit von Winkle, *Geißeln der Menschheit*, speziell zur Pest im Mittelalter, S. 435–464; das Problem städtischer und ländlicher Mortalitätsraten ist eng mit der Frage des Erregers verbunden, die für den «Schwarzen Tod» in der Mitte des 14. Jahrhunderts nach wie vor ungeklärt ist; dazu Vasold, *Pest, Not und schwere Plagen*, S. 80–91. Obrigkeitliche bezie-

hungsweise kommunale Maßnahmen gegen die Ausbreitung von Seuchen und Epidemien zeigten am ehesten im städtischen Rahmen Wirkung. Die Rolle des Staates bei der Kontrolle von Migranten im Zusammenhang mit der Seuchengefahr beschreibt Briese, *Angst in den Zeiten der Cholera*, Bd. 1, S. 233 ff.

57 Dazu Mumford, *Die Stadt*, Bd. 1, S. 336–348.

58 Insbes. Levinas, *Die Spur des Anderen*, und Flusser, *Von der Freiheit des Migranten*; für eine sorgfältige Diskussion dieser Positionen vgl. Liebsch, *Für eine Kultur der Gastlichkeit*, S. 81 ff. sowie 113 ff.

59 Die Vorstellung, dass die Christen in dieser Welt nur Pilger, nur Durchreisende seien und hier keine Heimat finden wollten, ist die Grundlage für Augustinus' Werk *Vom Gottesstaat (De civitate Dei)*. Richard Sennett hat diesen Gedanken gleich zu Beginn seines Buches *Civitas* (S. 20 f.) aufgegriffen und ist auf ihn in der Abfolge seiner Stadtanalysen immer wieder zurückgekommen. Vgl. auch das Kapitel «Das moderne Leben als Pilgerreise» bei Bauman, *Flaneure, Spieler und Touristen*, S. 136–150.

60 Die Idee der Ablösung einer identitätsverbürgenden Gesellschaft, womöglich sogar Gemeinschaft im Sinn von Ferdinand Tönnies (*Gemeinschaft und Gesellschaft*), durch ein System netzwerkförmig miteinander verbundener Weltmetropolen ist beispielhaft von Saskia Sassen (*Machtbeben*, S. 105 ff., sowie *Migranten, Siedler, Flüchtlinge*, passim) ausgearbeitet worden; weitgehend skeptisch gegenüber dem Nomadismus, den er als Signum unserer Zeit begreift (S. 108 ff.), und mit einem ausdrücklichen «Lob der Grenzen» hingegen Schlögel, *Planet der Nomaden*, insbes. S. 121 ff.

61 Eine knappe Zusammenfassung dieser «neuen Nomadologie» findet sich bei Liebsch, *Für eine Kultur der Gastlichkeit*, S. 113–116.

62 Zit. nach Ascherson, *Schwarzes Meer*, S. 91; vgl. auch Sassen, *Migranten, Siedler, Flüchtlinge*.

63 Flusser, *Von der Freiheit des Migranten*, S. 16 f. Als Avatar bezeichnet man den virtuellen Stellvertreter einer Person in der Literatur und im Internet. Gelegentlich wird das Wort irrtümlich zu Atavaren verdreht, was offenbar auch Flusser unterlaufen ist.

64 Vgl. Bachelard, *Poetik des Raumes*.

65 Vgl. dazu Liebsch, *Für eine Kultur der Gastlichkeit*, S. 88–94.

66 Vgl. Levinas, *Die Spur des Anderen*.

67 Bauman, *Flaneure, Spieler und Touristen*, S. 157 f.

68 Ebd., S. 159.

69 Für eine knappe Zusammenfassung dessen vgl. Münkler, *Mitte und Maß*, S. 158–163.

70 Erstaunlicherweise hat Jan Assmann in seiner großen Exodus-Monographie das Motiv des Auszugs sehr viel stärker betont als das der Ankunft, indem er neben den Auszug den Bund gestellt und auf ein eigenes Kanaan-Kapitel verzichtet hat. Assmann, *Exodus*, S. 123 ff. und 223 ff.; dagegen ist die Aussicht auf die Ankunft sehr viel stärker herausgestellt bei Walzer, *Exodus und Revolution*, S. 107 ff.

71 Exemplarisch dafür Oulios, «Die Grenzen der Menschlichkeit», S. 75–88.

72 Ebd., S. 81 f.

73 Ebd., S. 85. Oulios hat diese Vorstellungen auch in dem Buch *Blackbox Abschiebung* entwickelt.

74 Eco, «Nichtkontrollierbares Naturphänomen», S. 210.

75 Ebd., S. 212.

76 Wie komplex das Verhältnis von Offenheit und Geschlossenheit ist und wie wenig dem durch den Rekurs auf lineare Prozesse und schon gar nicht auf gute Absichten beizukommen ist, zeigen die soziologischen Denkübungen bei Nassehi, *Geschlossenheit und Offenheit*, passim.

77 Taylor, *Quellen des Selbst*, S. 52–60. Teilweise verwendet Taylor den Begriff des Rahmens synonym mit Horizont (bspw. S. 55). In seiner Studie über die politische Philosophie Taylors spricht Hartmut Rosa (*Identität und kulturelle Praxis*, S. 98 ff.) auch von «moralischen Landkarten».

78 Ausgangspunkt der Studien Putnams zum Sozialvertrauen ist dessen zusammen mit Leonardi und Nanetti verfasste Studie über Probleme der italienischen Demokratie (*Making Democracy work*), der dann eine pessimistische Diagnose der zivilgesellschaftlichen Entwicklung in den USA (*Bowling alone*) folgte; vgl. auch die von Putnam angeregte, komparativ angelegte Untersuchung *Gesellschaft und Gemeinsinn* sowie seine Bemerkungen zu den Grenzen der Vielfalt, die Sozialverbände verkraften können, ohne ihren auf Vertrauen gegründeten Zusammenhalt zu gefährden («E Pluribus Unum»).

79 Collier, *Exodus*, S. 81.

80 Lindner, «Offenheit – Vielfalt – Gestalt», S. 386.

81 Zur Unterscheidung zwischen *die* Fremde, *das* Fremde und *der* Frem-

de vgl. Marina Münkler / Werner Röcke, «Der Ordo-Gedanke und die Hermeneutik der Fremde im Mittelalter», S. 711 ff., sowie M. Münkler, *Erfahrung des Fremden*, S. 147 ff.

82 Krummacher, «Zuwanderung, Migration», S. 322.

83 Vgl. Stichweh, «Der Fremde», S. 55 ff.

84 Zu nennen ist hier neben Sennetts *Civitas* vor allem Lofland, *A World of Strangers*.

85 Vgl. hierzu und zum Folgenden das Kapitel «Ein Wiedersehen mit dem Fremden» in Baumans Buch *Flaneure, Spieler und Touristen*, S. 205–225.

86 Dazu Stagl, «Grade der Fremdheit», S. 85 ff., sowie Münkler / Ladwig, «Dimensionen der Fremdheit», S. 11 ff.

87 Zu nennen ist hier vor allem Arendts Hauptwerk *Vita activa*, insbes. S. 27–75.

88 Die Gleichheit / Gleichwertigkeit der Bürger (*isonomia*) ist nicht gleichbedeutend mit der Demokratie, aber doch ein entscheidender Schritt in deren Richtung.

89 Es kommt nicht von ungefähr, dass in den 1990er Jahren verfasste Arbeiten zu multikulturellen Lebensformen auf das Modell Babylon zurückgegriffen haben; vgl. etwa Cohn-Bendit / Schmid, *Heimat Babylon*, insbes. S. 315 ff.; auch für Leggewie (*multikulti*, S. 31–42) ist die Geschichte vom Turmbau und von der Sprachverwirrung in Babylon ein «soziologisches Gleichnis».

90 Vgl. hierzu nach wie vor den großartigen Essay von Arno Borst, «Babel oder Jerusalem?», S. 15 ff.

91 Dazu Scholz / Heinisch, *Charlie versus Mohammed*, S. 23–35.

2. Der moderne Wohlfahrtsstaat, die offene Gesellschaft und der Umgang mit Migranten

1 Diese These findet sich, auf die Flüchtlingskrise angewandt, bei Nassehi, «‹Die arbeiten nichts›», S. 106 f.

2 Diese Auffassung ist in Ostmitteleuropa stark verbreitet und wird vor allem von der russischen Propaganda nach Westeuropa hinein ausgestrahlt. In Deutschland gehört sie zu den Grundüberzeugungen von AfD-Politikern.

3 Die Vorstellung von der Kompensationsbedürftigkeit der Moderne ist in der Schule des Münsteraner Philosophen Joachim Ritter entwickelt worden; Jens Hacke (*Philosophie der Bürgerlichkeit*) hat sie als Merk-

mal des liberal-konservativen Denkens im Nachkriegsdeutschland identifiziert.

4 Dazu Noiriel, *Die Tyrannei des Nationalen*, S. 166 ff.

5 Ebd., S. 169 f.

6 Ebd., S. 90 f.

7 Vgl. Eichenhofer, *Geschichte des Sozialstaats*, S. 38 und 50.

8 Ebd., S. 23.

9 Ebd., S. 50.

10 Ebd., S. 56 f. Die Attraktivität von Fälschungen begann damit, dass in Frankreich (aber auch anderswo) die Höhe der an Exilanten ausgezahlten Beihilfen vom Status in ihrem Herkunftsland abhängig war. Also bemühten sich viele nach dem gescheiterten Aufstand von 1830 nach Frankreich gekommene Polen um gefälschte Offizierspatente, mit denen sie die staatlichen Zuwendungen deutlich erhöhen konnten.

11 Zum Zusammenhang von Sicherheitsvorstellungen und staatlichem Kontrollsystem vgl. Gros, *Die Politisierung der Sicherheit*, S. 152 ff. und 208 ff.

12 Zit. nach Briese, *Angst in den Zeiten der Cholera*, Bd. 1, S. 257.

13 Hoerder, *Geschichte der deutschen Migration*, S. 82.

14 Vgl. oben, S. 40 ff.

15 Oltmer, *Globale Migration*, S. 109.

16 Bacci, *Kurze Geschichte der Migration*, S. 128; ähnlich Menzel, «Welt am Kipppunkt», S. 45. Zur Fortentwicklung der gesetzlichen Regelungen und ihrer Folgen vgl. Karakayali, *Gespenster der Migration*, S. 130–143.

17 Oltmer, *Globale Migration*, S. 111.

18 Bacci, *Kurze Geschichte der Migration*, S. 127.

19 Nur 15 Prozent der fraglichen Personen werden tatsächlich abgeschoben oder reisen freiwillig aus; vgl. Scherr, «Abschiebungen», S. 67.

20 Die Zahlen nach Oulios, «Die Grenzen der Menschlichkeit», S. 78.

21 Es ist diese Praxis, die Oulios (ebd., S. 83) als «Realisierung eines Migrations- und Bleiberechts» durch die Flüchtlinge bezeichnet.

22 Zu den Verhältnissen in Griechenland vgl. Richter, *Fluchtpunkt Europa*, S. 123–139.

23 Scherr, «Abschiebungen als Gewaltakt», S. 65 ff.; Beschreibungen von nächtlich vollzogenen Abschiebungen beziehungsweise Abschiebeversuchen und des Widerstands dagegen, unter anderem mit ärztlichen Attesten, finden sich bei Naprushkina, *Neue Heimat?*, passim.

24 Für eine vergleichende Darstellung populistischer Bewegungen in

ausgewählten Mitgliedsländern der EU vgl. Fieschi u.a. (Hgg.), *Populist Fantasies.*

25 Hollifield, «Offene Weltwirtschaft und nationales Bürgerrecht», S. 37; ausführlich ders., *Immigrants, markets, and states.*

26 Hierbei ist freilich zu beachten, dass die Verteilung der syrischen Bürgerkriegsflüchtlinge im Jahr 2014 noch ganz anders aussah: In Schweden kamen auf tausend Einwohner 8,4 Syrer, in Ungarn (!) 4,3, in Malta 3,2, in der Schweiz 2,9, in Dänemark 2,6, in Deutschland 2,5, in Frankreich 1,0 und in Großbritannien immerhin noch 0,5. Lettland, Litauen und Polen wiesen 0,2, Tschechien und die Slowakei 0,1 auf. Zum Vergleich: in der Türkei kamen 24 Flüchtlinge auf tausend Einwohner, in Jordanien 96 und im Libanon waren es 200. Diese Angaben folgen dem «Kursbogen» in *Kursbuch 183.*

27 Diese Zahlen bei Hoerder, *Geschichte der deutschen Migration,* S. 100.

28 Zu den unterschiedlichen Vorstellungen von Gerechtigkeit, die der Entwicklung des Sozialstaats in Deutschland zugrunde lagen, vgl. Kaufmann, *Sozialpolitisches Denken,* passim; zu den restriktiven Effekten, die vom Sozialstaat ausgehen, vgl. Metzler, *Der deutsche Sozialstaat,* S. 214 ff.

29 Am französischen Beispiel wird dies dargestellt von Noiriel, *Die Tyrannei des Nationalen,* S. 66 ff.

30 Ebd., S. 72.

31 Bacci, *Kurze Geschichte der Migration,* S. 138 ff.

32 Foroutan, «Konviviale Integration in postmigrantischen Gesellschaften», S. 213, sowie dies., «Ein neues Leitbild für Deutschland», S. 288.

33 Die Zahlen nach Bacci, *Kurze Geschichte der Migration,* S. 121 ff.

34 Ebd., S. 130.

35 Hierzu und zum Folgenden Kaufmann, *Herausforderungen des Sozialstaates,* S. 69–82, sowie ders., *Schrumpfende Gesellschaft,* passim.

36 Nell-Breuning, *Soziale Sicherheit,* S. 12 f., 59 f. und 78 f.

37 Kaufmann, *Herausforderungen des Sozialstaates,* S. 79.

38 Ebd., S. 78 und 80.

39 Ebd., S. 74.

40 Dazu Straubhaar, «Es kommen Menschen, gebt ihnen Arbeit», S. 243.

41 Dazu Nassehi, «‹Die arbeiten nichts›», S. 103 ff.

42 Hierzu und zum Folgenden Kiesinger, «Empowerment von unten», S. 126 ff.

43 So Löhlein, «Was jetzt zu tun ist!», S. 305.

44 Straubhaar, «Es kommen Menschen», S. 247.

45 Vgl. Zapata-Barrero, «Mehr Teilhabe, mehr Integration», S. 136 f.

3. Migrantenströme und Flüchtlingswellen: alte Werte, neue Normen, viele Erwartungen

1 Oltmer, *Globale Migration*, S. 17.

2 Ebd., S. 29.

3 Vgl. oben, S. 92 f.

4 Oltmer, «Der lange Marsch», S. 25.

5 Die Preise für die Überfahrt im Schlauchboot von der türkischen Küste zu einer griechischen Ägäisinsel sowie die spezifischen Formen der Kontaktaufnahme zwischen Migranten und Schleusern finden sich bei Kermani, *Einbruch der Wirklichkeit*, S. 62 f.

6 Am Beispiel der Schweiz wird dies für Konstellationen beschrieben, die es schon lange vor der jüngsten Entwicklung gab. Vgl. Duff, *Abenteuer Europa*, S. 102 ff.

7 Kermani, *Einbruch der Wirklichkeit*, S. 22.

8 Ebd.

9 Vgl. dagegen Borgolte, «Mythos Völkerwanderung».

10 Ein besonderer Fall ist die «Völkerwanderung» im Europa des 4. und 5. Jahrhunderts: Wurde sie wesentlich durch klimatische Veränderungen in Gang gesetzt, die zu einer Kettenreaktion von den Siedlungsgebieten zwischen Dnjepr und Don bis nach Westeuropa führte? Oder war sie eine Folge der hunnischen Eroberungszüge und ging somit auf eine im weiteren Sinn politische Entscheidung von Eliten zurück?

11 Für eine Interpretation dieses politisch komplexen Stücks, in dem sich der Konflikt zwischen den Brüdern mit der Angst der Frauen vor den Folgen einer Eroberung der Stadt verbindet und es immer auch um die ethische Verantwortung der jeweiligen Protagonisten geht, vgl. Föllinger, *Aischylos*, S. 77–98.

12 Vgl. Noiriel, *Die Tyrannei des Nationalen*, S. 48; zu den Wellen politischer Flüchtlinge aus Polen vgl. Ascherson, *Schwarzes Meer*, S. 229–274.

13 Dazu Ben Sasson (Hg.), *Geschichte des jüdischen Volkes*, S. 385 ff., 567 ff. und 980 ff.; sowie Battenberg, *Das europäische Zeitalter der Juden*, Bd. 1, S. 61 ff., 162 ff.; Bd. 2, S. 135 ff. und 175 ff.

14 In Dan Diners Darstellung des 20. Jahrhunderts (*Das Jahrhundert verstehen*) ist dieser in den meisten Arbeiten eher randständige Vorgang

zum Zentrum der Überlegungen geworden (S. 195 ff.). Was Diner beschreibt, ist die «Ausbildung von ethnisch homogenen Nationalstaaten aus der Verfallsmasse eines multireligiös und multinational verfaßten Imperiums» (S. 207). Eine eindrucksvolle Darstellung des Schicksals der «pontischen Griechen», also der an der südlichen Schwarzmeerküste um Trapezunt Siedelnden, findet sich bei Ascherson, *Schwarzes Meer*, S. 286–308. Zur Vertreibung der Armenier und Griechen vgl. auch Naimark, *Flammender Hass*, S. 26–75, sowie die einschlägigen Lemmata in Brandes u.a. (Hgg.), *Lexikon der Vertreibungen*, S. 46–49 sowie 272–274. Für einen sehr viel weiteren Genozidbegriff, bei dem das 20. Jahrhundert an die imperiale Expansion und den Siedlerkolonialismus der Europäer anschließt, vgl. Kiernan, *Erde und Blut*; zu den Armeniern S. 515–540.

15 Vgl. Bade, *Europa in Bewegung*, S. 279 f.

16 Zum Projekt eines dauerhaften Nomadentums vgl. oben, S. 61 ff.

17 Schlögel, *Planet der Nomaden*, S. 107; wenige Zeilen zuvor hat Schlögel diese Charakterisierung Nabokovs indes relativiert, als er ihn als «den großen russisch-amerikanischen Schriftsteller» bezeichnet (S. 106): Der unbekannte Nomade wird durch die ihm zugeordneten Adjektive «heimisch» gemacht.

18 Dazu Bade, *Europa in Bewegung*, S. 284–300; Naimark, *Flammender Hass*, S. 77–106 und 139–174; Kiernan, *Erde und Blut*, S. 541–588.

19 Vgl. Kiernan, *Erde und Blut*, S. 589–628. Jochen Oltmer (*Globale Migration*, S. 99) geht davon aus, dass die Zahl der Flüchtlinge im japanisch-chinesischen Krieg mit 95 Millionen Menschen die Flüchtlingszahlen in Europa «deutlich überstiegen» habe.

20 Vgl. oben, S. 53 ff.

21 Schlögel, *Planet der Nomaden*, S. 111.

22 Ebd., S. 125.

23 Oltmer, *Globale Migration*, S. 78; es ist bemerkenswert, dass dieser Bevölkerungsaustausch in dem von Brandes und anderen herausgegebenen *Lexikon der Vertreibungen* keine Erwähnung findet.

24 Oltmer, *Globale Migration*, S. 75.

25 Gillen, «Warum, Woher, Wohin», S. 44.

26 Von den 1,1 Millionen Flüchtlingen, die 2015 offiziellen Angaben zufolge nach Deutschland kamen, sind 420 000 Syrer, 154 000 Afghanen und 121 000 Iraker, also Menschen, die unbezweifelbar aus Ländern kommen, die sich im Bürgerkrieg befinden.

27 Von den 2,5 Millionen syrischen Flüchtlingen, die sich derzeit in der Türkei aufhalten, gibt es Präferenzangaben: 56 Prozent von ihnen erklären, sie wollten nach dem Ende des Krieges nach Syrien zurück; 21 Prozent von ihnen wollen in der Türkei bleiben; und 16 Prozent setzen auf ein anderes Land, in der Regel auf Deutschland; so eine Studie des britischen Instituts *Xrights*. Vgl. Kazim, «‹Für eine Flucht nach Europa fehlt uns das Geld und der Mut›», S. 112.

28 Dahn, «Der Schnee von gestern ist die Flut von heute», S. 95.

29 Vgl. oben, S. 28 ff.

30 Vgl. oben, S. 24 ff.

31 Dazu die Fotografien in Kermani, *Einbruch der Wirklichkeit*, S. 48/49.

32 Ebd., S. 83.

33 Ebd., S. 82 f.

34 Dazu Morten Freidel, «Für fünftausend Euro nach Italien»; in: *Frankfurter Allgemeine Sonntagszeitung*, 27. März 2016, S. 2.

35 Richter, *Fluchtpunkt Europa*, S. 62.

36 Vgl. Kermani, *Einbruch der Wirklichkeit*, S. 46.

37 Richter, *Fluchtpunkt Europa*, S. 60.

38 Die Risikothematisierung westlicher Gesellschaften kreist vor allem um Gefahrenabwehr und Sicherheitssteigerung: Risiko wird dadurch zum «Restrisiko», also zu dem, was nicht oder nur zu unvertretbar hohen Kosten in Sicherheit überführt werden kann, oder zu dem, was Einzelne an bestimmten Orten und für eine begrenzte Zeit betreiben, um der Langeweile einer sicheren Gesellschaft zu entkommen; vgl. hierzu die Beiträge in Münkler u. a. (Hgg.), *Sicherheit und Risiko*, sowie ders. u. a. (Hgg.), *Handeln unter Risiko*. Die riskanten Entscheidungen, die Menschen vor und während der Flucht zu treffen haben, sind ganz anderer Art. Auch sie treffen ihre Entscheidungen mit Blick auf künftige Sicherheit, aber diese ist zunächst unendlich weit entfernt: Erst die Ankunft im Zielland vermittelt so etwas wie Sicherheit.

39 Das ist der Tenor einer kritischen Beschäftigung mit dieser Politik der vorgeblichen Kriminalitätsbekämpfung; vgl. etwa Buchen, «Die Schlepper und die Bauernfänger», S. 118 ff.

40 Margit Osterloh und Bruno S. Frey, «Verlangt von Flüchtlingen Eintrittspreise!»; in: *Frankfurter Allgemeine Sonntagszeitung*, 27. März 2016, S. 27.

41 UNHCR, «War's Human Cost» (http://unhcr.org/trends2013, 5. November 2014).

42 So etwa Amajahid, «Die Kraft der Bilder», S. 107.

43 Vgl. Schwarz, *Bedrohung, Gastrecht, Integrationspflicht*, S. 16 und 151–157.

44 Vgl. etwa Bahr, *Die Sprache des Gastes*; Derrida, *Von der Gastfreundschaft*; Liebsch, *Für eine Kultur der Gastlichkeit*. Bei diesen drei Titeln handelt es sich zugleich um die Arbeiten, auf die im Folgenden immer wieder zurückgegriffen wird. Vgl. als Überblick zum kulturwissenschaftlich-philosophischen Diskussionsstand außerdem Liebsch, «Kultur im Zeichen des Anderen oder Die Gastlichkeit menschlicher Lebensformen», S. 1 ff.

45 Zur *xenia* vgl. Herman, *Ritualised Friendship*, S. 6–13.

46 Dazu Stoll, «Xenophons ‹Anabasis› als Quelle zum Söldnertum», insbes. S. 123–125.

47 Vgl. die einschlägigen Einträge in Georges, *Ausführliches Lateinisch-Deutsches Handwörterbuch* [1913], Darmstadt 1995, Bd. 1, S. 3087 f.

48 Ebd., S. 3086; vgl. auch Graumann, «Die Erfahrung des Fremden», S. 44.

49 Die letztere Variante geht aus Helenas Selbstgespräch in der *Odyssee*, 4, 261 ff., hervor.

50 Derrida, *Von der Gastfreundschaft*, S. 28. Derrida ist sich freilich nicht sicher, ob diese Frage angemessen ist oder ob sich wahre Gastfreundschaft nicht vielmehr im Verzicht auf sie bewähre (S. 29 und S. 60). Darin zeigt sich, dass in Derridas Behandlung das Institut der Gastfreundschaft bereits fragil ist und es eher um den Gestus von Gastfreundschaft als um diese selbst geht. Derridas Gastgeber ist einer mit notorisch schlechtem Gewissen, der sich nicht traut, auf der Einhaltung der rituellen Regeln zu bestehen.

51 *Walküre*, 1. Aufzug (= Richard Wagner, *Die Musikdramen*, München 1978, S. 590); für diese Passagen im Hinblick auf die Thematik des Fremden vgl. auch Münkler, «Die Herausforderung durch das Fremde», S. 49 ff.

52 *Walküre*, 1. Aufzug, S. 593.

53 Ebd., S. 601; zur Figur des Hunding und seiner Zeichnung durch Richard Wagner vgl. Münkler, «Hunding und Hagen – Gegenspieler der Wotanshelden», insbes. S. 151–155. Die zentrale These dort lautet, dass es Wagner in der Entgegensetzung von Hunding und Hagen zu Siegmund und Siegfried um die Konfrontation zweier konträrer Ordnungsprinzipien ging: das Recht der Sippe oder allgemeiner der

Sozialität gegen das Recht auf individuelle Selbstverwirklichung – ein Konflikt, der in mancher Hinsicht dem zwischen Kreon und Antigone bei Sophokles ähnlich ist.

54 Es fällt auf, dass in keinem der hier zum Thema Gast und Gastfreundschaft herangezogenen Bücher die flagrante Verletzung der Gastfreundschaft in Wagners «Ring» Erwähnung gefunden hat. Wer, wie Derrida und Liebsch, eine Welt der Gastlichkeit einfordert, hat offenbar wenig Neigung, die Geschichte der radikalen Missachtung aller damit verbundenen Bindungen zu thematisieren.

55 *Genesis* (1. Mose), 19, 1–3; der Text folgt der Einheitsübersetzung in der *Neuen Jerusalemer Bibel*; Derrida (*Von der Gastfreundschaft*, S. 107 f.) hat dieser Geschichte einige Bemerkungen gewidmet.

56 *Genesis* 19, 4–8.

57 *Genesis* 19, 9–11.

58 *Genesis* 19, 14.

59 Die enge Verbindung von Fremdsein und sexueller Bedrohtheit zeigt sich auch in der im Buch *Genesis* nachfolgenden Erzählung von Abraham, Sara und Abimelech. Aus Sorge, man könne ihm seine Frau Sara wegnehmen, hat Abraham sie als seine Schwester ausgegeben, was Abimelech, den Herrscher von Gerar, gerade dazu bringt, sich für diese Frau zu interessieren: Er lässt sie in der Absicht zu sich bringen, mit ihr zu schlafen. Gott aber offenbart ihm im Traum, dass Sara die Frau eines anderen sei, und kündigt an, er, Abimelech, werde sterben, wenn er sie anrühre. Abimelech lässt von seinem Vorhaben ab, gibt Sara frei, beschenkt Abraham mit Geld, Vieh, Knechten und Mägden und weist ihm Land zu, wo er bleiben und leben kann. «Abraham trat für ihn bei Gott ein; da heilte Gott Abimelech, auch seine Frau und seine Dienerinnen, so daß sie wieder gebären konnten. Denn der Herr hatte im Haus Abimelech jeden Mutterschoß verschlossen wegen Sara, der Frau Abrahams» (*Genesis* 20, 17–18). Hans-Dieter Bahr (*Die Sprache des Gastes*, S. 176) hat diese Geschichte missverstanden, wenn er den Umstand, dass Abraham seine Frau als seine Schwester ausgab, als «Verrat an seinem Gastgeber Abimelech» versteht. Es ist vielmehr eine Erzählung über die Bedrohtheit der Menschen in der Fremde, wo sie auf den Schutz eines Gastherrn angewiesen sind, und es ist eine Erzählung von der notorischen Begehrlichkeit des Gastgebers gegenüber den / der Fremden, die er bei sich aufgenommen hat. Abimelech will die Großzügigkeit des Gastgebers in ein Tauschgeschäft verwan-

deln: Er hat die Fremden aufgenommen, aber dafür muss die Frau ihm Kinder gebären. Die Strafe Gottes dafür ist die spiegelbildliche Unfruchtbarkeit der Frau und der Dienerinnen Abimelechs. Die Pointe lautet also: Wer das Institut des Gastrechts als ein auf Gegenseitigkeit beruhendes Tauschgeschäft versteht, bricht das Gastrecht, das heilig ist, und wird dementsprechend bestraft.

60 Montaigne, *Essais*, S. 418.

61 Dazu Münkler, «Humanitäre Intervention», S. 298 ff.

62 Shklar, *Ganz normale Laster*, S. 15–56. Judith N. Shklars politische Theorie ist dadurch gekennzeichnet, dass sie nicht die hochstehenden Ideale, sondern vielmehr deren Gegenteil zum Ausgangspunkt ihrer Überlegungen gemacht hat: Anstelle eines Buches über Gerechtigkeit, wie dies John Rawls und Michael Walzer verfasst haben, hat sie einen Essay über Ungerechtigkeit geschrieben, und anstelle einer Ausarbeitung der Tugenden hat sie sich mit den Lastern und den Möglichkeiten ihrer Wirkungsbeschränkung beschäftigt.

63 Zum Begriff der postheroischen Gesellschaft und zu den mit ihr verbundenen Handlungsdispositionen vgl. Münkler, *Kriegssplitter*, S. 169–187.

64 Arendt, *Elemente und Ursprünge totaler Herrschaft*, S. 228. Für den Zustand völliger Rechtlosigkeit war zeitweilig die Situation der in Idomeni (Griechenland) «gestrandeten» Flüchtlinge exemplarisch: Sie saßen zwischen den Staaten fest, und es gab keinen, der sich für sie verantwortlich fühlte.

65 Fassbender (Red.), *Menschenrechteerklärung*, S. 81 und 115.

66 Vgl. Hoffmann, «Zur Genealogie der Menschenrechte», S. 23 ff.

67 Fassbender (Red.), *Menschenrechteerklärung*, S. 50.

68 Zu Spezialaspekten des syrischen Bürgerkriegs vgl. Schmidinger, *Krieg und Revolution in Syrisch-Kurdistan*, sowie Steinberg, *Kalifat des Schreckens*.

69 In kleinerem Umfang hat es ein solches Mitgefühl schon bei früheren Flüchtlingswellen gegeben, aber das Engagement der Bürger seit dem Herbst 2015 übertraf das Maß des Früheren bei weitem.

70 Papst Franziskus, *Der Name Gottes ist Barmherzigkeit*, S. 117 und 26.

71 Nietzsche, *Also sprach Zarathustra*, S. 93.

72 Zur Heuchelei als Strategie im Kampf um gesellschaftliche Anerkennung und materielle Vorteile vgl. Shklar, *Ganz normale Laster*, S. 57–102.

73 Vgl. auch das Lemma «Barmherzigkeit» im *Historischen Wörterbuch der Philosophie*, Bd. 1, S. 752 f.

74 Dazu Blumenberg, *Die Legitimität der Neuzeit*, S. 75 ff.

75 Während Rawls in seinem Hauptwerk *Eine Theorie der Gerechtigkeit* die Vorstellung verfolgt, dass alle Abweichungen von einer als ursprünglich angenommenen Gleichheit der Menschen so beschaffen sein müssen, dass ihnen auch die dann am schlechtesten Gestellten zustimmen können, unterscheidet Walzer in *Sphären der Gerechtigkeit* mehrere Ebenen voneinander, die unterschiedliche Medien der Allokation aufweisen, und wendet sich gegen die Kolonisierung sämtlicher Sphären der Gesellschaft durch das der ökonomischen Sphäre zugehörige Medium Geld. Die deutsche wie die internationale Diskussion ist indes vor allem durch die Arbeiten von John Rawls geprägt worden.

76 Vgl. oben, S. 138 f.

4. Deutschland, Europa und die Herausforderung durch die Flüchtlinge

1 Vgl. etwa Bude, *Die Ausgeschlossenen*, insbes. S. 128 ff., sowie einige der Beiträge in Castel / Dörre (Hgg.), *Prekarität, Abstieg, Ausgrenzung*.

2 Beispielsweise Koppetsch, *Die Wiederkehr der Konformität*, insbes. S. 52 ff., und Mau, *Lebenschancen*, S. 47 ff.

3 Für eine entsprechende frühe Diagnose der sozialen Entwicklung in den USA vgl. Ehrenreich, *Angst vor dem Absturz*, passim; skeptisch gegenüber einer Übertragbarkeit auf Europa Münkler, *Mitte und Maß*, S. 215 ff.

4 So Jacques Schuster in *Die Welt* vom 9. März 2016. Bereits im Oktober 2015 schrieben Daniel Cohn-Bendit und Claus Leggewie («‹Wir schaffen das!›», S. 8), dass mit der Etablierung einer radikalen Rechten im Bundestag zu rechnen sei, weil eine in die Mitte gerückte CDU die rechten Wähler nicht mehr an sich zu binden vermöge.

5 Dazu unten, S. 213 ff.

6 Beispielhaft dafür Ley, *Die kommende Revolte*, S. 81–92.

7 Für diese Position exemplarisch Stratmann-Martens, «Das Unbehagen wächst», S. 25 ff.

8 Exemplarisch Foroutan, «Die Einheit der Verschiedenen. Integration in der postmigrantischen Gesellschaft»; dies., «Ein neues Leitbild für Deutschland»; Kerner, «Konvivialismus und Multikultur», sowie Jakob, *Die Bleibenden*, passim.

9 So Adloff und Heins in der Einleitung zu dem von ihnen herausgegebenen Sammelband *Konvivialismus*, S. 10.

10 Vgl. Foroutan, «Die Einheit der Verschiedenen».

11 Wir folgen hier Foroutan, «Konviviale Integration in postmigrantische Gesellschaften», S. 205.

12 Ebd., S. 213 f.

13 Vgl. dazu Kant, *Metaphysik der Sitten*, Rechtslehre, § 62.

14 Der Begriff geht auf Maurice Halbwachs (*Das kollektive Gedächtnis*) zurück, der das kollektive gegen das individuelle und das historische Gedächtnis konturiert hat. In der deutschen Debattenlandschaft hat Halbwachs' Konzept zuletzt vor allem im Hinblick auf die Verbrechen der Nazi-Zeit und deren Präsenz im Denken und Handeln späterer Generationen eine zentrale Rolle gespielt; vgl. dazu Assmann, *Der lange Schatten der Vergangenheit*, S. 153 ff., 183 ff. und 235 ff., und König, *Politik und Gedächtnis*, S. 575 ff. Ein Deutschland, das sich als postmigrantische Gesellschaft begreift, könnte, so einer der Kritikpunkte, sich seiner Schuld und Verantwortung ledig fühlen.

15 Foroutan, «Konviviale Integration in postmigrantischen Gesellschaften», S. 208 f.

16 Vgl. Münkler, *Die Deutschen und ihre Mythen*, S. 455.

17 Vgl. oben, S. 30 ff.

18 Exemplarisch dafür Anderson, *Die Erfindung der Nation*, S. 55 ff., sowie Gellner, *Nationalismus*, S. 19 ff. Es ist bemerkenswert, welche Relevanz in dem Konzept der postmigrantischen Gesellschaft die Kategorie des Ethnischen (und des Religiösen) hat. Im konzeptionellen Ansatz sind die Anhänger einer ethnischen Identität und einer Kontinuität des Postmigrantischen näher beieinander, als sie selbst wahrhaben wollen.

19 Die Zahlenangaben beruhen nicht auf empirischen Studien, die es nicht gibt, sondern sind geschätzt.

20 Zur Geschichte der Fremdenfeindlichkeit und zu deren unterschiedlichen Motivationen vgl. Oeser, *Die Angst vor dem Fremden*; zur speziellen Rolle der Islamophobie in der Gegenwart S. 424 ff.

21 Dazu Treibel, *Integriert Euch!*, S. 55 ff.

22 Vgl. Gensing, «‹Die Volksfront von rechts›», S. 229 ff.; vgl. dazu auch die Reportage von Moritz von Uslar über Bitterfeld, den Ort, wo bei den Landtagswahlen vom 13. März 2016 die AfD ihr bestes Ergebnis erzielte: «Eigentlich super hier»; in: *Die Zeit*, Nr. 14, 23. März 2016, S. 39.

23 Peter Waldmann (*Terrorismus*, S. 75 ff.) unterscheidet zwischen sozialrevolutionärem, nationalistischem und vigilantistischem Terrorismus, für den er als Beispiel (S. 92 f.) die Ku-Klux-Klan-Bewegung in den USA und die Todesschwadrone in zahlreichen Ländern Lateinamerikas anführt. Vigilantistischer Terror wird häufig von den unteren Schichten einer Gesellschaft getragen, die ihre bestehenden Privilegien bedroht sehen und diese mit der systematischen Erzeugung von Schrecken zu verteidigen suchen.

24 Hierzu und zum Folgenden Klatetzki, «‹Hang 'em high›», S. 147 ff.

25 Ebd., S. 150 f.

26 Von den zahlreichen Arbeiten von Muslimas, die sich kritisch mit dem Zusammenhang von fehlenden Frauenrechten, repressiver Sexualmoral und sexualisierter Gewalt auseinandersetzen, seien hier nur einige genannt: Mona Eltahawy, *Warum hasst ihr uns so?*; Seyran Ates, *Der Islam braucht eine sexuelle Revolution*; Shereen El Feki, *Sex und die Zitadelle*. Siehe daneben auch die in unmittelbarer Reaktion auf die Ereignisse von Köln publizierten Artikel von Samuel Schirmbeck («Sie hassen uns», *Frankfurter Allgemeine Zeitung*, 8. Januar 2016) und Kamel Daoud («Das sexuelle Elend der arabischen Welt», *Frankfurter Allgemeine Zeitung*, 18. Februar 2016).

27 Von den vielen Schriften Ayaan Hirsi Alis sei hier nur eine ihrer jüngsten genannt: *Reformiert Euch!*.

28 Klatetzki, «‹Hang 'em high›», S. 153.

29 Ebd., S. 160 f.

30 Teil dieser Kampagne ist auch die *Bild*-Zeitung, die in der Ausgabe vom 1. September 2015 mit dem Titel «Refugees welcome! Warum wir uns auf euch freuen» aufgemacht hat.

31 Die Bedeutung der Bilder für die Entscheidung der Regierung, die Grenzen zu öffnen, wird herausgestellt bei Jakob, *Die Bleibenden*, S. 169.

32 Während es sich bei der «christlich-jüdischen Leitkultur» um eine jüngere Begriffsbildung handelt, hat der Abendlandbegriff eine längere Vorgeschichte als ideologischer Kampfbegriff; vgl. Faber, *Abendland*, insbes. S. 109–206.

33 Vgl. Bednarz / Giesa, *Gefährliche Bürger*, passim, sowie Gensing, «‹Die Volksfront von rechts›», S. 221 ff.; ein Dokument dieses «Einsickerns» ist Ley, *Die kommende Revolte*, S. 61–92.

34 von Lucke, «EU in Auflösung?», S. 54.

35 Dazu Wiedemann / Charlier, «‹Fremdling im eigenen Land›», S. 545 ff.

36 Inspiziert man die Reihen der neurechten Vordenker, so fällt von Jürgen Elsässer bis Horst Mahler die große Zahl derer auf, die früher einmal der radikalen Linken angehört und sich dem Projekt einer revolutionären Weltveränderung verschrieben hatten: Nach den Jahren der Selbstüberforderung sind sie nun zu Apologeten der Unterforderung geworden. Ihre Theorien sind – mit den Augen Nietzsches betrachtet (*Götzendämmerung*, *Ecce Homo*) – nichts anderes als eine Lizenz, sich der Erschöpfung hinzugeben.

37 Zur Differenzierung zwischen Fremdheit als Nicht-Zugehörigkeit und Fremdheit als Unvertrautheit vgl. M. Münkler, *Erfahrung des Fremden*, S. 147–150.

38 Zur politisch-intellektuellen Biographie Sombarts vgl. Lenger, *Werner Sombart*, insbes. S. 78 ff. und 93 ff. sowie 282 ff. und 266 ff.

39 Ebd., S. 78 ff.

40 Sombart, *Der Bourgeois*, S. 380 und 392 ff.

41 Sombart, *Der moderne Kapitalismus*, Bd. 3/2, S. 1012 ff.; eine ähnliche Sicht findet sich bei Schumpeter, *Kapitalismus, Sozialismus und Demokratie*, S. 213 ff.

42 Vgl. Luft, «Muslime in Deutschland und Frankreich», S. 393. Luft spricht mit Blick auf die Iraner von «Elitenmigration».

43 Dazu Münkler / Straßenberger, *Politische Theorie und Ideengeschichte*, S. 159 ff.

44 Diese Überlegung ist angelehnt an Oliver Roy, *Der islamische Weg nach Westen*; Roy geht davon aus, dass das Insistieren auf einer muslimischen Identität nicht dem Islam selbst eigen ist, sondern eine Reaktion auf Entfremdung und Orientierungsverlust darstellt. In der einschlägigen Forschung ist von der Gefahr einer «Islamisierung» des Integrationsproblems die Rede, das heißt, Probleme, die eigentlich sozialer Natur sind, werden im Fall von muslimischen Bevölkerungsgruppen ursächlich dem Islam zugeschrieben; vgl. Luft, «Muslime in Deutschland und Frankreich», S. 390 f.

45 Ahmad Mansour, *Generation Allah*, hat die Probleme solcher Ausgrenzungs- und Abgrenzungsprozesse und ihre negativen Folgen eingehend beschrieben und zugleich Lösungsansätze für eine konstruktive Präventionsarbeit entwickelt. Daneben schildert er an einzelnen Fällen islamistischer Radikalisierung, wie eine Deradikalisierung gelingen kann.

46 Ob und inwieweit dabei die Entstehung eines Euro-Islams, für den sich Bassam Tibi («Brauchen wir eine neue Aufklärung?») seit Jahren starkmacht, ein Beitrag zur Lösung sein könnte, muss hier dahingestellt bleiben, zumal dessen Beschreibung bislang eher vage geblieben ist. Im Prinzip ist der Euro-Islam das Gegenteil der Flucht in den Islamismus: nicht Dogmatisierung und Radikalisierung der islamischen Tradition in Reaktion auf eine fremde Umgebung, sondern Flexibilisierung und Liberalisierung. Das ist freilich eher das Ergebnis eines Prozesses als dessen Voraussetzung.

47 Zahlen dazu bei Luft, «Muslime in Deutschland und Frankeich», S. 379 ff.

48 Wir folgen hier Überlegungen, die Francis Fukuyama in dem Aufsatz «Wer sind wir?» vorgetragen hat.

49 Tönnies, *Gemeinschaft und Gesellschaft*, S. 7–70.

50 Fukuyama, «Wer sind wir?», S. 22 f.

51 Vgl. Cohn-Bendit / Schmid, *Heimat Babylon*, sowie Leggewie, *Multikulti*.

52 Heitmeyer / Müller / Schröder, *Verlockender Fundamentalismus*, S. 192.

53 Vgl. Karakayali, *Gespenster der Migration*, S. 160–163.

54 Sarrazin, *Deutschland schafft sich ab*, passim. Zur Debatte über die Sarrazin-Thesen vgl. Luft, «Folgen der Sarrazin-Debatte», S. 385 ff.

55 Dagegen hat der Ethnologe Werner Schiffauer (*Parallelgesellschaften*) auf die internen Integrationsmechanismen in segregierten Stadtteilen hingewiesen und deren sozialtherapeutische Effekte herausgestellt. Aus der Binnenperspektive der Parallelgesellschaften mag das durchaus der Fall sein. Insgesamt zeigt sich darin aber auch der begrenzte Blick des Ethnologen, der das Zusammenwirken der Parallel- mit der Mehrheitsgesellschaft nicht im Auge hat und damit das Problem der Parallelgesellschaften letztlich verfehlt.

56 Fukuyama, «Wer sind wir?», S. 26.

57 Zu Beginn des Jahres 2016 hat Ulrich Menzel mit Blick auf die Flüchtlingsfrage vier Ländergruppen in der EU unterschieden: die Länder Nordwesteuropas mit Deutschland an der Spitze, die ob ihrer florierenden Wirtschaft zu den bevorzugten Zielen der Flüchtlinge zählten; die Transitländer auf der Balkanroute; die Erstaufnahmeländer der Flüchtlinge gemäß Dublin III, also Griechenland, Italien und Spanien; sowie schließlich die Länder fernab (Island und Finnland) gemeinsam mit denen, in die keiner wolle (Polen und die baltischen Staaten);

Menzel, «Welt am Kipppunkt», S. 43. Die Erwähnung Spaniens unter den Erstaufnahmeländern ist interessant, weil seit einiger Zeit über Spanien die wenigsten Flüchtlinge nach Europa kommen, obwohl bei Gibraltar der Weg nach Europa am kürzesten ist. Aber Spanien hat mit Algerien und Marokko Verträge abgeschlossen, die dafür sorgen, dass die Migranten noch auf afrikanischem Boden an der Reise nach Europa gehindert werden (vgl. Richter, *Fluchtpunkt Europa*, S. 93). In gewisser Hinsicht war das die Blaupause für das Abkommen mit der Türkei.

58 Für die dynamische Entwicklung des Europaprojekts in den «guten Jahren» zwischen 1985 und 2005 vgl. Gehler, *Europa*, S. 205–265.

59 Im Prinzip gehört noch Malta als Mittelmeeranrainer mit guter Erreichbarkeit von der afrikanischen Küste aus zu den Außengrenzenstaaten, und zweifellos hat das kleine Malta erhebliche Lasten des Flüchtlingszustroms tragen müssen; im Hinblick auf die Gesamtzahl der Flüchtlinge fällt es im EU-Rahmen aber nicht weiter ins Gewicht.

60 Eine solche Sicht findet sich unter der Vorgabe «Grenzen wohl, aber poröse Grenzen» bei Schmid, «Offenheit statt Abschiebung», S. 60 f.

61 Dazu Münkler, *Kriegssplitter*, S. 301 ff.

62 Die von Daniel Thym angestellten Überlegungen zum Thema «Universalismus und Flüchtlingsdebatte», S. 65 ff., betreffen eher die in Deutschland geführte öffentliche Debatte als die Politik der Bundesregierung.

63 Letzteres würde auf eine Vereinheitlichung der europäischen Aufnahme- und Asylpraxis hinauslaufen. Tatsächlich haben sich in der Vergangenheit starke Unterschiede in der Handhabung von Asylverfahren entwickelt: So betrug die Anerkennungsrate in Griechenland im Jahre 2013 4 Prozent, in Frankreich 18 Prozent, in Schweden 53 Prozent, in Italien 60 Prozent und in dem Nicht-EU-Land Schweiz, das aber dem Schengenraum angehört, 40 Prozent (Zahlenangaben nach Zetter, «Angstgetrieben», S. 53).

64 Dazu ausführlich Münkler, *Macht in der Mitte*, S. 137 ff.; für eine ähnliche Sicht auf die deutsche Rolle in der EU, wenn auch mit einer anderen Perspektive vgl. Simms / Zeeb, *Europa am Abgrund*, S. 35 ff.

65 Simms / Zeeb, *Europa am Abgrund*, S. 47.

66 Zur Unterscheidung zwischen Push- und Pull-Faktoren sowie zu der zwischen Arbeitsmigranten und Kriegs- / Bürgerkriegsflüchtlingen vgl. oben, S. 27.

67 Hierzu und zum Folgenden vgl. Fehr, «In geschlossener Gesellschaft», S. 77 ff.

68 So Zetter, «Angstgetrieben», S. 49; ähnlich Gillen, «Wo beginnt die Festung Europa?», S. 166 ff.

69 Das gilt etwa für die Position, die Hans Joas im Gespräch mit Susan Neiman vertreten hat; «Freude über die Willkommenskultur oder Befremden über die Flüchtlingspolitik? Wie unterschiedlich beurteilen Intellektuelle doch die Gemütslage der Deutschen!»; in: *Die Zeit*, Nr. 24, 2. Juni 2016, S. 29 und 30.

70 Es kommt hinzu, dass die Entscheidung von Anfang September ein rapider Politikwechsel war, wie es ihn in der Kanzlerschaft Angela Merkels (etwa in der Frage der Wehrpflicht oder der Atomenergie) schon mehrfach gegeben hat; vgl. Rüb (Hg.), *Rapide Politikwechsel*. Solche Politikwechsel bedürfen in Demokratien, wenn sie nicht die Folge von Wahlentscheidungen sind, einer gründlichen und sorgfältigen kommunikativen Begründung, die sich nicht auf Talkshows beschränken lässt.

5. Aus Fremden «Deutsche» machen

1 Zur Problematik von Abschiebungen im Rechtsstaat vgl. Scherr, «Abschiebungen», S. 67 ff.

2 Vor allem in Belgien und Frankreich hat sich die Kriminellenszene zu einem Rekrutierungsfeld der Dschihadisten, namentlich des «Islamischen Staates» entwickelt: Offenbar sind Menschen, die wachsendem Verfolgungsdruck durch die Polizei ausgesetzt sind und schließlich Gefahr laufen, zu längeren Gefängnisstrafen verurteilt zu werden, in erhöhtem Maße bereit, sich dem IS anzuschließen und als Kämpfer in ein arabisches Land zu gehen oder Selbstmordattentate in Europa zu verüben. Zwar handelte es sich bei der im Frühjahr 2016 ausgehobenen «Brüsseler Zelle» nicht um Flüchtlinge, sondern um Personen, die schon lange in Europa gelebt haben oder hier geboren sind (auch wenn einige von ihnen nach einem zeitweiligen Syrienaufenthalt in den Flüchtlingsstrom eingelagert nach Europa zurückkamen), aber es lässt sich leicht vorhersehen, dass die Gruppe potenzieller Sympathisanten der dschihadistischen Organisationen bei einer fehlgeleiteten Integrationspolitik aus den Reihen der Neuangekommenen auf die Dauer verstärkt wird. Das gilt es zu verhindern.

3 In die Geschichte der Auswanderung ist seit dem 19. Jahrhundert immer auch eine Geschichte der Rückwanderung eingeschrieben; vgl. Oltmer, «Der lange Marsch», S. 33 ff.

4 Vgl. Foroutan u. a., *Deutschland postmigrantisch*, S. 26 ff.

5 Zum Begriff und Projekt eines «muskulären Liberalismus» vgl. Joppke, «Das Ende des Multikulturalismus?», S. 106 ff.

6 Zur Herausforderung von Integration und zu den damit verbundenen divergierenden Erwartungen vgl. Treibel, *Integriert Euch!*, S. 33–46.

7 Heitmeyer / Müller / Schröder: *Verlockender Fundamentalismus*, S. 102; für eine kritische Auseinandersetzung mit dem Begriff der Parallelgesellschaft und seinem Assoziationsfeld vgl. Schiffauer, *Parallelgesellschaften*, S. 109 ff.

8 Bude, *Die Ausgeschlossenen*, sowie Bude / Willisch (Hgg.), *Das Problem der Exklusion*.

9 Schiffauer, *Parallelgesellschaften*, S. 8.

10 Dazu allgemein Kaelble, *Sozialgeschichte Europas. 1945 bis zur Gegenwart*, S. 87 ff., sowie speziell Haustein, «Westeuropäische Annäherung durch Konsum», S. 361 ff.

11 Beispiele dafür sind die Publikationen von Thilo Sarrazin (*Deutschland schafft sich ab*) und Heinz Buschkowsky (*Neukölln ist überall*).

12 Vgl. Kap. 4, S. 211.

13 So gaben 40 Prozent der Iraner an, keiner Religion anzugehören; vgl. Haug u. a., *Muslimisches Leben in Deutschland*, S. 80.

14 Vgl. Luft, «Muslime in Deutschland und Frankreich», S. 393.

15 Haug u. a., *Muslimisches Leben in Deutschland*, S. 195. Allerdings wurden auch Mädchen unter 16 Jahren bis hin zu Kleinkindern eingerechnet, was zu einer Verzerrung der Zahlen führt, weil Mädchen vor der Pubertät traditionell kein Kopftuch tragen. Als wichtigstes Motiv für das Tragen des Kopftuchs wird von 90 Prozent der Befragten die Religion genannt, doch dürfte sich bei vielen dahinter auch ein individuelles Sicherheitsgefühl verbergen. Jedenfalls haben 43 Prozent der Befragten dieses Sicherheitsempfinden geltend gemacht, und 15 Prozent haben angegeben, das Kopftuch schütze sie vor sexuellen Belästigungen durch Männer; ebd., S. 202.

16 Ebd., S. 202.

17 Zu den rechtlichen Aspekten und den einschlägigen Urteilen des Bundesverfassungsgerichts vgl. Heimann, *Deutschland als multireligiöser Staat*, S. 102 ff; scharf gegen das Kopftuch: Kelek, *Die fremde Braut*,

S. 253–268; über die Probleme, das Kopftuch abzulegen: Eltahawy, *Warum hasst ihr uns so?*, S. 36–69.

18 Haug u. a., *Muslimisches Leben in Deutschland*, S. 181 ff.

19 Ebd., S. 290 ff.

20 Treibel, *Integriert Euch!*, S. 112 ff., insbes. S. 116.

21 Diefenbach, *Kinder und Jugendliche aus Migrantenfamilien*, S. 57.

22 Bude, *Bildungspanik*, S. 49 f.

23 Wacquant, *Das Janusgesicht des Ghettos*, S. 21.

24 Dazu Luft, «Muslime in Frankreich und Deutschland», S. 390.

25 Der Begriff «Verknastung des öffentlichen Wohnungsbaus» findet sich bei Bauman, «Die Ausgegrenzten der Moderne», S. 84 f. Bauman bezieht ihn jedoch weniger auf die Architektur als auf die Abgrenzung von Ghettos und deren Überwachung von Sicherheitsdiensten.

26 Ebd., S. 85.

27 So Straubhaar, «Es kommen Menschen», S. 247.

28 Baier u. a., «Jugendliche mit Migrationshintergrund», S. 256.

29 Dazu Castel, *Negative Diskriminierung*, passim.

30 Wie Patrick Weil gezeigt hat, gibt es aber kaum ein Land, das sich heute tatsächlich ausschließlich am *ius sanguinis* oder am *ius soli* orientiert. Zumeist findet sich eine Mischung aus beidem. Vgl. Weil, «Zugang zur Staatsbürgerschaft».

31 Vgl. Brubaker, *Citizenship and Nationhood*, S. 81 f.

32 Dazu Luft, «Muslime in Deutschland und Frankreich», S. 378 ff.

33 Zu Arbeitsmarktintegration von Migrantinnen und Migranten in Deutschland vgl. Höhne / Schulze Buschoff, «Die Arbeitsmarktintegration». Höhne und Schulze Buschoff differenzieren zwischen rechtlichen und institutionellen sowie sozialen Hürden. Vgl. auch Kogan, «New immigrants – old disadvantage patterns?», sowie Seebaß / Siegert, «Migranten am Arbeitsmarkt».

34 Der amerikanische Soziologe Barrington Moore hat sich in einer vergleichenden Studie die Frage gestellt, warum und wann Menschen Widerstand leisten, revoltieren und die bestehende Ordnung mit Gewalt umzustürzen suchen und wann beziehungsweise warum sie sich unterordnen und soziopolitische Konstellationen akzeptieren, die sie benachteiligen oder unterdrücken. Auch wenn man einige der Urteile Moores beim Vergleich der Revolutionsverläufe in Deutschland und Russland heute anders akzentuieren würde, als Moore dies in der englischen Originalausgabe von 1978 getan hat, so stellt dies doch die

Tocqueville'sche Grundannahme seiner Studie nicht in Frage, wonach nicht das objektive Ausmaß von Ungerechtigkeit, Diskriminierung und Unterdrückung für den Willen zu Widerstand und Revolte ausschlaggebend ist, sondern dessen subjektive Verarbeitung. Nicht die Ungerechtigkeit selbst, sondern das Gefühl von Ungerechtigkeit ist danach ausschlaggebend für Unterordnung oder Widerstand; vgl. Moore, *Ungerechtigkeit*, insbes. S. 19–79.

35 Engels / Köhler / Koopmans / Höhne, *Zweiter Integrationsindikatorenbericht*, S. 57–69, insbes. S. 60, Tabelle 11.

36 Ebd., S. 77–84; dazu auch Höhne / Schulze Buschoff, «Die Arbeitsmarktintegration von Migranten und Migrantinnen in Deutschland», S. 345–354.

37 Vgl. Kaas / Menger, «Ethnic Discrimination in Germany's Labour Market», passim; dort auch Hinweise auf weitere Studien, die diesen Zusammenhang belegen. Dieser Befund wird in einer verschiedene europäische Staaten vergleichenden Studie bestätigt; vgl. Zegers de Beijl (Hg.), *Documenting discrimination against migrant workers in the labour market*, passim.

38 Einzelfälle von Diskriminierung werden sich schwerlich vermeiden beziehungsweise unterbinden lassen; sie können in der Wahrnehmung eines Bewerbers indes als kontingent verbucht werden.

39 Eine Politik, die sich nach reiflicher Abwägung entschließt, solche dysfunktionalen Effekte hinzunehmen, sollte dies auch offen kommunizieren. Nur wenn sie dies tut und die Dilemmata ihres Entscheidens offenlegt, beugt sie der späteren populistischen Skandalisierung dieser Effekte vor. Oder anders formuliert: Gegen einen notorisch auf das kurze Gedächtnis setzenden Populismus hilft am ehesten die Arbeit am kollektiven Gedächtnis eines politischen Verbandes.

40 Die Bezeichnung von Mentalitäten als «Gefängnissen der langen Dauer» entstammt der französischen Annales-Schule, die sich in historischer Perspektive auf die innere Einstellung der Menschen konzentriert hat und in den Mentalitäten das konservative Gegengewicht zum schnellen Wandel der Strukturen und institutionellen Arrangements ausgemacht hat; vgl. Raulff (Hg.), *Mentalitäten-Geschichte*, passim.

41 Dazu Löhlein, «Was jetzt zu tun ist!», S. 301 f.

42 Das Zusammenspiel von Verwaltung, freiwilligen Helfern und professionellen Hilfsorganistionen, wie dem Roten Kreuz, dem Technischen Hilfswerk, den Johannitern und anderen, scheint in einigen Fällen gut

geklappt zu haben, in anderen dagegen überhaupt nicht. Dies nachzubereiten und daraus Schlussfolgerungen für kommende Notlagen zu ziehen, um dann besser vorbereitet zu sein, steht noch aus, könnte aber ein wertvoller Ertrag der Krise vom Herbst und Winter 2015 sein.

43 Vgl. oben, S. 265 f.

44 Hierzu und zum Folgenden Parusel, «Schweden», S. 312 ff.

45 Ebd., S. 314.

46 So die Angaben auf dem Kursbogen «Flucht und Migration nach Europa» im *Kursbuch 183, Wohin flüchten?*

47 Parusel, «Schweden», S. 315.

48 Vgl. Joppke, «Das Ende des Multikulturalismus in Europa?», S. 106 ff.

49 Diese Modelle zeigen keineswegs alle Möglichkeiten und weisen auch Überschneidungsbereiche auf. Sie sind in dieser Zusammenstellung ausgewählt worden, weil sie in zentralen Fragen vom deutschen Modell abweichen.

50 Die nachfolgenden Passagen nehmen Überlegungen auf, die Herfried Münkler in unmittelbarer Reaktion auf die Entwicklung im Herbst 2015 niedergeschrieben hat und die hier weiterentwickelt werden; eigens zu nennen sind die Textinterventionen «Wie kann die Integration von Bürgerkriegsflüchtlingen aus dem Vorderen und dem Mittleren Orient gelingen?», «Aus Flüchtlingen ‹Deutsche› machen» sowie «Wege aus der Flüchtlingskrise».

51 Diese Formel wird gelegentlich im Zeichen von *political correctness* zum «christlich-jüdischen Abendland» aufgehübscht; die Geschichte dieses politischen Kampfbegriffs zeigt jedoch, dass er häufig gerade zum Ausschluss der Juden gebraucht und mit antisemitischen Untertönen verwandt worden ist (vgl. Faber, *Abendland*, passim). Es ist bemerkenswert, dass der Begriff, der seit den 1960er Jahren in der politisch-kulturellen Sprache keine große Rolle mehr spielte und durch den des «Westens» abgelöst worden ist, in den letzten Jahren als Abgrenzungs- und Ausschließungsbegriff eine Neuauflage erfahren hat.

52 Dass «deutsche Identität» keine feststehende Größe ist, sondern sich deren Konstruktionen in den letzten zwei Jahrhunderten immer wieder verändert haben, zeigt die Arbeit von James, *Deutsche Identität*.

53 Eine solche Debatte ist nicht neu; sie wurde parallel zur Entstehung und Durchsetzung des Nationsbegriffs immer wieder geführt. Dabei hat die Begriffspolarität von «Ethnos» und «Demos» seit jeher eine zentrale Rolle gespielt; vgl. Francis, *Ethnos und Demos*, insbes. S. 42–122;

dieser Ansatz ist im Hinblick auf die Wiederherstellung eines deutschen Nationalstaats und die europäische Einigung von Lepsius, «‹Ethnos› und ‹Demos›», S. 247ff., fruchtbar gemacht worden. Die in dieser Debatte vorherrschende Struktur der Gegenbegrifflichkeit, in der Ethnos als soziologische und Demos als politische Kategorie verwendet wurden, ist im Hinblick auf die neuen Herausforderungen zu modifizieren.

Literatur

Adloff, Frank / Heins, Volker M. (Hgg.): *Konvivialismus. Eine Debatte*, Bielefeld 2015.

Agamben, Giorgio: *Homo sacer. Die souveräne Macht und das nackte Leben*, Frankfurt am Main 2002.

Amjahid, Mohamed: «Die Kraft der Bilder. Oder die Kehrseite der Willkommenskultur»; in: Reschke (Hg.), *Und das ist erst der Anfang*, S. 99–109.

Anderson, Benedict: *Die Erfindung der Nation. Zur Karriere eines folgenreichen Konzepts*, Frankfurt am Main/New York 1988.

Arendt, Hannah: *Elemente und Ursprünge totaler Herrschaft* [1951], München/Zürich 1991.

Dies.: *Vita activa oder Vom tätigen Leben*, München ^{4}1985.

Ascherson, Neal: *Schwarzes Meer*, Berlin 1996.

Assmann, Aleida: *Der lange Schatten der Vergangenheit. Erinnerungskultur und Geschichtspolitik*, München 2006.

Assmann, Jan: *Exodus. Die Revolution der Alten Welt*, München 2015.

Ates, Seyran: *Der Islam braucht eine sexuelle Revolution: Eine Streitschrift*, Berlin 2009.

Dies.: *Der Multikulti-Irrtum. Wie wir in Deutschland besser zusammenleben können*, 6. Aufl., Berlin 2016.

Bacci, Massimo Livi: *Kurze Geschichte der Migration*, Berlin 2015.

Bachelard, Gaston: *Poetik des Raumes*, Frankfurt am Main 1987.

Bade, Klaus J.: *Europa in Bewegung. Migration vom späten 18. Jahrhundert bis zur Gegenwart*, München 2000.

Bahr, Hans-Dieter: *Die Sprache des Gastes. Eine Metaethik*, Leipzig 1994.

Baier, Dirk / Pfeiffer, Christian / Windzio, Michael: «Jugendliche mit Migrationshintergrund als Opfer und Täter»; in: Monika Schröttle / Wilhelm Heitmeyer (Hgg.), *Gewalt. Beschreibungen, Analysen, Prävention*, Bonn 2006, S. 240–268.

Battenberg, Friedrich: *Das europäische Zeitalter der Juden. Zur Entwicklung einer Minderheit in der nichtjüdischen Umwelt Europas*, 2 Teilbde., Darmstadt 1990.

Bauman, Zygmunt: *Flaneure, Spieler und Touristen. Essays zu postmodernen Lebensformen*, Hamburg 1997.

Ders.: *Liquid Modernity*, London 2000.

Ders.: «Die Ausgegrenzten der Moderne»; in: *Europa: Festung oder Sehnsuchtsort?, EUNIC-Jahrbuch*, Bd. 7, 2014/2015, S. 73–88.

Ben Sasson, Haim Hillel (Hg.): *Geschichte des jüdischen Volkes. Von den Anfängen bis zur Gegenwart*, München 1992.

Blumenberg, Hans: *Die Legitimität der Neuzeit*, Frankfurt am Main 1966.

Borgolte, Michael: «Migrationen als transkulturelle Verflechtungen im mittelalterlichen Europa. Ein neuer Pflug für alte Forschungsfelder»; in: *Historische Zeitschrift*, Bd. 289, 2009, S. 261–285.

Ders.: «Mythos Völkerwanderung. Migration oder Expansion bei den Ursprüngen Europas»; in: *Viator. Medieval and Renaissance Studies* 41 (Multilingual)/2010, S. 23–47.

Ders. (Hg.): *Migrationen im Mittelalter. Ein Handbuch*, Berlin 2014.

Borst, Arno: «Babel oder Jerusalem? Prolegomena zu einer Geistesgeschichte der Stadt»; in: ders., *Babel oder Jerusalem? Sechs Kapitel Stadtgeschichte*, Stuttgart 1984, S. 15–123.

Boxer, Charles: *The Dutch Seaborne Empire. 1600–1800*, London 1992.

Brandes, Detlef / Sundhaussen, Holm / Troebst, Stefan (Hgg): *Lexikon der Vertreibungen. Deportation, Zwangsaussiedlung und ethnische Säuberung im Europa des 20. Jahrhunderts*, Wien / Köln / Weimar 2010.

Braudel, Fernand: *Das Mittelmeer und die mediterrane Welt in der Epoche Philipps II.*, 3 Bde., Frankfurt am Main 1990.

Briese, Olaf: *Angst in den Zeiten der Cholera*, 4 Bde., Berlin 2003.

Brubaker, Rogers: *Citizenship and Nationhood in France and Germany*, Cambridge, Mass. / London 1992.

Buchen, Stefan: «Die Schlepper und die Bauernfänger. Der Kampf gegen die Schleuser ist nur eine Scheinlösung»; in: Reschke (Hg.), *Und das ist erst der Anfang*, S. 118–139.

Bude, Heinz: *Die Ausgeschlossenen. Das Ende vom Traum einer gerechten Gesellschaft*, München 2008.

Ders./Willisch, Andreas (Hgg.): *Das Problem der Exklusion – Ausgegrenzte, Entbehrliche, Überflüssige*, Hamburg 2006.
Ders.: *Bildungspanik – Was unsere Gesellschaft spaltet*, München 2011.
Buschkowsky, Heinz: *Neukölln ist überall*, Berlin 2012.
Castel, Robert: *Negative Diskriminierung. Jugendrevolten in den Pariser Banlieues*, Hamburg 2009.
Ders. / Dörre, Klaus (Hgg.): *Prekarität, Abstieg, Ausgrenzung. Die soziale Frage am Beginn des 21. Jahrhunderts*, Frankfurt am Main / New York 2009.
Cavuldak, Ahmet, u. a. (Hgg.): *Demokratie und Islam. Theoretische und empirische Studien*, Wiesbaden 2014.
Cohn-Bendit, Daniel / Schmid, Thomas: *Heimat Babylon. Das Wagnis der multikulturellen Demokratie*, Hamburg 1993.
Ders. / Claus Leggewie: «‹Wir schaffen das!›: Integration als Großaufgabe»; in: *Blätter für deutsche und internationale Politik*, 10/2015, S. 5–8.
Collier, Paul: *Exodus. Warum wir Einwanderung neu regeln müssen*, München 2014.
Dahn, Daniela: «Der Schnee von gestern ist die Flut von heute. Die historische Verantwortung des Westens für die Flüchtlinge»; in: Reschke (Hg.), *Und das ist erst der Anfang*, S. 81–96.
Deleuze, Gilles / Guattari, Félix: *Tausend Plateaus: Kapitalismus und Schizophrenie*, Berlin [6]2005.
Derrida, Jacques: *Von der Gastfreundschaft*, hg. von Peter Engelmann, Wien 2001.
Diefenbach, Heike: *Kinder und Jugendliche aus Migrantenfamilien im deutschen Bildungssystem. Erklärungen und Befunde*, Wiesbaden [3]2010.
Diner, Dan: *Das Jahrhundert verstehen. Eine universalhistorische Deutung*, München 1999.
Duff, Daniela: *Abenteuer Europa oder Die Suche nach dem besseren Leben. Minderjährige allein unterwegs*, Norderstedt 2008.
Eco, Umberto: «Nichtkontrollierbares Naturphänomen»; in: *Europa: Festung oder Sehnsuchtsort?, EUNIC-Jahrbuch*, Bd. 7, 2014/2015, S. 210–216.
Ehrenreich, Barbara: *Angst vor dem Absturz. Das Dilemma der Mittelklasse*, München 1992.
Eichenhofer, Eberhard: *Geschichte des Sozialstaats in Europa. Von der «sozialen Frage» bis zur Globalisierung*, München 2007.

El Feki, Shereen: *Sex und die Zitadelle: Liebesleben in einer sich wandelnden arabischen Welt*, Berlin 2013.

Eltahawy, Mona: *Warum hasst ihr uns so? Für die sexuelle Revolution in der islamischen Welt*, München / Berlin 2015.

Engels, Dietrich / Köhler, Regine / Koopmans, Ruud / Höhne, Jutta: *Zweiter Integrationsindikatorenbericht, erstellt für die Beauftragte der Bundesregierung für Migration, Flüchtlinge und Integration*, Köln / Berlin 2011.

Faber, Richard: *Abendland. Ein politischer Kampfbegriff*, Hildesheim 1979.

Fassbender, Bardo (Red.): *Menschenrechteerklärung. Neuübersetzung, Synopse, Erläuterungen, Materialien*, München 2009.

Fehr, Helmut: «In geschlossener Gesellschaft. Ostmitteleuropa und die Rückkehr des Arbiträren»; in: *Blätter für deutsche und internationale Politik* 1/2016, S. 77–83.

Fieschi, Catherine / Morris, Marley / Caballero, Lila (Hgg.): *Populist Fantasies: European revolts in context*, London 2013.

Flusser, Vilém: *Von der Freiheit des Migranten. Einsprüche gegen den Nationalismus*, Bensheim 1994.

Föllinger, Sabine: *Aischylos. Meister der griechischen Tragödie*, München 2009.

Foroutan, Naika, u. a.: *Deutschland postmigrantisch I. Gesellschaft, Religion, Identität – Erste Ergebnisse*, Berlin 2014.

Dies.: «Ein neues Leitbild für Deutschland. Pluralität als gesellschaftliche Aufgabe für die Zukunft»; in: Reschke (Hg.), *Und das ist erst der Anfang*, S. 283–293.

Dies.: «Konviviale Integration in postmigrantischen Gesellschaften»; in: Adolff / Heins (Hgg.), *Konvivialismus*, S. 205–216.

Francis, Emerich: *Ethnos und Demos. Soziologische Beiträge zur Volkstheorie*, Berlin 1965.

Fukuyama, Francis: «Wer sind wir?»; in: *Europa: Festung oder Sehnsuchtsort?, EUNIC-Jahrbuch*, Bd. 7, 2014/2015, S. 17–27.

Gehler, Michael: *Europa. Von der Utopie zur Realität*, Innsbruck / Wien 2014.

Gellner, Ernest: *Nationalismus. Kultur und Macht*, Berlin 1999.

Gensing, Patrick: «‹Die Volksfront von rechts.› Vom Netz auf die Straße und zurück – wie NPD, AfD und Co sich radikalisieren»; in: Reschke (Hg.), *Und das ist erst der Anfang*, S. 218–235.

Gerlach, Julia: *Der verpasste Frühling. Woran die Arabellion gescheitert ist*, Berlin 2016.

Gillen, Gabriele: «Warum? Woher? Wohin? Menschen auf der Flucht – ein erster Überblick»; in: Reschke (Hg.), *Und das ist erst der Anfang*, S. 41–54.

Dies.: «Wo beginnt die Festung Europa? Eine Reise durch Köpfe und Kontinente»; in: Reschke (Hg.), *Und das ist erst der Anfang*, S. 166–183.

Graumann, Carl Friedrich: «Die Erfahrung des Fremden: Lockung und Bedrohung»; in: Amelie Mummendey / Bernd Simon (Hgg.), *Identität und Verschiedenheit*, Bern 1997, S. 39–62.

Gros, Frédéric: *Die Politisierung der Sicherheit. Vom inneren Frieden zur äußeren Bedrohung*, Berlin 2015.

Hacke, Jens: *Philosophie der Bürgerlichkeit. Die liberalkonservative Begründung der Bundesrepublik*, Göttingen 2006.

Hackensberger, Alfred: «Der Tod als Waffe. Flüchtlinge und ihre Träume»; in: *Kursbuch 183. Wohin flüchten?*, September 2015, S. 5–20.

Halbwachs, Maurice: *Das kollektive Gedächtnis*. Mit einem Geleitwort zur deutschen Ausgabe von Heinz Maus, Frankfurt am Main 1985.

Haug, Sonja / Müssig, Stefanie / Stichs, Anja: *Muslimisches Leben in Deutschland*, Nürnberg 2009.

Häußermann, Hartmut / Oswald, Ingrid (Hgg.): *Zuwanderung und Stadtentwicklung*, Opladen 1997 (= *Leviathan*-Sonderheft 17).

Haustein, Sabine: «Westeuropäische Annäherung durch Konsum seit 1945»; in: Hartmut Kaelble / Jürgen Schriewer (Hgg.), *Gesellschaften im Vergleich. Forschungen aus Sozial- und Geschichtswissenschaften*, Frankfurt am Main 1998, S. 353–390.

Heimann, Hans Markus: *Deutschland als multireligiöser Staat – eine Herausforderung*, Frankfurt am Main 2016.

Heitmeyer, Wilhelm / Müller, Joachim / Schröder, Helmut: *Verlockender Fundamentalismus: türkische Jugendliche in Deutschland*, Frankfurt am Main 1997.

Herman, Gabriel: *Ritualised Friendship and the Greek City*, Cambridge 1987.

Hirschman, Albert O.: *Abwanderung und Widerspruch. Reaktionen auf Leistungsabfall bei Unternehmungen, Organisationen und Staaten*, Tübingen 2004.

Hirsi Ali, Ayaan: *Reformiert Euch! Warum der Islam sich ändern muss*, München 2015.

Hoerder, Dirk: *Geschichte der deutschen Migration. Vom Mittelalter bis heute*, München 2010.

Hoffmann, Stefan-Ludwig, «Zur Genealogie der Menschenrechte»; in: ders. (Hg.), *Moralpolitik. Geschichte der Menschenrechte im 20. Jahrhundert*, Göttingen 2010, S. 7–37.

Höhne, Jutta / Schulze Buschoff, Karin: «Die Arbeitsmarktintegration von Migranten und Migrantinnen in Deutschland. Ein Überblick nach Herkunftsländern und Generationen»; in: *WSI-Mitteilungen* 5/2016, S. 345–354.

Hollifield, James F.: *Immigrants, markets, and states. The political economy of postwar Europe*, Cambridge, Mass., 1992.

Ders.: «Offene Weltwirtschaft und nationales Bürgerrecht: das liberale Paradox»; in: Dietrich Thränhardt / Uwe Hunger (Hgg.), *Migration im Spannungsfeld von Globalisierung und Nationalstaat*, Wiesbaden 2003 (= PVS-Sonderheft Nr. 22).

Houellebecq, Michel: *Unterwerfung*, Köln 2015.

Jakob, Christian: *Die Bleibenden. Wie Flüchtlinge Deutschland seit 20 Jahren verändern*, Berlin 2016.

James, Harold: *Deutsche Identität. 1770–1990*, Frankfurt am Main / New York 1991.

Joppke, Christian: «Das Ende des Multikulturalismus in Europa?»; in: *Europa: Festung oder Sehnsuchtsort?*, *EUNIC-Jahrbuch*, Bd. 7, 2014/2015, S. 104–111.

Kaas, Leo / Manger, Christian: «Ethnic Discrimination in Germany's Labour Market. A Field Experiment», Forschungsinstitut für die Zukunft der Arbeit (IZA), *Discussion Paper Nr. 4741*, Februar 2010.

Kaelble, Hartmut: *Sozialgeschichte Europas. 1945 bis zur Gegenwart*, München 2007.

Kapp, Ernst: *Vergleichende Allgemeine Erdkunde* [1845], Braunschweig 1868 (2., verbesserte Aufl.).

Karakayali, Serhat: *Gespenster der Migration. Zur Genealogie illegaler Einwanderung in der Bundesrepublik Deutschland*, Bielefeld 2008.

Kaufmann, Franz-Xaver: *Herausforderungen des Sozialstaates*, Frankfurt am Main 1997.

Ders.: *Sozialpolitisches Denken. Die deutsche Tradition*, Frankfurt am Main 2003.

Ders.: *Schrumpfende Gesellschaft. Vom Bevölkerungsrückgang und seinen Folgen*, Frankfurt am Main 2005.

Kazim, Hasnain: «‹Für eine Flucht nach Europa fehlt uns das Geld und der Mut›. Nirgendwo leben so viele Flüchtlinge wie in der Türkei»; in: Reschke (Hg.), *Und das ist erst der Anfang*, S. 110–117.

Kelek, Necla: *Die fremde Braut. Ein Bericht aus dem Inneren des türkischen Lebens*, München 2006.

Kermani, Navid: *Einbruch der Wirklichkeit. Auf dem Flüchtlingstreck durch Europa*, München 2016.

Kerner, Ina: «Konvivialismus und Multikultur. Postkoloniale Reflexionen»; in: Adloff / Heins (Hgg.), *Konvivialismus*, S. 227–236.

Kiernan, Ben: *Erde und Blut. Völkermord und Vernichtung von der Antike bis heute*, München 2009.

Kiesinger, Friedrich: «Empowerment von unten. Aufsuchende Flüchtlingshilfe in Berlin»; in: *Kursbuch 183. Wohin flüchten?*, S. 126–142.

Kipping, Katja: *Wer flüchtet schon freiwillig. Die Verantwortung des Westens oder Warum sich unsere Gesellschaft neu erfinden muss*, Frankfurt am Main 2015.

Klatetzki, Thomas: «‹Hang 'em high›. Der Lynchmob als temporäre Organisation»; in: Axel T. Paul / Benjamin Schwalb (Hgg.), *Gewaltmassen. Über Eigendynamik und Selbstorganisation kollektiver Gewalt*, Hamburg 2015, S. 147–172.

Kogan, Irena: «New immigrants – old disadvantage patterns? Labour market integration of recent immigrants into Germany»; in: *International Migration*, Bd. 49, 2011, S. 91–117.

Komlosy, Andrea / Nolte, Hans-Heinrich / Sooman, Imbi (Hgg.): *Ostsee 700–2000. Gesellschaft, Wirtschaft, Kultur*, Wien 2008.

König, Helmut: *Politik und Gedächtnis*, Weilerswist 2008.

Koppetsch, Cornelia: *Die Wiederkehr der Konformität. Streifzüge durch die gefährdete Mitte*, Frankfurt am Main / New York 2013.

Krummacher, Michael: «Zuwanderung, Migration»; in: Hartmut Häußermann (Hg.), *Großstadt. Soziologische Stichworte*, Opladen 1998, S. 320–331.

Leggewie, Claus: *multikulti. Spielregeln für die Vielvölkerrepublik*, Salzhemmendorf 2011.

Lenger, Friedrich: *Werner Sombart. 1863–1941. Eine Biographie*, München 1994.

Leonhard, Jörn: *Die Büchse der Pandora. Geschichte des Ersten Weltkriegs*, München 2014.

Lepsius, Rainer M.: «‹Ethnos› und ‹Demos›. Zur Anwendung zweier

Kategorien von Emerich Francis auf das nationale Selbstverständnis der Bundesrepublik und die europäische Einigung»; in: ders., *Interessen, Ideen und Institutionen*, Opladen 1990, S. 247–255.

Levinas, Emmanuel: *Die Spur des Anderen. Untersuchungen zur Phänomenologie und Sozialphilosophie*, Freiburg / München ²1988.

Ley, Michael: *Die kommende Revolte* [2012], Paderborn ²2015.

Liebsch, Burkhard: «Kultur im Zeichen des Anderen oder Die Gastlichkeit menschlicher Lebensformen»; in: Friedrich Jaeger / Burkhard Liebsch (Hgg.), *Handbuch der Kulturwissenschaften*. Bd. 1, *Grundlagen und Schlüsselbegriffe*, Stuttgart / Weimar 2004, S. 1–23.

Ders.: *Für eine Kultur der Gastlichkeit*, Freiburg / München 2008.

Lindner, Rolf: «Offenheit – Vielfalt – Gestalt. Die Stadt als kultureller Raum»; in: Friedrich Jaeger / Jörn Rüsen (Hgg.), *Handbuch der Kulturwissenschaften*. Bd. 3, *Themen und Tendenzen*, Stuttgart / Weimar 2004, S. 385–398.

Lofland, Lyn: *A World of Strangers: Order and Action in Urban Public Space*, New York 1973.

Löhlein, Harald: «Was jetzt zu tun ist! Einige konkrete Vorschläge aus der Sicht der Praxis»; in: Reschke (Hg.), *Und das ist erst der Anfang*, S. 294–309.

Lucke, Albrecht von: «EU in Auflösung? Die Rückkehr der Grenzen und die populistische Gefahr»; in: *Blätter für deutsche und internationale Politik*, 10/2015, S. 45–54.

Luft, Stefan: «Folgen der Sarrazin-Debatte. Gesellschaftliche Polarisierung als Gefahr?»; in: Eckhard Jesse / Roland Sturm (Hgg.), *Superwahljahr 2011 und die Folgen*, Baden-Baden 2012, S. 385–409.

Ders.: «Muslime in Deutschland und Frankreich – Anmerkungen zur Integrationsdebatte»; in: Cavuldak u. a. (Hgg.), *Demokratie und Islam*, S. 377–397.

Malik, Kenan: «Europas Gespür für Menschlichkeit»; in: *Europa: Festung oder Sehnsuchtsort?*, *EUNIC-Jahrbuch*, Bd. 7, 2014/2015, S. 41–46.

Mansour, Ahmad: *Generation Allah. Warum wir im Kampf gegen religiösen Extremismus umdenken müssen*, Frankfurt am Main 2015.

Mau, Steffen: *Lebenschancen. Wohin driftet die Mittelschicht?*, Berlin 2012.

Medick, Hans: «Grenzziehungen und die Herstellung des politisch-sozialen Raumes. Zur Begriffsgeschichte der Grenzen in der Frühen Neuzeit»; in: Richard Faber / Barbara Naumann (Hgg.), *Literatur der Grenze – Theorie der Grenze*, Würzburg 1995, S. 211–224.

Menzel, Ulrich: «Welt am Kipppunkt. Die neue Unregierbarkeit und der Vormarsch der Anarchie»; in: *Blätter für deutsche und internationale Politik*, 1/2016, S. 35–45.

Metzler, Gabriele: *Der deutsche Sozialstaat. Vom bismarckschen Erfolgsmodell zum Pflegefall*, Stuttgart / München 2003.

Montaigne, Michel de: *Essais*. Auswahl und Übersetzung von Herbert Lüthy, Zürich 1953.

Moore, Barrington: *Ungerechtigkeit. Die sozialen Ursachen von Unterordnung und Widerstand*, Frankfurt am Main 1982.

Münkler, Herfried (Hg.): *Furcht und Faszination. Facetten der Fremdheit*, Berlin 1997.

Ders. / Ladwig, Bernd: «Dimensionen der Fremdheit»; in: H. Münkler (Hg.), *Furcht und Faszination*, S. 11–44.

Ders. (Hg. unter Mitarbeit von Karin Meßlinger und Bernd Ladwig): *Die Herausforderung durch das Fremde*, Berlin 1998.

Ders.: «Die Herausforderung durch das Fremde»; in: Berlin-Brandenburgische Akademie der Wissenschaften, *Berichte und Abhandlungen*, Bd. 6, Berlin 1999, S. 49–71.

Ders.: «Hunding und Hagen. Gegenspieler der Wotanshelden»; in: Udo Bermbach (Hg.), *«Alles ist nach seiner Art». Figuren in Richard Wagners «Der Ring des Nibelungen»*, Stuttgart / Weimar 2001, S. 144–162.

Ders.: *Die Deutschen und ihre Mythen*, Berlin 2009.

Ders.: *Mitte und Maß. Der Kampf um die richtige Ordnung*, Berlin 2010.

Ders. / Bohlender, Matthias / Meurer, Sabine (Hgg.): *Handeln unter Risiko. Gestaltungsansätze zwischen Wagnis und Vorsorge*, Bielefeld 2010.

Dies. (Hgg.): *Sicherheit und Risiko. Über den Umgang mit Gefahr im 21. Jahrhundert*, Bielefeld 2010.

Ders.: «Sicherheit und Freiheit. Eine irreführende Oppositionssemantik der politischen Sprache»; in: Münkler / Bohlender / Meurer (Hgg.), *Handeln unter Risiko*, S. 13–32.

Ders.: *Der Große Krieg. Die Welt von 1914–1918*, Berlin 2013.

Ders.: «Humanitäre Intervention»; in: Birgit Enzmann (Hg.), *Handbuch politische Gewalt. Formen – Ursachen – Legitimation – Begrenzung*, Wiesbaden 2013, S. 293–318.

Ders.: *Kriegssplitter. Die Evolution der Gewalt im 20. und 21. Jahrhundert*, Berlin 2015.

Ders.: *Macht in der Mitte. Die neuen Aufgaben Deutschlands in Europa*, Hamburg 2015.

Ders.: «Wie kann die Integration von Bürgerkriegsflüchtlingen aus dem Vorderen und Mittleren Orient gelingen?»; in: Jens Spahn (Hg.), *Ins Offene. Deutschland, Europa und die Flüchtlinge. Die Debatte*, Freiburg / Basel / Wien 2015, S. 93–100.

Ders.: «Aus Flüchtlingen ‹Deutsche› machen. Über das Ziel einer nachhaltigen Integration von Migranten»; in: *Die Politische Meinung*, Nr. 536, 61. Jg., Jan. / Febr. 2016, S. 19–23.

Ders. / Straßenberger, Grit: *Politische Theorie und Ideengeschichte. Eine Einführung*, München 2016.

Ders.: «Wege aus der Flüchtlingskrise. Über einen Masterplan für Integration»; in: *Neue Gesellschaft / Frankfurter Hefte*, Heft 3/2016, S. 12–14.

Münkler, Marina / Röcke, Werner: «Der Ordo-Gedanke und die Hermeneutik der Fremde im Mittelalter; in: H. Münkler (Hg.), *Die Herausforderung durch das Fremde*, S. 701–766.

Münkler, Marina: *Erfahrung des Fremden. Die Beschreibung Ostasiens in den Augenzeugenberichten des 13. und 14. Jahrhunderts*, Berlin 2000.

Mumford, Lewis: *Die Stadt. Geschichte und Ausblick*, 2 Bde., München 1979.

Münz, Rainer / Seifert, Wolfgang / Ulrich, Ralf: *Zuwanderung nach Deutschland. Strukturen, Wirkungen, Perspektiven*, Frankfurt am Main / New York, 2., aktualisierte und erweiterte Auflage 1999.

Naimark, Norman M.: *Flammender Hass. Ethnische Säuberungen im 20. Jahrhundert*, München 2004.

Naprushkina, Marina: *Neue Heimat? Wie Flüchtlinge uns zu besseren Nachbarn machen*, Berlin 2015.

Nassehi, Armin: *Geschlossenheit und Offenheit. Studien zur Theorie der modernen Gesellschaft*, Frankfurt am Main 2003.

Ders.: «‹Die arbeiten nichts.› Eine kleine Polemik gegen den ‹Wirtschaftsflüchtling›»; in: *Kursbuch 183. Wohin flüchten?*, S. 101–110.

Nell-Breuning, Oswald von: *Soziale Sicherheit: Zu Grundfragen der Sozialordnung aus christlicher Verantwortung*, Freiburg im Breisgau 1979.

Nietzsche, Friedrich: *Also sprach Zarathustra. Ein Buch für alle und keinen*, Stuttgart 1975.

Noiriel, Gérard: *Die Tyrannei des Nationalen. Sozialgeschichte des Asylrechts in Europa*, Springe [2]2016.

Oeser, Erhard: *Die Angst vor dem Fremden. Die Wurzeln der Xenophobie*, Darmstadt 2015.

Oltmer, Jochen: *Globale Migration. Geschichte und Gegenwart*, München 2012.

Ders.: «Der lange Marsch. Europa im globalen Wanderungsgeschehen»; in: *Kursbuch 183. Wohin flüchten?*, S. 21–41.

Oulios, Miltiadis: «Die Grenzen der Menschlichkeit. Warum Abschiebung keine Zukunft hat»; in: *Kursbuch 183. Wohin flüchten?*, S. 75–88.

Ders.: *Blackbox Abschiebung. Geschichte, Theorie und Praxis der deutschen Migrationspolitik*, Berlin 2015.

Papst Franziskus: *Der Name Gottes ist Barmherzigkeit. Ein Gespräch mit Andrea Tornielli*, München 2016.

Parusel, Bernd: «Schweden. Ein Vorbild der Integration?»; in: Reschke (Hg.), *Und das ist erst der Anfang*, S. 310–317.

Pittioni, Manfred: *Genua – die versteckte Weltmacht, 1000–1700*, Wien 2011.

Pribram, Karl: *Geschichte des ökonomischen Denkens*, 2 Bde., Frankfurt am Main 1992.

Putnam, Robert D., mit R. Leonardi und R. Nanetti: *Making Democracy work: Civic Traditions in Modern Italy*, Princeton 1993.

Ders.: *Bowling Alone. The Collapse and Revival of American Community*, New York u. a. 2000.

Ders. (Hg.): *Gesellschaft und Gemeinsinn. Sozialkapital im internationalen Vergleich*, Gütersloh 2001.

Ders.: «E Pluribus Unum. Diversity and Community in the 21th Century; in: *Scandinavian Political Studies*, Bd. 30/2, 2007, S. 137–174.

Raulff, Ulrich (Hg.): *Mentalitäten-Geschichte. Zur historischen Rekonstruktion geistiger Prozesse*, Berlin 1987.

Rawlence, Ben: *Stadt der Verlorenen. Leben im größten Flüchtlingslager der Welt*, München 2016.

Rawls, John: *Eine Theorie der Gerechtigkeit*, Frankfurt am Main 1975.

Reschke, Anja (Hg.): *Und das ist erst der Anfang. Deutschland und die Flüchtlinge*, Reinbek bei Hamburg 2015.

Richter, Michael: *Fluchtpunkt Europa. Unsere humanitäre Verantwortung*, Hamburg 2015.

Rosa, Hartmut: *Identität und kulturelle Praxis. Politische Philosophie nach Charles Taylor*, Frankfurt am Main / New York 1998.

Roy, Olivier: *Der islamische Weg nach Westen. Globalisierung, Entwurzelung und Radikalisierung*, München 2006.

Rüb, Friedbert W. (Hg.): *Rapide Politikwechsel in der Bundesrepublik. Theoretischer Rahmen und empirische Befunde*, Baden-Baden 2014.

Sarrazin, Thilo: *Deutschland schafft sich ab. Wie wir unser Land aufs Spiel setzen*, München ²2012.

Sassen, Saskia: *Migranten, Siedler, Flüchtlinge. Von der Massenauswanderung zur Festung Europa*, Frankfurt am Main ²1997.

Dies.: *Machtbeben. Wohin führt die Globalisierung?*, Stuttgart / München 2000.

Scheffer, Paul: «Gesucht wird ein neues Wir. Für einen realistischen Humanismus in der Integrationsdebatte»; in: *Blätter für deutsche und internationale Politik*, 3/2016, S. 65–71.

Scherr, Albert: «Abschiebungen. Verdeckungsversuche und Legitimationsprobleme eines Gewaltakts»; in: *Kursbuch 183. Wohin flüchten?*, S. 60–74.

Schiffauer, Werner: *Parallelgesellschaften. Wie viel Wertekonsens braucht unsere Gesellschaft? Für eine kluge Politik der Differenz*, Bielefeld 2008.

Schlögel, Karl: *Planet der Nomaden*, Berlin 2006.

Schmid, Thomas: «Offenheit statt Abschließung. Ein Plädoyer für Europas großen Anspruch»; in: *Blätter für deutsche und internationale Politik*, 12/2015, S. 59–68.

Schmidinger, Thomas: *Krieg und Revolution in Syrisch-Kurdistan. Analysen und Stimmen aus Rojava*, Wien 2014.

Scholz, Nina / Heinisch, Heiko: *Charlie versus Mohammed. Plädoyer für die Meinungsfreiheit*, Wien 2016.

Schumpeter, Joseph A.: *Kapitalismus, Sozialismus und Demokratie* [1950], Tübingen ⁶1987.

Ders.: «Schöpferisches Reagieren in der Wirtschaftsgeschichte»; in: ders., *Beiträge zur Sozialökonomik*, hg. von Stephan Böhm, Wien u. a. 1987, S. 183–194.

Schwarz, Tobias: *Bedrohung, Gastrecht, Integrationspflicht: Differenz-Konstruktionen im deutschen Ausweisungsdiskurs*, Bielefeld 2010.

Seebaß, Katharina / Siegert, Manuel: *Migranten am Arbeitsmarkt in Deutschland.* Working Paper 36 der Forschungsgruppe des Bundesamtes für Migration und Flüchtlinge 2011.

Sennett, Richard: *Civitas. Die Großstadt und die Kultur des Unterschieds*, Frankfurt am Main 1991.

Shklar, Judith N.: *Ganz normale Laster*, Berlin 2014.

Simms, Brendan / Zeeb, Benjamin: *Europa am Abgrund. Plädoyer für die Vereinigten Staaten von Europa*, München 2016.

Sombart, Werner: *Der moderne Kapitalismus. Historisch-systematische Darstellung des gesamteuropäischen Wirtschaftslebens von seinen Anfängen bis zur Gegenwart*, 3 Bde. in 6 Halbbdn., München / Leipzig 1902.

Ders.: *Der Bourgeois. Zur Geistesgeschichte des modernen Wirtschaftsmenschen*, München / Leipzig 1913.

Stagl, Justin: «Grade der Fremdheit»; in: H. Münkler (Hg.): *Furcht und Faszination*, S. 85–114.

Steinberg, Guido: *Kalifat des Schreckens. IS und die Bedrohung durch den islamistischen Terror*, München 2015.

Stichweh, Rudolf: «Der Fremde – Zur Soziologie der Indifferenz»; in: H. Münkler (Hg.), *Furcht und Faszination*, S. 45–64.

Stoll, Oliver: «Xenophons ‹Anabasis› als Quelle zum Söldnertum im klassischen Griechenland»; in: *Göttinger Forum für Altertumswissenschaft*, 5/2002, S. 123–183.

Stratmann-Mertens, Eckhard: «Das Unbehagen wächst»; in: *Blätter für deutsche und internationale Politik*, 11/2015, S. 25–29.

Straubhaar, Thomas: «Es kommen Menschen, gebt ihnen Arbeit. Ökonomische Aspekte der gegenwärtigen Flüchtlingszuwanderung»; in: Reschke (Hg.), *Und das ist erst der Anfang*, S. 236–250.

Taylor, Charles: *Quellen des Selbst. Die Entstehung der neuzeitlichen Identität*, Frankfurt am Main 1994.

Thym, Daniel: «Universalismus und Flüchtlingsdebatte»; in: *Merkur*, Nr. 802, 70. Jg., März 2016, S. 65–70.

Tibi, Bassam: «Brauchen wir eine neue Aufklärung?»; in: *Europa: Festung oder Sehnsuchtsort?, EUNIC-Jahrbuch*, Bd. 7, 2014/2015, S. 47–58.

Tönnies, Ferdinand: *Gemeinschaft und Gesellschaft. Grundbegriffe der reinen Soziologie* [1887], Darmstadt [3]1991.

Treibel, Annette: *Integriert Euch! Plädoyer für ein selbstbewusstes Einwanderungsland*, Frankfurt am Main / New York 2015.

Vasold, Manfred: *Pest, Not und schwere Plagen. Seuchen und Epidemien vom Mittelalter bis heute*, München 1991.

Wacquant, Loïc: *Das Janusgesicht des Ghettos und andere Essays*, Berlin 2006.

Waldmann, Peter: *Terrorismus. Provokation der Macht*, München 1998.

Walzer, Michael: *Exodus und Revolution*, Berlin 1988.

Ders.: *Sphären der Gerechtigkeit. Ein Plädoyer für Pluralität und Gleichheit*, Frankfurt am Main / New York 1992.

Weil, Patrick: «Zugang zur Staatsbürgerschaft. Ein Vergleich von 26 Staatsangehörigkeitsgesetzen»; in: Christoph Conrad / Jürgen Kocka (Hgg.), *Staatsbürgerschaft in Europa. Historische Erfahrungen und aktuelle Debatten*, Hamburg 2001, S. 92–111.

Wiedemann, Conrad / Charlier, Robert: «‹Fremdling im eigenen Land› – Zur Genealogie eines Intellektuellen-Attributs»; in: H. Münkler (Hg.), *Die Herausforderung durch das Fremde*, S. 545–610.

Winkle, Stefan: *Geißeln der Menschheit. Kulturgeschichte der Seuchen*, Düsseldorf / Zürich 1997.

Wokart, Norbert: «Differenzierungen im Begriff ‹Grenze›. Zur Vielfalt eines scheinbar einfachen Begriffs»; in: Richard Faber / Barbara Naumann (Hgg.), *Literatur der Grenze – Theorie der Grenze*, Würzburg 1995, S. 275–289.

Zapata-Barrero, Ricard: «Mehr Teilhabe, mehr Interaktion»; in: *Europa: Festung oder Sehnsuchtsort?*, *EUNIC-Jahrbuch*, Bd. 7, 2014/2015, S. 135–140.

Zegers de Beijl, Roger (Hg.): *Documenting discrimination against migrant workers in the labour market. A comparative study of four European countries*, Genf 2000 (International Labour Organization).

Zetter, Roger: «Angstgetrieben. Wie die Furcht vor dem Fremden die europäische Einwanderungspolitik bestimmt»; in: *Kursbuch 183. Wohin flüchten?*, S. 42–59.

Dank

Unser Dank gilt dem Verleger des Rowohlt · Berlin Verlags Gunnar Schmidt, mit dem wir über unsere Überlegungen zu einem Buch über Migration und Integration sprachen und der uns mit interessierten Nachfragen bestärkt hat, das Projekt zu verfolgen. Das war am Rande der Frankfurter Buchmesse im Herbst 2015 und stand ganz unter dem Eindruck einer sich überschlagenden Entwicklung, bei der Tag für Tag mehrere tausend Flüchtlinge nach Deutschland kamen. Die Frage, welche Folgen das für dieses Land haben wird, stellte sich schnell und wird uns auf lange Sicht begleiten. Die Debatte war von Beginn an von den Polen Zuversicht und Ängstlichkeit geprägt; uns ging es darum, dieser Debatte ein Fundament zu geben, das über den Tag hinausreicht, aus der Perspektive der Sozial- und Kulturwissenschaft eine unaufgeregte Argumentation zu entwickeln, in der wir – mit Rekurs auf die Geschichte – das vorhandene Wissen über Migration und Integration fruchtbar machen für unsere Gegenwart und Zukunft.

Beim gemeinsamen Arbeiten an einem die wissenschaftlichen Disziplinen übergreifenden Thema mussten wir, ein Politikwissenschaftler und eine Kulturwissenschaftlerin, zunächst einmal unsere eigene Sicht der Dinge und die unterschiedlichen Aspekte klären. Dabei kam uns zugute, dass wir uns schon einmal im Rahmen der an der Berlin-Brandenburgischen Akademie der Wissenschaften eingerichteten interdisziplinären Arbeitsgruppe «Die Herausforderung durch das Fremde» mit ähnlichen Fragen beschäftigt haben. Insofern gilt unser Dank auch der Akademie und ihrem damaligen Präsidenten Dieter Simon, der das frühere Projekt nachdrücklich unterstützt hat.

Unser ganz besonderer Dank gilt Karina Hoffmann, ruhender Pol am Lehrstuhl «Theorie der Politik» der Humboldt-Universität; sie hat einmal mehr die Manuskriptseiten, die sie frühmorgens im Faxgerät fand, abgeschrieben, Ergänzungen und Korrekturen eingebracht und bei alldem den Überblick behalten. Hana Rydzá hat die von uns gewünschte Literatur zuverlässig und schnell besorgt. Auch dafür unser Dank.

Während der Zeit, in der wir dieses Buch schrieben, ist unser erstes Enkelkind zur Welt gekommen. Lea Sophie ist jetzt ein halbes Jahr alt; sie hat alle unsere Überlegungen zur Zukunft dieses Landes und zu den neuen Deutschen begleitet als diejenige, die jene Zukunft leben und erleben wird. Sie hat uns das Maß gegeben, mit dem wir so manches gemessen und gewogen haben. Ihr ist das Buch gewidmet.

Berlin und Dresden im Juli 2016,

Herfried und Marina Münkler